ミネルヴァ日本評伝選

同心円でいこう

田中角栄

新川敏光著

ミネルヴァ書房

刊行の趣意

「学問は歴史に極まり候ことに候」とは、先哲荻生徂徠のことばである。

歴史のなかにこそ人間の智恵は宿されている。人間の愚かさもそこにはあらわだ。この歴史を探り、歴史に学んでこそ、人間はようやくみずからの正体を知り、いくらかは賢くなることができる。新しい勇気を得て未来に向かうことができる。徂徠はそう言いたかったのだろう。

「ミネルヴァ日本評伝選」は、私たちの直接の先人について、この人間知を学びなおそうという試みである。日本列島の過去に生きた人々の言行を、深く、くわしく探って、そこに現代への批判を聴きとろうとする試みである。日本人ばかりではない。列島の歴史にかかわった多くの異国の人々の声にも耳を傾けよう。

先人たちの書き残した文章をそのひだにまで立ち入って読み、彼らの旅した跡をたどりなおし、彼らのなしとげた事業を広い文脈のなかで注意深く観察しなおす――そのとき、はじめて先人たちはいまの私たちのかたわらによみがえってくる。彼らのなまの声で歴史の智恵を、また人間であることのよろこびと苦しみを、私たちに伝えてくれもするだろう。

この「評伝選」のつらなりのなかから、列島の歴史はおのずからその複雑さと奥ゆきの深さをもって浮かび上がってくるはずだ。これを読むとき、私たちのなかに新たな自信と勇気が湧いてきて、その矜持と勇気をもって「グローバリゼーション」の世紀に立ち向かってゆくことができる――そのような「ミネルヴァ日本評伝選」にしたいと、私たちは願っている。

平成十五年（二〇〇三）九月

上横手雅敬
芳賀　徹

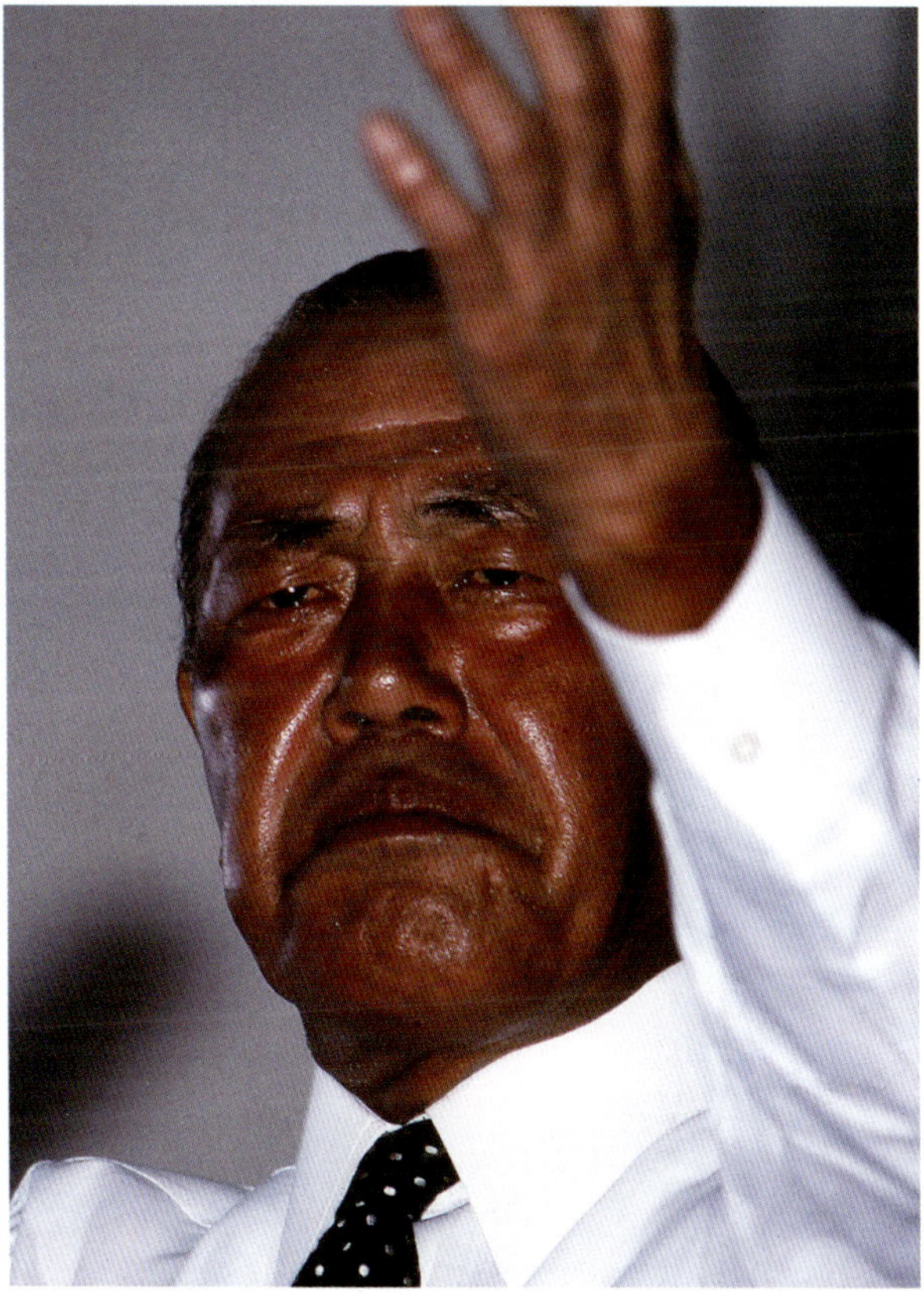

田中角栄

（七日会研修会にて，昭和59年）

浪曲をうなる角栄

自宅の庭で佇む角栄

田中角栄——同心円でいこう

目次

目　次

図版一覧

序　蘇る田中角栄

田中角栄がこの世を去って、すでに二十有余年が経つ。「棺を蓋《おお》いて事定まる」という。ならば田中は、今日評価が定まり、歴史の一頁として語られるべき存在のはずである。ところが田中は、今なお歴史のなかに封印されない。田中ブームが間歇《かんけつ》的に起こる。生前は日本政治の元凶、悪の権化として轟轟《ごうごう》たる非難を浴びた角栄は、今や称賛の的である（田中角栄は、親しみを込めて下の名前で呼ばれることも多い。本書でも、しばしば角栄という表記を用いている。なお敬称はすべて省いている）。人情味溢れ、陽気で、気配りの人、庶民の味方、努力の人、天才、アイディア豊富で、決断力と実行力に富む指導者、戦後民主主義の擁護者、罠に落ちた悲劇のヒーロー、等々。様々な世代や個人の思いが重なり、共鳴して、田中人気は再生される。「今の日本を角栄ならどうする」、「角栄に聞け」といった類の本が、巷には溢れている（たとえば、後藤謙次監修（2011）、小林（2012）、別冊宝島編集部（2014）、別冊宝島編集部（2015）、など）。

従来のいわゆる「角栄本」は、田中の家族、かつての秘書や番記者など、彼をよく知る人たちの手になることが多かったが、最近ではそのようなサークルを越えて、意外ともいえる人たちが角栄論を執筆している。近年最も大きな話題を呼んだのが、石原慎太郎の『天才』である（石原 2016）。石原は、かつて自民党タカ派議員の集まり、青嵐会の幹事長として田中政治批判の先頭に立ったこともあるが、同書では、田中と一体化し、あたかも田中の霊言を記すかのごとくである。田中というよりは、石原自身の見解ではないかと思われるところも散見するが、そこがまた小説の妙味であろう。

石原とは政治スタンスを異にする政治評論家の佐高信もまた、田中を高く評価する。佐高は、「クリーンvsダーティ」、「ハトvsタカ」の二つの軸で分類すると、ダーティなタカ派は論外であり、クリーンなハト派は絶滅危惧種であると裁断したうえで、クリーンなタカ派とダーティなハト派の間でどちらを選ぶかといえば後者であるという判断を示し、田中に肩入れする。また戦後民主主義擁護という観点から田中を丸山眞男と一括りにするなど、かなり思い切った論陣を張っている（佐高 2014；佐高・早野 2015）。このように、田中角栄人気は、政治的党派性を越えたすそ野の広いものである。二〇一五年元旦のＮＨＫ番組「戦後70年　ニッポンの肖像」で実施された世論調査では、「戦後を象徴する人物」として田中角栄の名前がトップに挙がった。

田中角栄の何が、かくも人々を惹きつけるのであろうか。もし田中が単なる金権政治家であったなら、とっくの昔に忘れ去られていただろう。田中は単なる利の人ではなく、情の人であったといわれる。田中が没した後も、彼の世話になった者たちはその恩を忘れず、慕い続けている。さらに田中は情だけでなく、その卓抜な発想によって人々を惹きつけたといわれる。田中は官僚操縦術に長けていたとよくいわれるが、優秀な官僚たちが角栄に喜々として従ったのは、情と利だけではなく、彼のアイディアに心服したからであった。そして田中には、そのアイディアを実現する決断力と実行力が備わっていた。

しかし、今日では田中角栄を直接知らない世代にまでその人気が広まっている。その理由は、一体どこにあるのだろうか。今の政治家は小粒になり、頼りないからであろうか。「今の政治家は」というのは、「今の若い者は」というのと同じで、割り引いて考えなければならないが、確かに田中角栄のような政治家は、「今」と限定せずとも、なかなか見出すことはできない。だが安易に過去の政治家に理想像を見出したり、その発言から今日の指針を引き出そうとしたりするのは危険である。

なるほど田中角栄の言葉は経験に裏打ちされ、含蓄に富むものであるにせよ、特定の時代と文脈のなかで発せられ、そのなかで意味を持つのである。なるほど田中は、天才であったかもしれないが、彼は、時代を突き抜けた天才ではない。あくまでも戦後という時代を生き切ったという意味において、天才なのである。田中は、誰もが言うように、戦後民主主義の申し子であった。戦前であれば、学歴にも家柄にも恵まれない田中が代議士として成功できたとは思われない。戦後民主主義が、より具体的にいえば、名もない貧しい人々、中心ではなく周辺の人々が、田中を国政の場に送り込んだのである。田中は、彼らの期待によく応え、それまで日の当たらなかった地方に道路を作り、橋を架け、トンネルを掘り、鉄道を敷いた。

田中角栄の天才は、与えられた文脈のなかで最大限の効果を引き出す選択をするところにあった。高度経済成長の成果を地域間格差是正に振り向けたところに、そしてそのことによって戦後民主主義の潜在力を、ひとつの極限まで引き出したところに田中角栄の天才がみられる。しかし戦後民主主義が田中角栄というを政治家を生んだということと、田中が民主主義者であったということは、本来別の事柄である。民主主義の価値を信奉せずに、その枠組を利用することも可能である。なにも田中がそうであったと、決めつけているわけではない。ただ数多の角栄本が出版されているにもかかわらず、田中政治が戦後民主主義とどのように切り結ばれるのかについて正面から語るものは意外に少ない。そこで本書では、田中角栄という政治家を戦後日本政治という文脈のなかに再度埋め込み、田中政治を通して戦後民主主義というものを改めて考えてみたい。そうすることで、田中角栄という個性の魅力は多少削がれてしまうかもしれないが、田中角栄という存在が戦後日本政治にとって持った意味をより鮮明に浮かび上がらせることができるように思う。

なお本書は、これまで刊行された数多の角栄本に多くを負っているが、煩雑を避けるため、直接引用するか、特定文献に基づく記述である場合に限って、割注で出典を明らかにしている。なお町名や肩書などについても、同様の理由により、その時代の表記のままにしてある。

第一章　草創の時代

1　生い立ち

私の履歴書

日本経済新聞に、「私の履歴書」という名物連載コラムがある。この欄では、各界の功成り名を遂げた人物が、自らの半生を生い立ちから近況にいたるまでを綴るのが慣わしとなっている。田中角栄もまた、このコラムに寄稿している。ただし田中のものは、他のものとはかなり趣が異なる。田中角栄の「私の履歴書」が連載されたのは一九六六年二月であり、そのとき角栄はまだ五〇歳を前にした働き盛りであった。自民党幹事長として、まさに昇り龍の時代である。したがって、田中の履歴書は、第一線を退き、己の半生を恬淡と振り返るものではなく、政治家田中角栄が誕生するまでの話なのである。

寡聞にして、なぜそのようなタイミングでの執筆となったのかは知らない。しかし後から考えれば、絶妙なタイミングであったといえる。もしそれよりも後であれば、田中の「私の履歴書」は書かれずに終わった可能性がきわめて高い。首相時代は多忙を極め、もちろん無理であっただろうし、退陣後もロッキード裁判を闘っていた田中に執筆依頼はなかったであろう。仮にあったとしても、田中が来し方を安らかな気持ちで振り返ろうなどとは思わなかったであろう。病に倒れてからは、執筆できる状態ではなかった。

田中角栄の「私の履歴書」（以下「履歴書」と表記）は、難渋な文章で知られる文芸評論家の小林秀雄から絶賛されたという逸話があるが、政治家になるまでの話であるためか、確かにのびのびとした筆致で描かれており、田中の人となりを知るうえで第一級の資料となっている。本節では、これを重点的に用いて、人間田中角栄像を浮き彫りにしてみよう。

ア　二田村の経済状態

田中角栄は一九一八（大正七）年五月四日、新潟県刈羽《かりわ》郡二田《ふただ》村に生まれた。二田村の経済状態は、田中の言によれば、「一戸当たりの平均反別は、一町歩にも満たない七、八反が主だったが、年に五、六〇俵の米はとれる。薪は自分の山でまかなえるし、いくばくかの材木もある」（履歴書：324）。しかもほとんどの家に日本石油西山鉱業所へ井戸（石油）掘りに出かける者がおり、毎月の現金収入があった。日本中が不景気でも、村内には活気があったという。

一九二四（大正一三）年の調査によれば、地主王国といわれた新潟では、五〇町歩（ヘクタール）以上所有の大地主が二五六戸を数え、北海道を除くと全国第一位であった。一〇〇〇町歩以上の巨大地主は、北海道を除く全国に九戸あったが、そのうち五戸は新潟県にあった（新潟県立歴史博物館

http://nbz.or.jp/?page_id=53、二〇一六年一二月二六日閲覧）。地主王国の新潟県では小作争議が頻発し、三宅正一や滝村隆一など、後に社会党の国会議員となる農民運動の指導者たちが生まれた。こうした当時の状況を考えれば、二田村の農家は、比較的恵まれていたといえる。

角栄の生家は八、九反の田圃があったというから、村のなかでは、〝中の上規模の農家〟（田中 2017：206）といえるが、祖父捨吉は腕利きの宮大工で土木建築の請負も行っていた。祖母コメは村では評判の美人だったらしく、気位も高く、体も弱いということで、田圃には入らなかった。父角次はといえば、牛馬商を営み、農業には関心がなく、農作業は全て角栄の母フメの細腕にかかっていた。

生家（新潟県刈羽郡二田村）

角栄自身の言葉によれば、「いなかにしては私の家はずいぶんはでなほうだったようだ」（履歴書：325）。しかし祖父が米相場で大損をしたころから雲行きが怪しくなり、角栄が六歳のとき、父角次はオランダから種牛三頭を輸入するが全て死亡してしまい、家運が決定的に傾いてしまう。大工の日給が一円、米一俵が七円の時代に、角次の輸入した牛は、一頭一万五〇〇〇円したといわれる。角次は三頭分の代金四万五〇〇〇円を工面するため、山林を売り、家を担保にいれ、親戚と近隣の資産家から出資を受けていた。

貧しいなかでも、角栄少年は、兄が幼くして亡くなっていたため、田中家の跡取り息子（土地の言葉で「アニ」という）として大切に育てられた。角栄少年がアニとしての高い自意識を持っていたことを物語る逸話がある。田中家では、大みそかには年とりの鮭を食べたが、頭から男が年長順に、女はその後、つまりしっぽの方をやはり年長順に食べるのが慣わしであった。あるとき角栄少年は、隣村の母の実家で鱈の煮つけをご馳走になった。しかし自分に腹の方の切り身が与えられ、その家の女の子は頭の方だった。これに腹を立てた角栄少年は、「魚は頭の方でなければ食べない」と席を立ったという（履歴書：329）。

姉二人、妹四人に挟まれた角栄は、おとなしく、虚弱体質であり、両親、祖父母は、大いに心配したらしい。二歳のとき、角栄はジフテリアを患い、高熱を発して、生死の間をさまよった。朝から晩まで農作業に追われていた母に代わって、もっぱら角栄少年の世話をしたのは祖母コメであった。祖母の手料理になれていた角栄は、あるとき母の作った五目飯を食べなかった。母の手は、妹たちのおしめを洗濯するから汚いと感じたという。

アニの角栄は、このように家社会の価値観がしみ込んだひ弱な、神経質で潔癖症の少年であった。後年の豪放で明るく、快活な性格は、後年自ら意識して身に付けたものであった。

ドモリ

角栄少年が、内気で引っ込み思案になった原因の一つに、ドモリがある。うまく意思疎通ができず、ストレスが溜まり、ときにはそれが爆発した。角栄少年は、吃音《きつおん》をからかわれると、非力であったにもかかわらず、相手を殴りつけた。下校途中に怒りが爆発し、カバンを振り回して同級生をなぎ倒したり、待ち伏せして竹やりで脅したりしたという。習字の時間に先生が間違って角栄少年を叱ったとき、うまく言葉が出てこないため、角栄少年はすりおろした墨を硯ごと力いっぱい床に叩きつけたこともあった。

家族や年少者に対しては普通に話せたというから、吃音は彼の繊細な自意識ゆえだったのかもしれない。角栄少年は、吃音で癇癪を起こしたり、それへの嘲笑に対して暴力で反撃したりするだけではなく、それを克服する努力も怠らなかった。学芸会では、吃音を配慮して角栄を裏方に回そうとする教師に直談判して、安宅の関の弁慶役を買って出た。皆がかたずをのんで見守るなか、角栄少年はつかえることなく、見事にセリフを最後まで言い終えたという。

セリフに節をつけ、歌うようにしゃべると、どもらないことに気づいた角栄少年は、もともと好きだった浪花節の稽古に精を出すようになる。浪花節をうなることで、角栄少年は徐々に吃音を克服していった。後年の角栄の大きな声は、自信を持って一気に話し出し、リズミカルに吃音が出ないように繰り返し発声練習したことの名残であったろう。後に郵政大臣となった際、田中はラジオで浪花節をうなり、野党から「浪花節大臣」と揶揄されたが、彼の玄人はだしの浪花節は、吃音克服の特訓の賜物だったのである。

浪花節について、もう一つ興味深い逸話がある。あるとき角栄少年は、吃音克服のためという理由で、通常は大人と一緒でも禁じられていた浪曲の夜公演に出かける特別の許可を得る。角栄は、弁の

小学校時の鼓笛隊にて
（後列右から２番目が角栄）

立つ賢い少年であった。さて翌日、角栄少年は前夜聞いた浪曲を同級生の前でスラスラとうなったという。角栄が並外れた記憶力を持つことについては多くの逸話が残っているが、これはその最初期のものといえる。しかも、角栄少年はただ記憶するのではなく、それを寸分たがわずに再現する能力を持っていたのである。

金銭感覚

金銭感覚についても、興味深い逸話がある。あるとき角栄少年は、母に祖父の財布からお金をとらなかったかと問いただされる。角栄少年は、「茶だんすの上に五十銭玉が二つむき出しのままであったので、誰が使ってもよいお金だと思い、みかんを一箱買ってきて、近所の子供たちにふるまった」と答えた（履歴書：337）。祖父は、にこにこ笑って「お前ならいいよ」と許すが、母親は複雑な表情を見せたという。このことを田中は決して忘れず、終生母を怖れた。

この逸話は、いくつかの点で興味深い。まず角栄少年が、お金に大変おおらかな（悪く言えば、ルーズな）感覚を持っていたことがわかる。たとえたんすの上にあったにせよ、自分の金ではない以上、だまって持ち出してはいけないと思うのが普通の倫理感覚だろうが、角栄少年はそう思わなかった。アニとして、家のものは自分のものという意識があったのかもしれない。次に、「たんすの上にあった金だから、誰が使ってもいいはずだ」ととっさに答えたというのは、もちろん屁理屈ではあるが、角栄少年の機転の良さを物語る。

軍隊時代に話は飛ぶが、角栄が酒保《しゅほ》係だったとき、五、六人を誘い、洗面器に酒を入れ、茶碗で酒盛りをしていたところ、小隊長に見つかってしまったという。角栄は、とっさに輸送中に壊された一升瓶の整理のため、戦友たちに処理を手伝ってもらっていると言い訳したところ、小隊長は苦笑いし、特に角栄らを罰することはしなかった（馬弓 2011：60-76）。後年政治家になると、派閥の長佐藤栄作や盟友大平正芳などでも、「丸め込まれる」と田中の弁を警戒したといわれる。しかし母は騙されない。だから、角栄は母を怖いと思ったのである。最後に、角栄少年は、金を皆のために使っている点に注目したい。田中の気前の良さは少年時代からであって、政治家になってから身につけたものではない。祖父や父の羽振りの良さを、幼いころから見て育ったせいかもしれない。

角栄の金離れのよさを示す逸話は、枚挙に遑がない。角栄少年は尋常小学校卒業後、しばらく親元で土木作業員などをして時間を過ごしたが、一九三四（昭和九）年三月一念発起し、上京する。その際母から八五円の金をもらったが、途中で高崎にいた父に五〇円、桐生にいた姉に二〇円を渡した。また徴兵の際、二〇〇円を持って家を出たものの、移動中に仲間の兵隊に大盤振る舞いをした結果、兵舎での私物検査のとき財布のなかはほとんど空っぽであったという。

田中の秘書、早坂茂三は、「田中にとって金はストックではなくフロー」であったと指摘しているが、角栄の気前の良さは、角栄自身の言によれば、次のような体験に基づくものであった。角栄少年は、あるとき父のために借金に出かけた。親戚のおじさんは、快く金を貸してくれたが、最後に一言、「お前のおやじもなかなか思うようにはいかんネェ」とつぶやいたという。この一言が耳に残り、田中は「ひとにカネを貸してくれと頼まれたとき、できないと思ったら、きっぱり断る。貸すときは、かえってこなくてもよいという気持ちで一言も言わずに貸す」という人生哲学を身に付けたという（履歴書：346）。

なんとも思い切りがいい。その極端さのなかに、角栄少年の繊細で傷つきやすい心を読み取ることができる。親戚の言葉は、父角次を心配し、思いやったものであったかもしれない。しかし角栄少年は、そのような同情に強い屈辱感を覚え、反撥し、生涯忘れなかったのである。角栄は、非常にプライドの高い少年であった。この逸話から、田中が気持ちよく金を渡すのは、金銭に無頓着だからではなく、むしろ金の大切さが身に染みているからだということがわかる。

ロマンチスト

田中角栄が艶福家であったことは、よく知られている。角栄は、とにかく女性にもてたらしい。気風がよくて、男気があって、やさしくて、気配りがある。宴会では もちろん、選挙演説でも女性からは映画スター並みの黄色い声が飛んだらしい。そんな田中は、早熟なロマンチストであった。角栄少年は、秋祭りの日、にわか雨に遭遇し、女の子のマントにいれてもらって、「女の子ってこんなよいところもあるんだな」と、姉にも妹にもない感情を抱いたという（履歴書：333）。角栄少年は、早熟であった。

角栄は地元の土木派遣所で働いていたとき、電話交換手と知り合い、映画を一緒に楽しんだ。彼女は、角栄が上京する際には、角栄が出発する柏崎駅を避けて、わざわざ次の駅で見送ってくれたという。それから一二年経ち、角栄が初出馬の第一声を上げた柏崎小学校の講堂に、その思い出の女性が子供二人をつれて応援に来ていたと田中は記している。

後年、東京で自分の土建会社を立ち上げ、小千谷、宮内、柿崎、柏崎などの工場を飛び回っていた頃、ある夜芸者が田中の枕元に座っていたという。話を聞けば、彼女はまだ新人で旦那がついたばかり。田中は哀れに思い、いくばくかの金を握らせて帰したという。そして一〇年後の初当選の祝賀会で、偶然にも彼女と再会する。彼女はそのときのことを覚えていて、初恋の人は角栄の兄であると告白した。彼女が恋したのは、いうまでもなく、実は角栄本人であった。

これらの逸話は、少々きれいにオチが付きすぎている嫌いがあるが、真偽はともかく、角栄のロマンチックな性格がよく出ている。秘書であり、田中の情人でもあった佐藤昭《アキ》によれば、田中はハリウッド映画が好きで、『心の旅路』が殊の外お気に入りであった（佐藤昭は後に改名し、佐藤昭子となる。著書（2001）は佐藤昭子名で出されたものであるが、本文中では、煩雑を避けるため、参照文献一覧以外は、すべて昭と表記する）。記憶喪失になった男とその男を、忘れられながらも、必死に支える女の恋物語であり、最後に男が記憶を取り戻して「めでたし、めでたし」となるのだが、田中は痛く感動して、佐藤に「わかるだろう。おまえなら、わかってくれるだろう」、「俺にはお前が必要なんだ」と何度も繰り返し、挙げ句の果てには大蔵省幹部を集めて上映会を催したという（佐藤 2001：71-72）。

田中は、近代的ロマンチック・ラブに大いに憧れていたが、性には大変おおらかであり、一夫一婦制の考えに縛られていなかった。「私の履歴書」には徴兵された二〇歳のときには、女性と同棲していたことを、あっけらかんと記している。しかも「ハウスキーパーのような立場の女性」と呼び、その女性に対して恋愛感情を持っていなかったことも隠さない（履歴書：427）。角栄は、妻はなとの間に一男一女をもうけたが（長男は夭折）、佐藤昭との間に一女をもうけているし、神楽坂の芸者であった辻和子との間に二人の息子を授かっている。

佐藤、辻、ともに角栄に関する本を出版しているが、そこには角栄への深い愛情がみられ、うらみつらみがほとんどない点で共通している。少し引用しよう。佐藤昭は自分の事務所の窓外にイトーピアを眺めながら、田中が勝利した総裁選を回想する。

政治家としての最高の日。あんないい顔はなかった。男の本懐をなし遂げ、毅然とした自信に満ち溢れていた。

そして、もうひとつの稚気溢れた人間田中角栄の顔があった。ホールイン・ワンをした時の子供のような笑顔。親しい人がくると一日四ラウンドもした自分のゴルフスコアをメモにして見せる得意そうな顔。秘書相手に将棋をやっている時、相手の駒を取ってニコニコしている顔。

そのすべてを、私は好きだった（佐藤 2001：254-255）。

次に辻和子の回想である。

先日、わたしはこんな夢を見ました。おとうさん（田中角栄——引用者註）の布団にくるまって眠る夢です。耳元で声が聞こえました。
「これは、おとうさんの布団だから、これは、おとうさんの布団だから、ぐっすりお眠りなさい」
ああ、なんて安心した気持ちだったことでしょう。何の不安もなく、おとうさんに包まれて眠る。私を脅かす風の音からも、一人ぼっちの夜の闇からも、きびしい北風からも、わたしを守ってくれる……（辻 2004：246）。

子供たちにも、田中はたっぷりと愛情を注いだ。その様子は、愛娘眞紀子の手記にイキイキと描かれている（田中 1988；2017）。角栄が家庭の外でもうけた子供たちは、成長過程で特殊な環境に生まれ育ったことに悩み、苦しむが、後にはそこを潜り抜け、やはり父田中角栄への愛情あふれる思い出を著している（佐藤 2012；田中 2004）。いうまでもなく、世間的に田中の女性関係はほめられたものではないが、田中が全ての家族を守る強い責任感と愛情、そして財力を持っていたことは驚嘆に値する。

2 上京

理化学研究所（理研）

田中は一九三四（昭和九）年三月に理研の総帥大河内正敏を頼って上京する。まもなく一六歳を迎えようとする春であった。田中は、大河内邸に書生として住み込むはずであったが、話が通っておらず、対応に出た女中に体よく追い払われてしまう。結局、田中はひとまずの落ち着き先と考えていた井上工業の東京支店に住み込みで働き、夜学校（中央工学校）に通うことになる。角栄は、ここで刎頸《ふんけい》の友となる入内島金一と知り合う。

井上工業での住み込み労働は、きついわりに給料が安かった。月五円の給料は、角栄が二田村の土木作業で得ていた給料の三分の一ほどであった。角栄は、自らが頼み込んだこともあり、しばらくは我慢して働いたものの、不満が募り、現場でのいざこざをきっかけに飛び出し、『保険評論』という雑誌発行を手伝うことになる。しかし半年後母病気の報を受け取ると、休暇願が聞き入れられなかったことを理由に退職し、母を見舞った。角栄青年は、大変な母思いであり、思い切りもよかった。

東京に戻ると、角栄は新聞広告で見つけた高砂商会に就職する。高砂商会は小さな貿易商であったが、経営者夫婦について角栄は人の誠意を評価するりっぱな経営者であったと回顧している。五味原夫妻は、角栄の働きぶりを評価し、一三円の月給をくれた。高給とはいえないが、井上工業時代の三倍近い。五味原夫妻は、角栄が勝手に特別注文を受け、納品に運んだ高級ガラス製品を事故で全て壊

上京に際して（母・フメと姉・フジエとともに）

してしまった際にも、「ケガがなくてよかった。得意さんに代わりをすぐ届けてくれたことは何よりだった」と慰労し、田中に弁償金を求めるようなことをしなかった。これによって、角栄は「どんな人のことでも不注意による過失については、絶対にこれをとがめない」という教訓を得る（履歴書：386）。

五味原夫妻に可愛がられた角栄であるが、友人のつてで図面書きの仕事を引き受けるようになり、時間をやり繰りして昼間学校に通えるようになったため、数カ月で高砂商会を辞める。一九三六（昭和一一）年、まさに軍需産業が急成長していた時代、田中は中央工学校を卒業し、中村勇吉建築事務所で働くようになる。中村建築事務所は、田中が上京の際に訪ねた大河内正敏率いる理研に出入りしていた。田中によれば、これは全くの偶然であるが、その後も理研がらみでは、幸運な「偶然」が重なる。角栄自身の言葉でいえば、「このころから目に見えない糸に結ばれた大河内正敏先生と私とのこの世における深いつながりは、いよいよ現実のものになって展開してゆくのである」（履歴書：399）。

「目に見えない糸」がどのように田中と大河内を結びつけた

大河内正敏

のかを、少し詳しく見てみよう。田中は理研の企画設計家の機械技師中野義雄と親しくしており、ときおり理研を訪ねていた。そんなある日の朝、田中はエレベーターのなかで大河内と遭遇する。大河内の乗るエレベーターには誰も乗らないという不文律があったが、何も知らない田中は慌てて飛び込んで、気が付いたら大河内とエレベーターのなかで二人きりになったという。

その後一週間ほどして、田中は再び大河内に遭遇する。今度は同乗を遠慮していると、田中を見つけた大河内に「君も乗りたまえ」と声をかけられ、角栄は大河内の部屋で自己紹介することになる。「偶然」はこれにとどまらない。角栄は、一九三七（昭和一二）年の春、共栄建築事務所を立ち上げるが、ある日理研の入っている美松ビル二階のすき焼き屋で昼食をとっているところに大河内が「偶然」入ってきて、それをきっかけに角栄の事務所は理研の仕事を請け負うようになる。これによって角栄の事業は、軌道に乗るのである。

このように田中角栄と大河内の縁は、神の差配ともいえる「偶然」によってもたらされたわけであるが、角栄が「偶然」を生み出すために多大な努力をしたであろうことは想像に難くない。そもそも何事にも目敏い角栄が、中村事務所と理研との関わりを何も知らなかったとは思われないが、もしそれが本当であったとしても、大河内との遭遇が全くの偶然であったということはあり得ない。角栄は当時理研に知り合いがおり、たびたび訪ねている。当然、大河内の出社時間や行動パターンについては、事前に情報を得ていただろう。エレベーターに飛び乗ったのは、いかにも角栄らしい相手の懐に飛び込む作戦である。大河内と会ってから一週間後には、角栄は大河内の目に入るところに立って、声をかけられるのを待っていたはずである。大河内は、出社するとすき焼き屋で昼食をとることが多いことを、田中は当然知っていただろう。

しかしいうまでもないことだが、いかに田中が「偶然」を演出したとしても、大河内が角栄を気に入り、仕事をくれるという保証はどこにもない。当時弱冠一九歳の田中角栄には、物理学者であり、東大教授、貴族院議員も務めた理研コンツェルン総帥の大河内正敏が目に留め、声をかけるだけの何かが備わっていたのだろう。角栄は、「人たらし」といわれるほど、女性はもとより、有権者、政治家、官僚、誰にでも好かれたが、その才能は、まだ金権とは縁のない若き日にすでに発揮されていた。角栄の「人たらし」は、始めに金ありきではない。

理研は、一九一七（大正六）年三月渋沢栄一の肝いりで当時の首相大隈重信の陣頭指揮の下に設立された。大河内は一九二一（大正一〇）年に四三歳の若さで第三代所長に就任する。当時理研は財政逼迫に苦しんでいたが、大河内は国庫補助金増額を勝ち取り、研究体制を一新、自由な研究環境を実現し、さらに学術研究を産業に結びつけ、時局にも乗り、経営を拡大させた。理研コンツェルンの構築は一九二三年東洋瓦斯試験所の設立によって始まり、二七年の理化学興業の創設によって本格化する。三三年まで理研の企業は理化学興業一社だけであったが、三四年四社、三五年八社、三六年一五社、三七年三二社と倍増を続け、三九年には六三社を数えた。ビジネスは、軍需絡みの重化学工業を中心としながらも、薬品関係や商業関係まで多岐に渡る。新潟柏崎にピストンリング工場を開設し、さらなる事業拡大を図っていた大河内にとって、新潟出身の角栄は願ってもない人材であっただろう。

兵役　理研の仕事を引き受け、事業が軌道に乗ってきた一九三八（昭和一三）年、田中は兵役に就くことになる。角栄は、盛岡騎兵第三旅団第二四連隊第一中隊に配属される。第三旅団本部は三江省（現黒竜江省）宝清《ほうせい》にあり、第二四連隊は富錦《ふきん》に駐屯していた。富錦は、一九三八年七月末日本軍とソ連軍が衝突し、日本側戦死者一四四〇人を出した国境地帯にあり、緊張感が漂っていた。さしもの田中も「えらいところにきた」と思ったに違いない。

若き初年兵とはいえ、すでに一端の実業家として成功を収めていた田中は（実業家としての田中は、旅団長よりもはるかに多い月収を得ていた）、当初軍隊生活に馴染めず、古参兵によくいじめられたらしい。しかし常に目配りを怠らず、機転の利く角栄が、上官に気に入られるようになるまでにさほど時間はかからなかった。田中は入隊三カ月後に行われた検閲で、体力的に脆弱であるが学科成績がよく、達筆であることが評価され、保護兵扱いとなる。

保護兵になるとバター、ミルクの配給があり、食事も違った。衛兵のような一昼夜勤務は免除され、野外訓練にもあまり参加しなくてよい。角栄は酒保（売店）、糧秣《りょうまつ》係などを務め、実戦から遠ざかることに成功した。政治評論家の保阪正康は、「田中にとって、軍人とは一般社会を知らず、ひたすら猪突猛進するだけのタイプでしかなかった。言ってみればきわめて御しやすいタイプでもあった」と指摘しているが、当たらずとも遠からずといえよう（保阪 2010：69）。

この指摘を裏付けるようなエピソードを紹介しよう。あるとき連隊本部から二年兵教育計画書の作り直しを命じられた連隊第一中隊長は、田中角栄上等兵が建築家で、中隊の厩を設計したことを覚えていて、田中に新たな計画を一晩で清書するように命じた。田中は、上下の別なく自分の指示に従うことを条件にこれを引き受けたという。軍隊で上官の命令に条件をつけるというのは前代未聞であるし、中隊長がその条件を呑んだというのは、さらに驚きである。田中は、切羽詰まった状況のなかで、

旧満州に駐屯していた頃

中隊長が自分の条件を呑むだろうと読んだに違いない。それにしても、下手をすれば痛い目に会う大博打である。これによって、田中の部隊内での評価は大いに高まった。

この逸話を紹介した馬弓良彦は、「この恐るべき非人間的組織（帝国陸軍――引用者註）にむざむざと押しつぶされることなく、かえってそのバカバカしい内務班生活を『田中式』に消化して、上官までも心服させてしまう一種独特の自我の逞しさ」（馬弓 2011：77）

を指摘している。田中の反骨は、理想や信念からではなく、徹底した現実主義、合理主義から出たものであった。度を越した上意下達や規則主義が、個人を抑圧し、翻って組織の活力を奪うことを経営経験を持つ角栄は見抜き、反撥したのである。

しかし田中は、反撥するだけではなく、上役の目を引き、気に入られる努力も怠らない。本部前にトラックが道をふさいだまま放置されていたとき、角栄はすかさず多少覚えがあると車の移動を買って出る。当時、車の運転ができる者は珍しかった。しかし田中はブレーキとアクセルを踏み間違え、トラックを門扉にぶつけてしまう。ところが、「悪気でやったわけではない」とおとがめはなく、角栄は連隊長にしっかり顔を覚えられる。

連隊長の酒保の突然の検査の際には、出入り口の内側に「希望の朝、法悦の夕」という標語を貼り付けておいた。あるいは、貼り付けたままにしておいた。それを連隊長はしばし見つめ、黙って出て行ったという。旅団長巡視の際には手箱を整理しておかなければならないが、田中の手箱には早稲田大学の建築専門講義録が入っていた。旅団長は「ほう」と一言発しただけで、叱らなかった。その後田中は連隊本部から、監視哨、皇居遥拝所、銃座などの設計を命じられるのである（津本 2002a：134-138）。

一九四〇（昭和一五）年一一月末、角栄はクルップス肺炎にかかり、さらに右乾性胸膜炎を併発したため、満州の陸軍病院をたらい回しにされた後、一九四一（昭和一六）年二月に内地に送還される。田中は大阪天王寺の日赤病院に運ばれたが、三月末妹トシエ重篤の報を受け取ると、自らの病をおして帰郷する。そのとき、角栄はすでにすぐ下の妹ユキエを結核で失っていた。見舞いを終え大阪に戻ると、角栄は高熱のため倒れる。しかも回復せぬうちに担架に乗せられ、仙台陸軍病院に向かう羽目になる。戦地から送還される兵が増え、収容しきれなくなったため、地方に移されることになったのである。角栄は仙台で四一度の高熱にうなされるなか、妹トシエの死亡電報を受け取る。

そのとき角栄自身が一報患者の身であった。角栄自身の説明によれば、軍隊では兵士が病気で死亡するまでに親元に電報を三度打つ。通常でいう危篤状態に陥ったときに、「病い重し」と打つ。これが一報患者である。そして死ぬ間際に「危篤」の電報を打ち、死が確認されると「死す」と打つ。つまり角栄は、危篤状態にあった。しかし二週間ほど生死の間をさまよった後、角栄は奇跡的に回復し、一九四一（昭和一六）年一〇月五日付で除隊、退院して郷里に戻る。入隊のために家を出てから、二年七カ月の歳月が流れていた。田中は戦争中に二人の妹を失うという不幸に見舞われたものの、父角次の事業が好転し、家計は楽になっていた。

田中土建

角栄は、実家に三泊しただけですぐに上京し、中央線飯田橋近くに家を借りて、事務所を開設した。そこにはもともと坂本組という土建屋があったが、主人が亡くなったため、閉められたままになっていた。角栄は事務所を借りると、間もなく坂本家の一人娘はなと結婚する。こうして坂本組を引き継いだ角栄は、一九四三（昭和一八）年一二月に個人事務所を田中土建工業株式会社へと衣替えする。一九四四（昭和一九）年一月に企業整備措置法が施行されると、過去三年間に年五〇万円の施行高のない建築会社は存続できなくなったが、角栄は、はなとの結婚で坂本組を引き継いだため、首の皮がつながったのである。田中の会社は、企業整備措置法の条件をクリアできない業者を吸収合併して、瞬く間に大きくなっていった。

田中土建にとって頼みの綱は、理研からの発注であった。戦争末期には、田中土建は東京・王子の理研ピストンリング工場を朝鮮大田に移転するという大仕事を理研から請け負うことになる。総工費が当時の金額で二〇〇〇万円を超える大事業であった。財閥系の大手ではなく、新興の田中土建が引き受けることになった背景には、田中と親しくなっていた長岡出身の理研ピストンリング株式会社常務星野一也の強い推しがあったといわれる。そして何よりも、戦局が悪化し、輸送が困難となるなかで、大手はどこもしり込みしたらしい。いずれにしても、この大田への工場移転計画は、現地での工場建設が本格化する前に終戦となったため、頓挫する。しかし総工費二四〇〇万円の内、一五〇〇万円ほどはすでに軍票で田中側に支払われており、田中は終戦の報を受けるやただちに京城へ走り、軍票を現金化したと言われる。

終戦後田中は、海防艦で速やかに帰国する。本人によれば、角栄という名前が菊栄という女性と間違われたため乗船できたというが、俄には信じがたい。懐の潤沢な角栄が、金にものを言わせたのであろう。乗船時に角栄が大金を懐にしていたことを物語るエピソードがある。角栄の乗り込んだ船の艦長であった海軍大尉小田島保治の証言によると、艦内で生まれ数日で亡くなった赤ん坊の母親に、角栄は供養として三〇〇円を渡したというのである。「当時三百円といったら、大変な金額です。私の給料が百円くらいで、かなりゆとりのある生活ができてたわけですから、三百円といったら、いまの百万円くらいの感じですね」（津本 2002a：164）。いかに情に厚く、気前の良い角栄であっても、相当の大金を持っていなければ、見ず知らずの女性に、それだけの供養料は渡せまい。たとえ持っていても、常人の狭い了見では、できることではないが。

ところで田中の「私の履歴書」には、すでに紹介したように、軍隊での様々なエピソードが描かれているものの、当時の国内外の政治や経済状況に関する記述は一切出てこない。これは、田中の関心の持ち方や思考法の特徴をよく表している。端的にいって、田中にとって世界とは自分に直接関わる範囲の出来事である。そしてそこで生じている問題に全精力を傾け、取り組むのが角栄流である。したがって、田中が「戦争と平和」について思い煩うことはない。今の状況を打開し、自分がどう生きるか、家族をどう養うか、彼の関心はもっぱらそこに注がれる。

戦争中田中は病気こそしたものの、恵まれていた。いや、言い方は悪いが、病気そのものがラッキーであった。そのおかげで、戦わずに無事帰国できた。しかも一度は危篤状態に陥ったにもかかわらず、退院後の田中は健康そのもので、作家の津本陽が、田中の伝記小説のなかで「これは筆者から見れば、ふしぎとしか思えない」ともらすほどである（津本 2002a：156）。除隊になった後、角栄は二度と召集されず、敗戦の混乱のなかで大金を手に入れた。しかも東京に戻ると、周りが焼け野原になったにもかかわらず、田中の自宅、事務所、寮、アパートなどは、全て無事だった。頼まれて、仕方なく買った魚屋の店舗まで無事だったという。

第二章　若き血の叫び

1　政治家田中角栄誕生

初陣

終戦は、さらなる幸運を角栄に運んできた。戦後民主主義は、角栄のような学歴のない無名の青年が政治舞台に登場するチャンスを与えてくれたのである。新憲法下で普通選挙が行われるようになっただけではなく、戦前の政治家の多くは公職追放になった。戦時中の翼賛政治会を衣替えした大日本政治会は占領軍に解散を命じられる。大日本政治会に属していた議員の八割は、進歩党結成に参加する。進歩党の党首争いは宇垣一成と町田忠治の一騎打ちとなったが、田中は大麻唯男（当時田中土建の顧問）の依頼に応じて、町田忠治に軍資金を渡した。その額は一〇〇万円（今日では一五億円相当ともいわれる）と記されていることが多いが、三〇〇万円とも、五〇〇万円ともいわれる。もとより確かめようもないが、田中が大金を提供したことは間違いないようだ。

これをきっかけに大麻は、角栄に総選挙への出馬を勧める。田中自身の言によれば、当初断ったものの、二度、三度と勧誘があり、しぶしぶ進歩党公認で立候補したという（履歴書：454）。しかし大麻の秘書によると、立候補は田中側から塚田十一郎を通じて持ちかけられた話であり、首実検をしてからOKを出したという（服部 2016：50）。どちらが本当なのか、これも確かめようもないが、多額の献金したことから見ても、田中に政治への野心が全くなかったとは考えにくい。

田中の初回選挙を支えたのは、小学校や仕事でのつながり、戦友たち、父角次の商売仲間などであったが、とりわけ小学校時代の恩師草間道之輔と理研の星野一也、秘書の曳田照治が、大車輪の活躍をみせた。草間は、田中が入学した当時の二田尋常高等小学校校長であった。田中は草間を「長い教育生活を通じて、ついに生徒にムチをふるったことがないというりっぱな人である」と評し、終生敬愛した。田中が入学した当時、講堂兼体育館には草間直筆の「至誠の人、真の勇者」という校訓が掲げられていた。

後年郵政大臣として母校に凱旋すると、田中はこの言葉を揮毫し、草間を感激させた（履歴書：338）。草間は最初に角栄から立候補の相談を受けた際には田中を翻意させようとしたが、逆に説得され、草間の後輩にあたる佐藤喜三郎とともに新潟師範のOB組織である「常磐会」を通じて、田中支持を訴えて回ることになった（早野 1995：207-212）。

星野は、新潟における理研の実力者として、角栄が選挙に出馬すると、全面的にバックアップをした。星野もまた、「田中贔屓」の一人になっていた。それまでに田中は、星野の信頼を得るために様々な努力をしていた。たとえば星野が東京に田中の事務所を訪れたとき、たまたま陸軍少将がおり、星野は少将の来る土建屋ということで感心したが、実は少将がいたのは偶然ではなく、星野の来訪に合わせて来てもらったものであったという。なにやら映画に出てくるような手の込んだ芝居である。

角栄は、星野に明らかな嘘をついたこともある。朝鮮半島から戻ると、角栄はただちに柏崎の星野宅に足を運び、「吉井工場長以下一人残らず無事、東京へ届けてまいりました」と玄関で直立不動のまま報告したという。星野は、感激して、とっておきのウィスキーで田中をもてなしたというが、後に関係者から海防艦で帰ったのは田中ともう一人だけであったと聞く。これに腹を立てて、田中との交際を絶つこともありえただろうが、すでに角栄の魅力に引き込まれていた星野は、苦笑いするだけであったという（新潟日報社編 1983：26）。

大河内正敏が巣鴨に収監されるとき、星野は新潟の理研関係者に送別にいこうと声をかけるが、占領軍の威光を怖れて、誰ひとり同行しなかった。しかし角栄は酒樽を持って大河内の家に駆けつけ、翌日は巣鴨まで付き添い、いよいよ大河内がＭＰに引き渡される際には、大声を上げて泣いたという。星野が、大河内を慕う角栄の真っ直ぐな思いにはだされたことは想像に難くない。とはいえ、星野もまた、田中の出馬には当初反対であった。角栄に泊まり込みで説得されても、首を縦に振らなかった。最後は、母親から「そんなに冷淡にしないで、なんとかしてあげんか」と叱られて、ようやく重い腰を上げたという（佐木 2011：153）。田中は、星野家にコメや野菜を届けるなど、あれこれと世話を焼き、星野の母親をすっかり取り込んでいた。田中流気配りの勝利であった。

しかし初めての選挙で、田中は落選する。理研は新潟では柏崎の他に、宮内、小千谷に系列産業を持ち、家族をいれると七万人ほどの関係者がいたといわれ、学閥、閨閥を持たない田中にとって、得がたい後ろ盾であったが、新潟の理研のなかには自由党候補の支持に回る者たちもおり、星野といえども理研票を田中に一本化できたわけではなかった。そもそも田中は、東京からやってきた落下傘候補と見なされており、風当たりも強かった。しかも長岡や柏崎などの都市部では政治は名望家が行うものという旦那政治の伝統が強く、無名の田中は全く相手にされなかった。

決定的打撃となったのが、田中陣営のなかから立候補者が続出したことである。参謀役の塚田十一郎、長岡地区と魚沼地区、それぞれの選挙責任者と目されていた者たちもまた出馬を表明する。「田中の潤沢な資金を彼らが懐に入れて自ら立候補した」という噂が流れた（新潟日報社編 1983：33）。こうした状況を考慮すれば、議席数八の大選挙区に三七人が立候補するという乱戦のなか、角栄が一一位に食い込んだのは善戦といえる。田中が「私の履歴書」に次点であったと記しているのは誤りであるが、記憶力のいい角栄が次点と間違うほど、手ごたえはあったということであろう。

雪辱戦

雪辱の機会は、意外と早く訪れる。昭和二二年春、マッカーサー指令による2・1ゼネスト中止に伴う社会的混乱を収拾するために衆議院は解散され、戦後二回目の総選挙が行われることになった。この選挙から、いわゆる中選挙区制が採用され、田中が前回選挙で出馬した新潟二区は三区と四区に分割され、角栄は定員五名の新潟三区から出馬することになった。選挙区が小さくなったことは無名の若手候補にとっては好都合であったし、なによりも実力者の塚田十一郎が四区に回り、競合しなくなったことが田中に幸いした。前回選挙で地元の実力者に裏切られたことに懲りて、角栄はこの選挙では柏崎と長岡に会社の出張所を設置して一〇〇人近い社員を採用し、自前で選挙運動を展開した。

田中は旦那政治の牙城であった都市部を避け、辺地・僻地を徹底的に回る。初回選挙から、田中は戦前政治には届かなかった庶民の声、とりわけ辺境の豪雪地帯の悲鳴に近い声に耳を傾けた。都市部では相手にされないためにとった苦肉の策であったが、そうすることによって角栄は旦那政治から疎外された庶民、都市部に対する農村の利害を代表する政治家となった。角栄は、このような二項対立の図式をさらに東京に代表される太平洋側に対して新潟を始めとする日本海側や豪雪寒冷地帯という形に拡大する。田中は、旧支配層や既得権益に異議申し立てをすることで、戦後民主主義の可能性を体現する改革者となったのである。

田中は初陣で敗退した後、血眼になって票の掘り起こしを始める。柏崎市清水谷は、戸数わずか三二の山間の過疎集落であったが、最初に田中党が生まれた。田中は、一九四六年七月に小学校時代の恩師高野盛義のつてを頼りに鵜川小学校分教場で講演会を開く。その場に卒業生である清水谷の青年たちが駆けつけ、「(高野先生の――引用者註) 教え子ならオレたちの仲間。土方の親方みたいだし、おもしろいから推そうじゃないか。兵隊帰りで血気盛んな二十代初めの連中が十数人集まり『田中党』を作った」(新潟日報社編 1983：78)。彼らは手弁当で田中を応援し、陳情は一切しなかったという。そこには、草の根民主主義の息吹があった。

北魚沼郡堀之内町では田中は政治サロン、「響クラブ」に顔を出し、次の選挙での応援を依頼する。地元の商工業者たちは、鉄道敷設のために政治力の必要を痛感しており、素性は定かではないが、やる気のある田中角栄を支持することに決め、響クラブを越路会と改名し、田中の応援団となる。堀之内での田中票は一九四七年には三〇三票にすぎなかったが、一九四九年には二二七二票にまで伸びる（新潟日報社編 1983：80–81）。

各地で生まれた様々な田中党は、やがて越山会という後援組織に一本化されていく。越山会の会員は、最盛期には一〇万人ともいわれたが、旗揚げした一九五三年には、新潟三区最北端に位置する加茂市で八〇人、その隣に位置する南蒲原群下田村で八三人を数えるだけであった。越山とは、田中が初当選以来使っていた雅号である。上杉謙信の漢詩に由来するという説もあるが、田中自身は「号は字義通り越後の山という意味と東京と行き来するには……山を越えねばならないという意味しかない」と否定していた（新潟日報社編 1983：84）。

田中支持がまず広がったのは、曳田秘書の出身地である南魚沼郡であったが、実はそこで一九五一年にはすでに越山会が生まれていたという説がある。しかし後援会組織がその年にできたことは確かであっても、越山会と名乗っていたかどうかははっきりしないようである。他方田中の出身地である柏崎市や刈羽郡では、越山会の誕生が最後になるが、これは自民党＝田中党であり、自民党支部が実質的に田中後援会であったため、新しい組織の必要性を感じていなかったことによる（新潟日報社編 1983：82–88）。しかも角栄の父角次が健在な間は、彼が「角栄の名代」として地元の陳情をさばいていた。「お祖父さん（角次――引用者註）は客の話を聞き終わると、その場でやおら黒電話のダイヤルを回し、幹部クラスの県の役人を電話口に呼び出し、有無を言わせぬ調子で用件をねじ込んだ」（森 2013：53）。角次は、息子が東京でやっていることを地元で再現していた。

このように越山会は、当初はおひざ元や天領以外で田中支持層を拡大するために作られた。しかしやがて三区全体を覆うようになり、越山会は、田中を個人的に知る者たちの集まりを超えた近代的な組織へと変貌していく。そして当初の田中党にあった草の根民主主義的色彩は弱まり、陳情と利益誘導の団体へと純化していくのである。

ところで戦後民主主義の可能性は、田中角栄に対してだけ開かれていたわけではない。戦前から小作争議や労働運動を指導してきた社会主義者たちにとっても、戦後民主主義は大きなチャンスであった。とりわけ地主王国であった新潟には強い農民運動の伝統があり、戦後新潟の農村部では、日本農民組合（日農）が強かった。しかし日農の社会党支持者の多くは、やがて熱心な田中支持者に変わっていく。農地解放において主導的な役割を果たした社会党は、自作農化した農民たちの要求に応えられなかったのである。農民たちが求めていたのは、いつ来るとも知れない理想社会ではなく、橋であり、道路であり、トンネルであり、一言でいえば生活環境の改善であった（新潟日報社編 1983；早野 1995；佐木 2011）。

ここで、象徴的なエピソードを一つ紹介しよう。三島郡越路町の町長を務め、同町越山会の会長でもあった平石金次郎は、戦後しばらくは熱心な社会党支持者であった。平石の生まれた岩塚地区では、冬になると男の多くは「越後杜氏」として出稼ぎに旅立ち、女子供だけが残される。平石は出稼ぎ問題を解消するため、「農村革命」が必要であると考えていた。その平石の目には、敗戦直後、農地改革を推進する社会党は「時代のエース」に映ったのである。しかしそれから後の社会党の活動は、平石の期待に応えるものではなかった。

平石の心に疑念が膨らむなか、一九五四年秋に越路町岩塚小学校で社会党の参議院議員らによる時局講演会が開かれた。講演後の懇談会で平石は、率直に社会党への疑問をぶつけたところ、「もっと勉強しろ」、「社会党の主張は今すぐ実現するものではなく、未来のものだ」といわれ、痛く失望する。平石はいう。「橋が老朽化した岩塚の人々は困っていた。未来を語るより現実を直視するのが政治ではないか」、「理屈をこねるより、今日食う飯が先決だ」（新潟日報社編 1983：95–96）。

平石だけではなく、同じような理由で当初社会党を支持した多くの農民たちは、角栄陣営に移っていった。角栄は、社会党系の首長の陳情であろうと、受け入れた。なぜかと問われれば、それは首長のためではなく、住民のためであると答えた。首長の党派性にかかわらず、困っている市町村は助けるという田中のおおらかな態度が、さらなる角栄信者の獲得につながったであろうことは想像に難くない。

それにしても、社会党に失望したからといって、なぜ無名の若手代議士なのか。新潟三区には、自由党の大物代議士亘四郎（後に新潟県知事）がいた。しかし亘は呉服商「近清」の主人堤清七の四男として生まれ（長兄堤清六は日魯漁業創始者）、寺泊の廻船問屋の養子となり、アメリカのラトガーズ大学に留学した経験を持つ旦那衆の一人であり、辺地僻地の農民たちにとって遠い存在でしかなかった。これに対してどんなところにも足を運び、車座になって歓談する角栄を、農民たちは自分たちの仲間であると感じた。彼らは、田中を自分たちの代表として認め、田中に未来を託したのである。そして彼らの賭けは、見事に当たった。角栄は、瞬く間に中央政界で頭角を現し、次々に彼らの願いを実現していった。

民主党から自由党へ

田中が権力中枢へと近づく大きな一歩となったのが、民主党から自由党への移籍である。民主党は、社会党委員長片山哲を首班とする連立政権に加わっていたが、この政権の目玉政策は炭鉱国管化であった。政府が臨時石炭鉱業管理法案を国会に提出すると、これに反対する民主党内の幣原喜重郎を中心とするグループは脱党し、一九四八年三月には自由党に合流、社会党、民主党を数で上回る民主自由党が生まれる。角栄は幣原グループと行動をともにし、自由党に入るとすかさず吉田茂の懐に飛び込み、保守本流のなかに潜り込む。

田中が吉田の目にとまることになったといわれる有名な事件がある。山崎首班事件である。社会党、民主党、国民協同党による芦田連立政権が疑獄事件で崩壊し、野党自由党が政権を担うことになったとき、吉田を嫌ったGHQ内のリベラル派、いわゆるニューディーラーたちは、自由党幹事長の山崎猛を総裁にするように圧力をかけたといわれる。これに対して自由党内の大勢が「やむなし」との判断に傾くなか、新人議員の角栄が待ったをかけ、「いくら占領下とはいえ、露骨な内政干渉は許されない」と発言し、吉田に「アメリカがですな、日本に対して、つぎの総理大臣はだれではいかん、だれでなくてはならんなどと内政干渉をすることが、本当にあり得るかどうか」と問いただしたという（戸川 1980：39）。

この質問で吉田が息を吹き返し、一気に流れが変わり、第二次吉田内閣が成立したというのが、政治評論家戸川猪佐武が『小説吉田学校』に描く名場面である。戸川は、熱烈な田中シンパであり、しかもあくまでも小説であるから、眉に唾する必要があるが、民主党から移ってきた新人議員が、第二次吉田内閣でいきなり法務政務次官に抜擢されたことを考えると、何がしかの事情があったことは想像に難くない。幣原喜重郎の推しもあったといわれる。

角栄は、新人議員ながら、炭鉱国管法案をめぐって積極的な反対行動を展開し、注目された。また三菱財閥という後ろ盾を失った幣原に代わって、幣原グループの台所を預かるようになっていた。その能力を買われて、民自党が生まれると、ただちに選挙部長に抜擢される。公職追放によって人材が払拭していたという事情もあるが、当時すでに田中の集金能力は広く知れ渡っていたのである。しかも田中は、最近の言葉でいえば「エビデンス・ベース」の選挙対策を練り上げた。民自党所属議員の生年月日、学歴、家族構成、人脈、資金力、選挙区の人口構成、有権者数、支持率、産業構造、所得水準などを徹底的に調べ上げたのである。吉田茂は、「田中は現実をきわめてよく把握している。あれは視野の狭いインテリにはない感覚だな」と評価したといわれるが、角栄は現実把握のために当時からすでに徹底した情報収集を行っていたのである（津本 2002a：197）。

収賄疑惑

吉田茂の田中角栄評として最もよく知られているのは、「刑務所の塀の上を歩いている」男というものである。実は田中は一度塀のなかに落ちてしまい、なんとか外に這い出したことがある。角栄は、炭鉱国管化問題をめぐって、業者から一〇〇万円の賄賂を受けた容疑で、逮捕されてしまったのである。しかも角栄が獄中にあった一九四八年一二月二三日に衆議院は解散されてしまった。絶体絶命の危機に立たされた角栄は、攻撃こそ最大の防御とばかり、獄中から立候補声明を発する。

角栄の手足となって働いたのは、秘書の曳田照治であった。曳田は、選挙運動だけではなく、保釈手続きを含め、田中不在中の全てを取り仕切った。一九四九年一月一三日保釈が認められると、田中はただちに夜行列車に飛び乗り、魚沼に向かう。故郷の刈羽ではなく魚沼に向かったのは、選挙参謀の星野が柏崎・刈羽では雲行きが悪いので、魚沼で票を固めるようにと助言したからであったといわれる。魚沼は曳田の故郷であり、支持基盤がいち早く強固になっていた。角栄が魚沼に入ったとき、選挙運動期間は一〇日を残すのみであった。

当選間もない頃

湯沢越山会の会長を務めた高橋敬一郎は語

る。「田中はそれまでのだんな衆政治家とは違ってた。ムラの民家で大アグラかき、一緒に話せる代議士なんていなかった。雪国の寒村の実情を最もつかんでいた政治家と皆が思ったんだ」(新潟日報社編 1983:19)。角栄はこの選挙では魚沼での票の伸びに助けられ、亘四郎に次いで二位で当選を果たす。故郷の刈羽、柏崎では前回より八〇〇〇票減らし、一万三六〇〇票あまりであったが、魚沼では前回の倍となる一万六六五一票を獲得した。これ以降、魚沼は田中にとって聖地となる。

一九五〇年四月第一審判決において、田中は有罪となる。角栄側は受け取った一〇〇万円は工事の前渡し金であったと主張したが、認められなかった。帳簿の偽装などの不正が発覚し、当時田中土建工業社長であった入内島金一が賄賂性を認める自白をしてしまっていた。しかし田中はただちに控訴し、一九五一年六月の第二審では無罪判決を勝ち取った。検察側の敗因は、請託の事実を立証しなかったためであるといわれ、これについて当時法曹界では「控訴審の検事が請託をまったく立証しなかったのはおかしい」と囁かれたという(保阪 2010:129)。とにもかくにも、こうして田中は、地獄の淵から生還した。

この事件で田中の弁護士を務めたのが、正木亮である。正木は戦前検察官として活躍し、戦後公職追放となるも、弁護士として復帰し、帝銀事件を担当して一躍有名になった。その正木を、角栄は初当選後間もなく顧問弁護士として迎えた。正木は、小佐野賢治の国際興業の顧問弁護士も務めており、一九四七年夏に両者を引き合わせた。正木は、生い立ちや境遇に共通点のある二人は馬が合うのではないかと思ったと後に語っているが、その予想は的中し、二人はたちまち意気投合し、「刎頸の友」

となる。田中の秘書たちは、田中が刎頸の友と呼んだのは入内島金一だけであるというが、田中の別宅辻和子の証言によれば、田中は彼女の前では小佐野を刎頸の友と呼んでいたとのことである（辻 2004：127）。小佐野は、田中が政治資金を作る上で、そして田中は小佐野の事業拡大のために便宜を計った。両者は、ロッキード事件にいたるまで、持ちつ持たれつの関係を保つことになる。

2　田中王国の形成

選挙マシーンの形成

田中角栄は炭鉱国管事件によって、地盤を強固にすれば、たとえ逮捕されても政治家として生き延びることができることを学んだ。これ以降、田中は、前にもまして選挙区の陳情に熱心に取り組むようになる。どんな激職にあっても、総理になってからでも、角栄は、地元からくる陳情団、目白詣での人々には欠かさず会った。中曽根康弘は、「朝という時間は一日のうちで一番大事なときで、静かにものを考え、国策を練る厳粛なときである。だから総理たる者は、朝は自分のために取っておかなくてはならない。それを朝早くから選挙民を集めて陳情を聴くというのは、総理大臣のやることではない」と、引退してからではあるが、角栄流を批判している（中曽根 2004：101）。りっぱな宰相論であるが、田中にすれば、朝は一番大事な時間だからこそ陳情客と会うのである。

田中は、単に陳情を聞き入れるだけではなく、ときには陳情者の思惑を超えたアイディアを提示し、

両親と談笑する角栄

実現してしまった。南蒲原郡の栄村村長の木菱新左エ門は、村の全耕地二〇〇〇ヘクタールに県営湛水排除事業を施す運動を始める。彼自身は、筋金入りの革新であったが、頼ったのは社会党ではなく、田中であった。田中は、木菱の陳情に対して、「栄村単独でといわずに、見附も山上も一緒にして広く（信濃川——引用者註）右岸一体でやったらどうだ。三千町歩もあれば補助率の高い国営でやれる」と逆提案をした。田中案は、どの地域も恩恵を受けるものであったため、従来のような足の引っ張り合いがなくなり、見事に合意が形成された（山本 2016：80–82）。

田中の獄中立候補で田中土建は選挙マシーンとしてフル稼働したが、経営状態が思わしくないなかで選挙に有り金をつぎ込んだため、一九五〇年にはとうとう事業を畳む羽目に陥った。しかしやがて田中は、新たな、そしてより強力な選挙マシーンを手に入れることになる。

一九五〇年一一月田中は、長岡鉄道（長鉄）の社長に就任した。長鉄は、一九一五年与板町から寺泊の間を結んで開業し、翌年与板から西長岡、そして二一年には国鉄信越線来迎寺まで路線を延長したが、一九五〇年当時は赤字続きで、廃線の危機に見舞われていた。この危機を乗り切るためには路線を電化するしかないと思われたが、「ボロ鉄」と揶揄されていた長鉄が巨額の電化費用を捻出できるはずもなかった。

こうしたなか、長鉄重役会は、一九五〇年九月一八日に電化が無理なら鉄道を廃止するという方針を採択する。当時の社長武沢茂一郎は、長岡市や三島の有力者の協力がなければ、事業清算もやむなしとの意向を示した（NHK取材班 1996：223）。この決定に、三島郡の町村長や農協組合長たちは一斉に反撥する。三島郡の人々にとって、廃線という選択肢はありえなかった。長鉄労組は、社長辞任要求決議を行い、地元住民たちと共闘する。長鉄存続派は、武沢に代わる新社長探しに奔走することになる。

三島郡は亘四郎の地盤であり、まず亘に声をかけるが、亘に火中の栗を拾うつもりは毛頭なく、三宅正一などの社会党代議士にまで頼み込むが誰も引き受けず、最後に藁にもすがる思いで、田中を訪れる。角栄も、三島郡には縁がないと当初は断るが、説得は執拗に何度も繰り返された。その粘りに音を上げた角栄は、臨時株主総会で多数派工作をきちんと行うことを条件に社長候補になることを引き受けた。当時田中説得に当たった与板町農協組合長の風間信吉は、「これを受けてくだされば、われわれはあなたが大政治家になられるように、バックアップします」と誓ったという（NHK取材班 1996：225）。

社長になった田中は、黒字になるまで、社長以下重役は無給とし、労使一丸となって電化に取り組む覚悟を示す。最初の難関は、一億二、三〇〇〇万円といわれた費用の工面であった。田中は、まず関係市町村を回り、増資を求めることにする。大口増資を狙って長岡市の松田弘俊市長を長鉄取締役に招き、長岡市に経済的迷惑をかけることは絶対しないと約束し、増資を求める。田中の説得に動かされた松田は、株式購入に反対していた市議会を説得し、増資への協力態勢を整える。最終的に三島郡の二一市町村から二五〇〇人ほど、長岡市から四〇人ほどが株式購入に応じ、当初目的の一〇〇〇万円増資を果たす。三島郡のほとんどは、一〇株、二〇株といった小口の個人購入であった（ＮＨＫ取材班 1996：229）。

しかし一〇〇〇万円の増資だけでは、到底工事費は賄えない。そこで田中が目を付けたのは、信濃川の川底の砂利である。長鉄の営業科目に砂利採取販売業を付け加え、鉄道ではなく、砂利採取業で日本開発銀行に融資を申し入れたのである。実績が悪く、しかも将来的な見通しも立たない鉄道では融資は得られないと田中は判断し、採算がとれる事業を捻り出したのである。田中の真骨頂発揮である。その後、結局運輸省も輸送力増設施設として長鉄の電化を認め、長鉄は融資優先順位トップに位置づけられることになり、日本興業銀行から三五〇〇万円、日本勧業銀行から一〇〇〇万円、地元の北越銀行と第四銀行からそれぞれ二〇〇〇万円、合計八五〇〇万円の融資が決定した。結局田中は、社長就任後わずか一年で電化を実現してしまう（ＮＨＫ取材班 1996：230-231；新潟日報社編 1983：62-63）。

長鉄電化によって田中は、三島郡でも「使える政治家」として広く認知されるようになり、電化一年後の一九五二年選挙ではついに三区でトップ当選を果たす。三島郡での田中票は、前回の三倍半に増えていた（新潟日報社編 1983：54-65；ＮＨＫ取材班 1996：221-235）。長鉄は労使一丸となって、選挙に臨んだ。長鉄労組は地区労を脱退し、社会党支持を撤回し、田中陣営の街宣車でマイクを握り、「田中杯争奪戦」と銘打った野球大会や釣り大会を開き、沿線の駅員を使って荷主に田中投票を依頼して回った（新潟日報社編 1983：67；ＮＨＫ取材班 1996：234）。田中の企業ぐるみ選挙の原型が、ここに誕生する。

長鉄は電化工事の借金返済で巨額の赤字を抱えていたが、砂利採取販売は順調に利益をもたらしていた。にもかかわらず長鉄の赤字は急増し、一九五五年五月の株主総会の場で借入金返済のために砂利部門を売却することを決める。これに対して長岡市議会で不信の声が上がり、調査特別委員会を設置し、真相究明に乗り出すことになった。事態は、長鉄本社の家宅捜査、経理部長と砂利部長の逮捕へと発展し、専務や田中は特別背任容疑によって書類送検されることになった。田中は、長岡市所有の株式を全て買い取ることで事態収拾に動く（新潟日報社編 1983：74-75）。様々な黒い噂が飛び交ったが、真相が明らかにされることはなかった。中央では、一九五五年一一月、保守合同によって自由民主党が生まれた。

ところで中越には、公共交通機関として、長鉄の他に一一〇〇キロのバス路線を持つ中越自動車、長岡―見附―栃尾間、長岡―悠久山の間に約三〇キロの路線を持つ栃尾鉄道があった。長鉄は長岡を中心にバス路線を持っていたため、三条市に本社を置く中越自動車とライバル関係にあった。やがて狭い地域での競争はお互いを食いつぶすのみであるから、合併すべしとの声が生まれる。労働組合側が特に熱心で、まず労組が先に統合し、その後に会社を一つにするという案を経営陣に示す。この案を実現しようと間に入って動いたのが、新潟県初代民選知事岡田正平と昵懇《じっこん》であり、新潟県政財界の黒幕的存在といわれた東方物産社長寺尾芳男である。しかし事業内容のいい中越自動車の社長西山平吉は、もともと反田中であり、この合併話にあまり乗り気ではなかった。西山は、長鉄の資産内容がよくないことを知ると態度を硬化させ、寺尾の仲介は失敗に終わる（新潟日報社編 1983：157-160）。

西山の対応を見て、田中は中越乗っ取りを決断する。東急社長五島慶太が、田中の意向を受け、常務田中勇に命じて中越株買い占めを始めた。角栄自身も、盟友の国際興業社主小佐野賢治から資金提供を受け、買い占めを行う。これに気づいた中越自動車は防衛買いを始めるが、その資金提供を小佐野に頼ったから、万事休すである。小佐野は買い集めた中越株を、全て東急の五島慶太に渡す。こうして五島は中越を傘下に収めると、次に栃尾鉄道の買収に取りかかる。栃尾鉄道は、東急から車両の払い下げを受けており、田中勇は栃尾鉄道専務の松本友三郎と旧知の間柄であったから、さしたる抵抗もなく五島の軍門に下る。

こうして東急主導で長鉄、中越自動車、栃尾鉄道合併への準備が進むなか、一九五四年八月に五島慶太が急逝する。角栄は、ただちに五島が買い集めた中越株を譲り受ける。そして紆余曲折はあったものの、一九六〇年一〇月に長鉄、中越自動車、栃尾鉄道、三社が合併して、越後交通が生まれることになった。形の上では対等合併であったが、筆頭株主の田中が会長に座り、社長は田中勇、専務も長鉄系と東急系が占めた。それ以外では、栃鉄から松本友三郎が副社長に入っただけであり、中越自動車からは誰も経営陣に迎えられなかった（新潟日報社編 1983：154-166）。

田中は、越後交通を強力な選挙マシーンに仕立て上げる。越後交通内で社長田中勇のバックアップの下、中心となって動いたのは本間幸一である。本間は田中の初回選挙を手伝い、その後田中土建に入社し、しばらく東京飯田橋本社で経理事務の研修を受けた後、田中が捲土重来を期して柏崎出張所を開設してからはそこに配属され、以来新潟三区に張り付いて田中の選挙を支えた。角栄が長鉄社長になった翌年には、長鉄総務課長に転じ、企業ぐるみ選挙を組織した。

田中の初期を支えた秘書の筆頭は、魚沼の地盤を開拓し、後援会作りから政策まで担当していた曳田照治であるが、田中が郵政大臣になって間もなく曳田は急逝してしまう。曳田亡き後、その仕事は、大きくいって三つの事務所に分割されることになる。目白の自宅事務所、永田町の田中事務所、そして地元選挙区の事務所の三つであり、各々を取り仕切ったのが、江戸家老と呼ばれた山田泰司、後に「越山会の女王」と呼ばれた佐藤昭、そして国家老本間幸一である。

長鉄の赤字減らしと田中支持強化のために本間が思いついたのが、後に有名になる「目白詣で」であった。越山会の会員たちが目白の田中邸を訪れ、田中と面会し、記念撮影を行い、東京観光をする慣わしは田中が病に倒れるまで続く。本間自身の言によれば、「団体で寝泊まりし、同じカマの飯を食うと不思議と仲間意識がわく。……後援会を固めるには団体で東京に出かけ、田中に会えばいいじゃないかと思いついた」（新潟日報社編 1983：97）。

越後交通内に秘書課が設置されると、本間はそこから越山会全体を統括するようになる。それまでは各地区にまとめ役がいたが、越山会の総本山として越後交通が機能するようになったのである。秘書課の設置とともに導入されたのが、市町村単位で得票率を競わせるシステムである。これは田中勇のアイディアであったといわれるが、得票率の出具合が陳情査定を左右するため、各支部は以前にもまして集票活動に励むことになった（新潟日報社編 1983：189-190）。

競争原理の導入とともに、陳情ルートも完成していく。まずは田中の大票田南魚沼で越山会の連絡協議会が生まれるが、この組織を山田泰司秘書が再編し、地区―町―郡という陳情ルートを作り上げた。最終的に郡レベルで最重点事項となった案件について、山田が、市町村長、県の部課長、土木事務所長らを伴って現地視察し、決定を下すようになる。これは「山田査定」と呼ばれた。このような陳情ルートは、三区全体に張り巡らされることになる（新潟日報社編 1983：191-193）。山田は、新潟出身ではないが、角栄の妻はなの父親が経営する坂本土建に出入りしていた縁で田中土建設立時に入社した最古参の秘書の一人であり、陳情の処理のほかに田中系のファミリー会社経営の統括、表に出てこない金の流れまで取り仕切っていたといわれる。

越山会の原型は、農村の若者が手弁当で田中を応援する、いわば草の根民主主義であったが、田中が中央政界で力を増していくと、新潟への公共事業が急速に増え、それに伴い土建業者が競って越山会に入会するようになった。そして長岡市の大石組、山崎組、吉原組というトップ・グループが角栄から聞き出した次年度以降の事業計画に沿って自らの施行部分を決め、残りを中小に割り振るシステムができあがる。業者たちは、一定割合の工事謝礼金を目白に納め、中小下請けは上納金を免除される代わりに、工事単価を低く抑えられた（津本 2002b：68-69）。

越山会のように広く知られておらず、規模もはるかに小さいが、結束の固いハードコアな田中の選挙マシーンとして、誠心会がある。これは田中に就職斡旋《あっせん》を受けた者たちを中心に一九五八年に結成された組織である。田中は、支持者の子弟の就職斡旋を担当する秘書を東京と長岡において、こまめに面倒をみた。一九八〇年代前半で誠心会の在京会員は三〇〇〇人、地元会員は一八〇〇人を数えた。三島郡寺泊北部越山会会長田辺忠吉によれば、「就職の世話と嫁ムコの世話。この二つで獲得した票は、絶対に浮気することがなく、特に親たちは十年、二十年と田中を支持してくれるものです」（新潟日報社編 1983：269）。田中の就職の世話は、公社から民間まで、北海道、東北、関東、関西の広域に及び、ほぼ本人の希望通りのところに入れたという。魚沼郡越山会の重鎮であった南雲茂夫はいう。「魚沼は就職の場が少ないところだ。田中にはいろんな世話になったが、就職が一番ありがたかった」（新潟日報社編 1983：268）。

錬金術

立花隆は、田中が引き受けた企業は田中の政治活動のために徹底的に利用されたと指摘している。それはそうだが、田中が引き受けた事業は、長鉄のように、頼まれて仕方なく引き受けるというケースが多かったのも事実である。たとえば一九六一年五月に田中は日本電建の社長になるが、これは繰り返し寺尾芳男から要請を受けたためであった。最後は、死の床で懇願されたという。日本電建は、鳥屋野《とやの》潟湖底地買収で有名になるが、この買収も新潟の不動産業者斎藤文誉からの購入依頼に基づくものであった。斎藤は、房総観光社長鈴木一弘から資金援助を受けて買い占めを行っていたが、鈴木が恐喝の疑いで逮捕されたため、資金繰りができなくなったのである。ただし、鈴木が恐喝で逮捕された背後には、田中側の動きがあったという噂もあったことは付け加えておこう（津本 2002a：310）。

日本電建は、立花が指摘するように、田中が社長になる前は借金ゼロの優良会社であったが、田中は同社を土地投機、株式売買のために用いて、赤字会社に転落させてしまった。わずか三年で経営に行き詰まった田中は、日本電建を小佐野賢治に買い取ってもらう。ただし日本電建の資産額は赤字幅を大きく上回っていたので、小佐野も利益を得た。鳥屋野潟湖底地の権利については、田中は小佐野に譲渡せず、田中ファミリー企業の新星企業に移した。

信濃川河川敷についても、土地を所有する農民たちの要請に応えて田中が購入したものであった。信濃川の増水によって運ばれる土は中洲《シマ》（と呼ばれた）を作り、川西地区の農民に耕地を提供したが、シマにはシマムシがおり、刺されると高熱が続き、ときには死に至ることもあった。シマのほとんどの農家では死者を出していたといわれる。この問題に悩んだ川西地区の農民たちは、国が堤防を作り、堤防完成後はシマ畑を買い上げてくれるようにと田中に頼み込む。

田中は、築防後、河川敷の所有者で株式会社を作って地域開発を行ってはどうかと提案するが、現金収入がほしい農民たちは、売却の意向を変えなかった。それも普通の田圃並みの反一五万円での買い上げを要求したのである。田中のファミリー企業である室町産業は、この「ふっかけられた」値段で河川敷の土地を買い取った。交渉にあたったのは、越後交通専務関藤栄、取締役で田中の義弟風祭康彦であった（新潟日報社編 1983：177-184）。

鳥屋野潟湖底地買収、信濃川河川敷買収、どちらの場合も、越後交通誕生のときと同様に、黒い噂が飛び交った。とりわけ信濃川河川敷については、堤防と橋が一挙にでき、地価が高騰したため、田中にだまされたという思いを抱いた農民もいた。立花隆の「田中角栄研究」が一九七四年『文藝春秋』一一月号に掲載されると、提訴に踏み切る者も出た。しかし交渉の経緯を知る者のなかには、次のような声もあった。

河川敷は当時としては法外な値段をふっかけ、室町産業に買ってもらったもの。売った者の中には面積を水増しして金を手にした者もいる。いわば田中をだましたところもある。しかも（昭和——引用者註）四十九年には河川敷にゴルフ場を造る計画が持ち上がり、反六十万円の離作保証料ももらっている。初期の目的の堤防も橋もでき、金も二度手に入ったのだから何もいえないはずだ（新潟日報社編 1983：187）。

議員立法

田中角栄の豊富なアイディアは、なんといってもその議員立法によく表れている。若き日の角栄が中央政界で頭角を現すことになったのは、議員立法によってである。角栄が生涯で成立させた議員立法は三三本といわれるが、二五本は最初の一〇年間、そのうち二一本は一九五〇年から五二年の三年間に集中している。その後、田中が立法に関心を失ったわけではない。田中は、党と政府、いずれかにおいて主要ポストを占めるようになり、党や政府の政策立案に携わるようになったので、議員個人として法案を提出することが減ったのである。

田中の国会での発言や行動は、新米議員の時代から一貫している。田中は、国土総合開発の重要性を説き、建設行政の一元化を主張した。総合開発小委員会の長として、田中は国土総合開発の素案作りに関わり、地方総合開発の基礎となる各種統計および基礎調査の完備、地方総合開発を総合国土計画の一環として計画すべきこと、計画は都市中心に偏せず、農村計画を織り込むこと、さらに水力発電は発電機能だけではなく、あらゆる面を総合的に計画すべきことを主張した。これに対して、一九五〇年に成立した国土総合開発法は、むしろ建設行政の一元化を阻止し、各省庁のセクショナリズムを守るものとなっており、田中の主張は容れられなかったが、この一件で建設省（一九四八年設置）内に支持者を獲得し、開発行政への影響力を増強する足場を築いたのである。

田中の議員立法は一九五〇（昭和二五）年三月四月に審議され、六月二八日に公布された首都建設法、四月に審議され、五月二四日に公布された建築士法を皮切りに、翌五一（昭和二六）年三月にはついに新潟を含む豪雪地帯を対象とする積雪寒冷単作地帯振興臨時措置法を成立させた。ちなみに角栄は、「建設大臣の選考を受けて、一定の条件を満たし、一級建築士になるにふさわしい知識及び技能を有すると認められた者は、国家試験を受けないで一級建築士の免許を受けることができる」という建築士法の附則に基づいて、自らも一級建築士となった。彼が第一号であるともいわれたが、それは都市伝説であり、本当の第一号は山形県の渋江菊蔵という人物であった。田中の議員立法のハイライトといわれるのが、道路三法、すなわち道路法、ガソリン税法（道路整備緊急措置法）、有料道路法（道路整備特別措置法）であり、なかでもガソリン税法での角栄の活躍が注目を浴びた。

一九五二年四月に田中は、道路整備の骨格を決める道路法案を三人の議員で共同提出し、それが成立すると、整備財源について、いわゆるガソリン税法の作成に取りかかる。建設省にとって自主財源による道路整備は悲願であったが、大蔵省は、特定財源案は予算編成権限に関わるとして、これに強く反対した。こうしたなか、一九五二年一二月に田中を始めとする二六人の議員が衆議院建設委員会に法案を提出し、衆議院をどうにか通過させたが、参議院では審議未了となってしまった。

しかしこれであきらめるような田中角栄ではない。一九五三年六月に再度法案を提出する。田中は目的税批判に対してガソリン税収入相当額を一般財源から道路予算に回すという案を考えだし、これで大蔵省の反対を押し切ってしまう。同法は一九五三年七月二三日に公布されるが、ガソリン税法は大蔵省初の敗北といわれ、これによって田中は大蔵省にも一目置かれる存在となる。そしてなによりも、建設省内での田中の影響力は揺るぎないものになった。

ガソリン税のアイディアは、建設省の官僚たちが田中に授けたものであったといわれる。日本の道路整備が遅々として進まない現状を憂いていた建設省道路局の官僚たちが、アメリカの資料のなかにガソリン税を財源に道路整備が進められていることを発見したのである。しかしこの案に対して大蔵省が反対することは目に見えていた。そこで、大蔵省の抵抗に立ち向かい、それを乗り越える政治家として、建設省は田中にすがったのである。

田中に恩義を感じる建設省は、田中の陳情には特別な配慮を払うようになる。ガソリン税法成立から一年後には、三国山脈を貫く三国トンネルが着工している。角栄は、初出馬の際、「若き血の叫び」をスローガンに、「三国峠を切り崩して関東に偏西風が通り抜けるようにすれば、新潟の豪雪問題は解決するし、しかも切り崩した土で佐渡島を陸続きにする」と大言壮語した。三国峠を切り崩すことはさすがにできなかったが、風穴は開けたのである。

三国トンネルを通る国道一七号線のルートを見れば、田中が指示したのは、群馬方面から魚野川の東側を通る道を新潟三区内に入るとわざわざ橋を架けて西側の堀之内町を経由させ、再度橋を架けて対岸に戻るという逆コの字型ルートであった。これは、地元の陳情合戦に困った角栄が捻り出した案であったといわれるが、どうみても合理性に欠ける。しかし建設省の担当官は、田中に「はい、わかりました」と答えたという。「なぜか」と問われ、当時の担当官は、「それだけ、やっぱりお世話になったということが、潜在意識としてあるからじゃないのかな」と答えている（NHK取材班 1996：252）。

道路局長を務めた高橋国一郎もいう。「いろいろなことを頼まれましたけど、『こういう理由で、これはだめです』と言いますと、ちゃんと理解されて、決して無理強いはしなかったですよ。ただ、できるものはできるだけ協力しました。恩人だと思っていますから」（NHK取材班 1996：252）。

積雪対策

田中は、当初新潟県知事岡田正平の薫陶を受け、岡田御三家（田中角栄、塚田十一郎、渡辺良夫）の一人として中央政界で頭角を現す。岡田は、「暖国中心」の「画一行政打破」

を目指し、一九五〇年四月には北海道、東北、北信越の一道一一県を糾合して北日本同盟を結成、雪寒単作地帯における農業に対する税の軽減や国の助成を求め、政府や国会に働きかけた。

田中ら国会議員は、岡田をバックアップし、超党派による積雪地方議員連盟を結成する。一九五一年三月には一三一人の議員が共同提案した積雪寒冷単作地帯臨時措置法（雪寒法）が生まれる。この法律によって、雪寒地帯に対して別枠予算を設けて土地改良事業を行うことが可能になったのである。新潟県の土地改良事業費は、同法成立前の一九五〇年には八億七〇〇〇万円であったが、一九五一年には二三億六〇〇〇万円と、三倍近くにまで跳ね上がった。

一九五六年雪寒特別地域の道路確保に関する特別措置法（雪寒道路法）制定時には、角栄は大蔵省内に小さな机を一つ置き、そこに陣取って交渉したといわれる。一九六〇～六一年の冬には、新潟は平年の二倍に達する豪雪に見舞われ、甚大な被害を受ける（三六豪雪）。これを契機に新潟県議会は雪害対策特別委員会を設置し、豪雪地帯対策特別措置法（「豪雪法」）の素案を作成し、各方面に陳情に回る。それまで認められていなかった雪害を、まずは認めさせる必要があった。当時台風、集中豪雨、地震、雹、霰、降灰、津波、大火災は災害指定されていたものの、豪雪は災害指定されていなかったのである。一九六一年一〇月には災害対策基本法に豪雪が加えられ、一九六二年三月新潟三区出身の大野市郎が作成した新潟試案を下敷きに、豪雪法が制定される。

一九六三年一月、新潟を中心とする日本海側は再び大雪に見舞われた（三八豪雪）。当時蔵相であった田中角栄は、池田勇人首相に対して河野一郎建設相を本部長とする災害対策本部を設置するように進言する。河野は、当初豪雪対策にあまり乗り気ではなかったといわれるが、災害対策本部長として新潟を視察に訪れると、知事の塚田十一郎に「どんなにカネがかかってもいいから道をあけろ」とハッパをかけた。実は田中が、事前に河野に対して財政面での大蔵省の全面的バックアップを約束していたのである（田中 1972b：193；新潟日報社編 1977：142；新潟日報社編 1984：85）。

只見川政争

田中が岡田新潟県知事下で修業を積んでいたころ、新潟県と福島県の間に奥只見開発をめぐって、熾烈な政争が勃発する。岡田は、戦前から水力ダム開発に関わり、知事になってからもダム開発を地域開発の柱と考えていた。岡田がまず着手したのが、三面ダム建設である。三面ダムは、岡田御三家の田中角栄、塚田十一郎、渡辺良夫が、各々法務政務次官、自由党総務、建設政務次官として全面的にバックアップして実現した戦後県営発電所の第一号であり、公営事業令の適用を受けた。ダム建設中に予算不足で骨材が買えなくなったときは、田中角栄が大蔵省に直談判し、一〇億円の融資を得たといわれる（新潟日報社編 1977：113–114）。

次に岡田が目をつけたのが、只見川のダム開発である。只見川は福島と新潟の県境を流れているため、その水資源をめぐって戦前から両県の間でいざこざが絶えなかった。戦後東北開発の決め手として奥只見開発が脚光を浴びると、両県の対立は、中央政界をも巻き込んだ政争になった。福島県側は、本流に沿って、上流の尾瀬原から阿賀野川の揚川まで階段式にダムを設ける一貫開発を提唱したのに対して、新潟側は、奥只見、田子倉、五味沢に貯水池を造り、全量を信濃川水系に分水し、それを発電と灌漑用水に利用するという壮大な構想を提示する。

福島案は一九五一年まで電力事業を独占していた日本発送電（日発）の作成したもので、自然の水系にそった無理のない計画であり、東北電力がこれを支援していた。他方新潟案は、戦前東洋のTVAといわれた「鴨緑江《おうりょくこう》」開発の原案を作成した野口研究所（戦前の朝鮮窒素社長野口遵が開設）の案を下敷きにしたものであった。新潟案は、当初は圧倒的に不利といわれていたが、東京電力の支援を受け、さらに戦前日本の電力産業を育て上げ、日発による電力事業の独占に真っ向から反対した「電力の鬼」松永安左エ門や自由党内の反主流派の首領大野伴睦の支持を取り付け、巻き返しを図る。新潟側は、大々的な陳情と接待を繰り返し、一時は形勢逆転かとすらいわれた。吉田茂が新潟を訪れたとき、同い年の岡田が盛大な歓待の場を設け、両者が意気投合する場面もあったという（新川 1995a）。

しかしながら、福島県と共闘する東北電力の会長が吉田茂の懐刀といわれた白洲次郎であり、なんといっても福島案が無理のない合理的な計画であったことを考えれば、新潟案が逆転勝利することは至難の業であった。それでも新潟側はねばり、最終判断は吉田首相に委ねられることになった。吉田が示した案は、予想通り福島本流案をベースにしたものであったが、岡田に配慮し、新潟側への多少の分水を認めた。新潟側はこれをもって勝利宣言を発したが、分水量は只見川の総流量の五・六％にすぎず、「バケツの水」、「小便水」と陰口される程度のものであった。しかもその分水計画すら最終的には撤回されたため、実際には「小便水」すら、新潟側に流れることはなかった（新潟日報社編 1977：125-188）。

そもそも分の悪かった新潟案を最後の首相裁定にまで持ち込んだのは、塚田十一郎によれば、「岡田さんの天才的な着想と政治的なネバリ」によるものであった（新潟日報社編 1977：186）。しかし只見川政争は、結局、岡田にとって躓きの石となる。岡田自身は酒を嗜まなかったが、大旦那で、県議会定例会前後になると、一流料亭に県議を集めて宴を繰り広げるのが常であった。このような宴会政治が、只見川政争においては大々的に繰り広げられ、只見川ならぬ「タダノミ川」と揶揄された。県議会で野党から食糧費のなかに芸者の花代が入っていることを指摘されると、岡田は「三味線を聞きながらの食事ははかどるし、消化がよい」と答え、煙に巻いた（新潟日報社編 1977：90）。健康の秘訣を問われ、「人を食っている」と答えた吉田と馬が合うわけである。しかし岡田の宴会政治と放漫財政が、結局保守と革新を横断する反岡田連合を生み出してしまい、当初確実といわれた三選を逃してしまう。

こうして岡田は只見川政争をきっかけに失脚したが、田中角栄はこれをバネに地盤を固めた。後年田中は、岡田から「処世訓と人生哲学を学んだ」と語っているが（新潟日報社編 1984：105）、これはきれいごとに過ぎる。田中は岡田のおかげで人脈を得、新潟の土建業界育成に成功したのである。田中が、岡田と昵懇の仲であった寺尾芳男東方物産社長に気に入られ、日本電建の経営を託されたことはすでに述べた。また結局分水は実現しなかったとはいえ、奥只見で道路、トンネル、ダム開発といった公共事業が展開されたことによって、新潟の土建業界が大きく発展する。彼らは、やがて越山会の中心メンバーとなり、それに伴い越山会は利益誘導のマシーンと化していく。

さらに分水中止によって県のほか、関係町村に補償金が配られた。入広瀬村に八八〇〇万円、守門村に三八〇〇万円、広神村に三四〇〇万円、小出町に一五〇〇万円、湯之谷村に五五〇〇万円、新潟県に五五〇〇万円であった。補償金をめぐって使途不明金などの疑惑が発覚し、新潟県議会では一〇〇条委員会（地方自治法第一〇〇条に基づく特別委員会）を立ち上げ、調査を始めるが、ここでも真相は闇のなかであった（新潟日報社編 1983：222-226）。

第三章　実力者への道

1　初入閣と初の党三役

郵政大臣時代

一九五七年七月一〇日、田中角栄は岸内閣の郵政大臣として初入閣を果たす。田中は弱冠三九歳であったが、すでに当選五回を数え、中堅として活躍していた。満を持しての大臣就任といってよかろう。田中は、最初の出会いで相手に大きな印象を与え、心をつかむ才能があったが、このときは、初登庁するや郵政省以上に大きな全逓（全逓信労働組合）の看板を外させる。これに全逓は抗議するが、田中は「どこの国に大家より大きい表札を掲げている店子があるか。そもそも家賃を払っているのか」と一喝したという。一九五〇年代といえば、民間でもまだ激しい労使紛争が見られた時代であり、公共企業体労組、なかでも全逓は、国労（国鉄労働組合）と並んで戦闘性が高く、「戦う総評」の中心部隊として活躍していた。こうした当時の事情を知れば、田中の行動がいかに大胆なものであったかがわかる。

この一件によって田中は、一躍郵政省内に勇名を轟かせ、全逓に一目置かれる存在となった。郵政大臣に就いて五カ月後に秘書の曳田照治が急逝したときには、田中は彼に代わる政務秘書官に大出俊全逓書記長を採用しようとしたというエピソードが残るほど、両者の関係は良好であった。田中は、「一家のなかには様々なやつがいて、共産党に入るやつも一人くらいはいる」という表現を好んで使ったが、田中にとって全逓は敵ではなく、郵政一家のドラ息子ぐらいの感覚だったのだろう。とはいえ大出抜擢案にはさすがに郵政省内での反対が強く、田中もこれを見送った。大出は、後に社会党代議士として国会の場で田中金権政治を厳しく糾弾することになる。運命の皮肉というべきか。

全逓は、一九五八年春に勤務時間に食い込む職場大会を開いた。これに対して田中は、野上元《げん》委員長、宝樹文彦副委員長（後に委員長）、大出俊書記長ら執行部七人の解雇を含む二万二〇〇〇人（当時の組合員数の一割に相当）の大量処分を敢行する。当然全逓は猛反発するが、田中は「香典」として三億円出すことを決め、ただちに大蔵省に電話して了解をとった。全逓幹部は、三億円を五億円に増やしてくれと田中に頼み、「香典の額に注文をつけるやつはいない」とたしなめられたという。全逓は「不当解雇」絶対反対のはずであったが、寛大な「香典」に目を奪われ、思わず欲が出たというところであろうか。このように田中は、戦うときには徹底的に戦うが、相手の命を奪うまではしない。必ず助けて（通常は金を渡して）、恩を売る。決定的な敵を作らないのが、田中流である。

長鉄において田中は労働組合を味方につけ、田中党に変えてしまったが、泣く子も黙る総評の中核部隊全逓も、田中の手にかかると赤子同然である。当時処分された宝樹文彦は、田中に対して「典型的な保守の人」としたうえで、「省内の派閥をあっという間に片付け、われわれの処分もこれまでにない厳しいものを打ち出した。まあ交渉のやりがいがある相手だった」と、あまり要領を得ない評を語っている（新潟日報社編 1983：142）。厳しく処分されたなら、徹底して批判すればよさそうなものであるが、何やら腰砕けに終わっている。十分な「香典」をもらったので、ありがたかったということであろう。

郵政大臣に就任し，初めてお国入りする

田中が郵政省で行ったのは、宝樹も語るように、労務対策だけではない。就任挨拶で、田中は、まだ若い未熟者であると謙遜しながらも、使いがいのある男だから今後の業績を見ていてくれと自信も覗かせている。角栄は、当時郵政省を二分していた派閥の長を半年後の人事異動で勇退させ、派閥問題を一挙に解決してしまう。また持ち前の勤勉さと記憶力で、通常一月はかかる省務説明を一週間ですませる。そして大臣就任一月後には、本省課長級以上五〇人ほどを集めてパーティを行い、出席者全員に新潟特産の浴衣地一反をプレゼントした（津本 2002a：274-275）。

郵政大臣として、田中の「決断と実行力」がいかんなく発揮されたのが、テレビの免許問題であった。一九五三年にNHKと日本テレビが放送を開始したが、当時テレビ受信機は二〇万円もする高価なもので、庶民には高嶺の花であり、人々は街頭テレビに群がって、プロレス、相撲、野球などを観ていた。このような状況であったから、郵政省はテレビ免許申請に対して大量許可は時期尚早であると考えていた。

しかし田中は、やがてテレビの時代が来ることを見越して、大量免許発行に踏み切る。大臣自らが、直接申請者を呼び出し、地域ごとに申請を調整・整理し、経営計画にまで踏み込んで指導を行い、一挙に民放三六局、NHK六局に予備免許を与えた。さらに田中は、特定郵便局二万局設置構想をぶち上げる。さすがに二万局は無理であったが、田中郵政大臣の下で特定郵便局は着実に増設され、特定郵便局は長期にわたって田中派の強力な支持基盤となる。

田中は、テレビの時代を単に予想しただけでなく、いち早くマスメディアの政治的有用性を理解し、積極的に活用した。一九五七年夏、NHKの番組で女子高生と童謡を合唱し、その後宮田輝アナウンサーに請われると、浪曲「天保水滸伝」を披露した。案の定、野党から教育上問題があると批判されてしまうが、角栄は懲りない。それでは「杉野兵曹長の妻」なら問題あるまいと、またうなる。一九五八年二月九日付『週刊朝日』には「歌う田中郵政大臣、タレントなみの演出ぶり」という記事が掲載された。前年一二月から一月にかけて録音、撮影、生出演がスケジュールにぎっしりと詰め込まれ、そのほかにもスポーツ・芸能新聞や業界紙の企画で様々な対談を行っている。

当時田中は、秘書の佐藤昭に「自分の考え方や政策を広く国民に訴えるために、マスコミは大いに利用した方がいい。毎日毎日、日本中を辻説法して歩いても、テレビにははるかに及ばない」と語った（佐藤 2001：54）。アメリカにおいて民主党大統領候補J・F・ケネディが、テレビをうまく利用して共和党候補のニクソンを破ったといわれたのは一九六〇年のことであるから、田中には先見の明があった。「田中政治をぶっ壊した」小泉純一郎の秘書、飯島勲は、スポーツ・芸能新聞をうまく使ったことで話題になったが、田中は半世紀近く前に、すでにこれらのメディアに着目していた。

こうして、田中は、建設行政に次いで郵政行政にも大きな影響力を持つようになる。

政務調査会長時代

一九六一年七月一八日に田中は自民党三役の一つ、政務調査会会長に転じ、押しも押されもせぬ自民党幹部となるが、そこでただちにぶつかったのが保険医総辞退問題であった。角栄が政調会長となったころには、日本医師会と厚生省の対立が完全にこじれてしまっていたのである。

主に開業医の利益を代表する日本医師会は、診療報酬の引き上げや制限医療の撤廃等を求めていたが、厚生省はこれに消極的であった。古井喜実厚相は、内心では日本医師会解散を狙っていたといわれるほど厳しい態度をとったため、日本医師会の武見太郎会長は、これに強く反撥し、古井の態度を権力政治そのものであると批判した。そして一九六一年二月一九日全国一斉休診を行い、三月一日をもって保険医総辞退届を提出すると宣言してしまう。ちなみにこのときの武見の記者会見での発言が、「一斉休診日に病気になるやつが悪い」と報道されてしまい（本人によれば、「……やつは運が悪い」

といった）、武見はそれ以来「喧嘩太郎」と呼ばれるようになる。

武見と古井の関係が悪化していたため、自民党三役が武見と会談し、事態収拾に動くが、結局二月一九日の一斉休診は実行されてしまった。保険医総辞退については、期日を一日延期して交渉を続け、ようやく保険診療の手続き簡素化や弾力的運用、診療報酬単価の一〇％強の引き上げという合意が自民党と日本医師会の間に生まれた。しかし古井厚相はこの合意を尊重しなかったため、武見は再び態度を硬化させ、七月に入ると保険医総辞退の方針を再び打ち出したのである。

田中が政調会長になったとき、厚相は、古井喜実から灘尾弘吉に交代したが、厚生省に対する不信感を募らせていた武見は灘尾を相手にせず、これまでの経緯から政調会長となった田中が交渉に当たることになった。田中は、まずは「懇談会を設けて問題解決を図りたい」とボールを投げるが、武見はこれを断る。次に田中が示した案については、かつて拒否した官僚の作文（厚生省案）であるとしてやはり拒絶し、七月三〇日には政府自民党側が折れて、武見の意向に沿った案を再提案するものの、へそを曲げてしまった武見はこれも受け入れない。

ついに明日から保険医総辞退となった七月三一日、田中は武見に新たな提案書を届ける。なかには、「右により総辞退は行わない」とだけ書かれ、田中角栄の署名があった。田中は、武見に白紙委任したのである。これをみて、武見は田中の男気にほだされ、それまで具体案に拘っていたにもかかわらず、①医療保険制度の抜本的改正、②医学研究と教育の向上と国民福祉の結合、③医師と患者の人間関係に基づく自由の確保、④自由経済社会における診療報酬制度の確立という原則論だけを記入して、矛を収める（武見 1983：94-119）。「田中さんは僕とずっと話し合ってきて『あいつならそう無理なことはいうまい』と信頼したのだろう。僕も田中さんを信頼できると思ったから具体的なことは書かなかった。相手の都合もあることだし抽象的に書こうと考えた」（武見 1983：119）。

ここでも田中は、捨て身の作戦に出て、見事に相手の信頼を勝ちとっている。小賢しい手を使えば見抜かれ、かえって相手を怒らせてしまう。ただひたすらこちらの誠意を伝える。相手の懐に入ることで、敵対関係はなくなり（あいまいになり）、逆に相手を包み込んでしまう。

2　権力中枢へ

大蔵大臣

一九六二年七月一八日、政調会長となってから一年後、田中は大蔵大臣の座を射止める。ときに角栄、四四歳の若さであった。角栄の抜擢にあたっては、盟友大平正芳の尽力があった。池田勇人首相の信任厚く、組閣リスト作成を命じられた大平は、事前に田中の了解を取り付けたうえで、田中大蔵大臣と記した。当初池田は、田中の抜擢に「車夫馬丁の類には大蔵大臣は務まらん」と難色を示したという（早野 2012：163）。大野伴睦、河野一郎、藤山愛一郎、川島正次郎が、四者会談のうえで反対を表明するという騒動もあった（早坂 1993c：161）。田中は、蔵相ポストを得るために相当の金を用意したらしいが、なによりも盟友大平のバックアップがなければ、この時点での田中蔵相の実現は難しかったであろう。

当時大蔵省は金融財政にわたる権限を持つ「スーパー官庁」であり、大蔵官僚は「エリートの中のエリート」と自他ともに認めていた。飛ぶ鳥を落とす勢いの田中角栄といえども、初登庁ではそれなりに緊張しただろう。迎える側も、ガソリン税では足をすくわれていただけに、どうなるかと不安な気持ちであっただろう。田中は、大蔵省講堂に集まった幹部や職員を前に、「私が田中角栄だ。小学校高等科卒である。諸君は日本中の秀才代表であり、財政金融の専門家ぞろいだ。私は素人だが、トゲの多い門松をたくさんくぐってきて、いささか仕事のコツを知っている。……できることはやる。できないことはやらない。しかし、すべての責任はこの田中角栄が背負う。以上」と訓示した（早坂1993c：163）。

田中の秘書早坂茂三は、これで大蔵省幹部たちの警戒心は一気に和らいだと記しているが、現実はそれほど甘いものではなかったようだ。大蔵省のキャリア官僚たちの「成り上がり者」への冷ややかな態度をよそに、田中は猛勉強を開始する。いかにも田中らしいのは、彼が教えを受けたのは、次官や局長ではなく、課長や課長補佐級の若手官僚たちであったということである。総論ではなく各論、政策の総合調整ではなく具体的な仕組みと運用を勉強するのが田中流である。しかも若手は、将来の幹部候補生であり、彼らと良好な関係を築くことで将来にわたって大蔵省に影響力を保持することができる。田中は、すでに同じ手法で、建設省、郵政省内に強力なネットワークを作り上げていた。

田中が大蔵大臣としてまず取り組んだのが、ガリオア・エロア資金の返済問題である。ガリオア・エロア資金とは、アメリカ政府が第二次世界大戦後占領地に向け設けた救済・復興基金であるが、日本には一九億ドルが投入されていた。アメリカはこれを日本の債務であるとして、一九五四年以来返済を求めていた。しかし日本では、大蔵省と外務省の間に、資金の性格をめぐる見解の違いから返済について意見の対立が生じており、産業投資特別会計法の改正による返済計画作成が難航していた。この法案を一九六二年八月の臨時国会で通すというのが、池田から田中に下された厳命であった。さっそく田中の許に水田前蔵相、小坂前外相の国会答弁の速記録が届けられるが、あまりに膨大で、複雑多岐にわたるため、田中は最初の一〇ページばかりを読んで、あきらめてしまったという。

ガリオア・エロア債務返済協定は、もともと外務省の所管事項であるのに、債務を産投会計から返すことにしたため、大蔵外務両省の理屈が重なり合い複雑になってしまったと理解した田中は、迷路から抜け出す新しい論法を思いつく。「ガリオア・エロア援助は日本民族のためにプラスだった。だから相手が返済を要求してきた場合、払える力があれば払わなくてはならない」と考えたのである（田中 1972b：28）。田中は、財政六法一冊を片手に、この論法で衆参両院の審議を乗り切ってしまう。こうして一九六二年九月には債務返済の日米協定が発効し、翌年から一〇年かけて返済が行われることになったのである。

さらに当時の大蔵省にとって、ＩＭＦ（国際通貨基金）八条国移行とＯＥＣＤ（経済協力開発機構）加盟が懸案となっていた。日本は一九五四年にＩＭＦに加盟したが、国際収支の赤字を理由に為替制限が許される一四条国であった。「正式会員」として認められるためには、国際収支の悪化を理由に為替制限のできない八条国に移行する必要があった。一九六二年ＩＭＦ総会の時点で、主要工業国一〇カ国のなかで一四条国にとどまっていたのは日本だけであった。したがって一九六三年になってIMFが日本に八条国移行を勧告すると、田中蔵相はただちにこれを受け入れ、日本は一九六四年四月一日をもって八条国へと移行する。これと並行してOECD加盟交渉も進められ、OECD憲章で自由化を求められていた八二項目の内、六三項目について受け入れ、加盟が認められた。

これらについては、日本経済の成長からして自然の流れであり、田中が蔵相であったかどうかに関わりなく実現したであろうが、一九六四年のIMF総会を東京に招致できたのは間違いなく田中の功績であった。一九六四年総会開催地としては、すでにアルゼンチンとモロッコが名乗りを上げており、大蔵省内では招致は難しいと消極的な声が強かったが、田中はヤコブソンIMF専務理事、ブラック世銀総裁の支持を取り付けて、招致を成功させてしまう。田中は、東京オリンピックのために四年間で一兆円もの投資を行うのだから、「その投資の結果を、IMF東京総会に出席の世界各国の政府代表や、財政金融の専門家数千人にみせることは、著しい日本経済の実態を認識させ、国際経済社会における日本の進歩に必ず役立つと考えた」のである（田中 1972b：62）。

予算編成においても、田中流が目を引く。一九六三年の当初予算案は、対前年度比一七・四％増であったが、田中は、公共投資はもとより社会保障や文教予算に力を入れ、これらの費目で二〇％以上増額した。復活折衝では、河野一郎建設大臣が大蔵大臣室に入ってきて、「道路一一〇億円、治山治水四五億円、下水道一〇億円。これだけを復活してもらいたい。これだけやったら文句はない」というと、田中は「思い切りよく出しましょう」と一言で応え、折衝を五分で終えてしまう（NHK取材班 1996：279；田中 1972b：178-180）。もちろん出たとこ勝負ではなく、予め想定していた範囲内での要求額であったからだろうが、たとえそうであっても、通常はもう少し時間をかけて体裁を整える。そうした無駄な時間を一切使わないのが、田中流である。

日本経済は、一九五八年から六一年まで岩戸景気に沸く。株式市場は活況を呈し、「銀行よ、さようなら、証券会社よ、こんにちは」なる標語まで生まれた。一九五八年から六三年の間に証券各社合計で従業員数は三倍、資本金は五倍に達し、大蔵省内では理財局証券部を証券局へと昇格させる案が浮上する。大蔵省のなかには慎重論もあったが、田中がリーダーシップを発揮し、一九六四年六月に証券局を新設した。当時文書課長としてその経過をつぶさに見ていた橋口収（後に主計局長、国土庁事務次官等を歴任）は、「局を増やしポストを増やす」ことで官僚の歓心を得る田中の高等戦術であったと指摘している（ＮＨＫ取材班 1996：287）。

田中の蔵相としての仕事のなかで特筆されるのは、一九六五年の山一證券の経営危機救済である。株式市場は一九六一年七月からは騰落を繰り返していたが、一九六三年以降は明らかな後退局面に入った。問題を深刻にしたのは、当時の主要証券会社が運用預かり制度を活用していたことにあった。証券会社は、販売した各種の債券を顧客から預かる「運用預かり契約」を結び、借入有価証券を担保として資金調達を行っていた。これによって証券会社は資金不足を補うことができたが、株価が下がりだし、顧客が預けた債権の返還を一斉に求めると、経営は破綻する。つまりこの制度は、取り付け騒ぎにきわめて脆弱な体質を持っていたのである。

とりわけ山一證券の場合は、「兜町の教祖」といわれた大神一社長と山瀬正則株式部長が強気の買いで仕手戦に勝つという手法で押しまくり、これが株価反落以降は裏目に出てしまい、四大証券会社のなかで最も深刻な経営危機に陥ってしまっていた。山一の経営破綻は、他の証券会社に飛び火し、取り付け騒ぎが起こることは必至と考えられたため、銀行側も、山一のメインバンクである日本興業銀行、三菱銀行、富士銀行が中心となって、株式を買い上げるために日本共同証券を立ち上げる。しかし都市銀行の共同出資による買い入れはすぐに限界に達した。

この間山一證券の経営は悪化の一途を辿ったが、金融危機回避のため主要新聞各社は報道協定を結び、この件について報道を控えていた。しかし協定外にあった西日本新聞が一九六五年五月二一日山一證券の経営破たんを報じると、翌二二日には解約を求める一般投資家が山一證券各支店に押しかけた。この騒動を収拾するため、五月二八日赤坂の日銀氷川寮に大蔵省から田中蔵相のほかに佐藤一郎事務次官、高橋俊英銀行局長、加治木俊道財務調査官、日銀から佐々木直副総裁、そしてメインバンクから中山素平日本興業銀行頭取、岩佐凱実《よしざね》富士銀行頭取、田実渉三菱銀行頭取が集まり、緊急会談を行う（氷川会談）。

会談前には日銀法第25条による緊急融資も避けられないとの共通認識があったといわれたが、実は日銀の内情はそう簡単ではなく、融資に関して意見の対立があった。興銀の中山素平は、大蔵省と日銀の間で日銀特融について話がついていなかったのではないかと後に語っている（NHK取材班 1996：289）日銀佐々木副総裁は、内部にあった強い反対論を念頭に、山一のメインバンク三行の責任論を展開し、日銀特融を三行経由にすることを主張した。これに対して三行は日本証券金融経由を主張し、議論が堂々巡りに陥った。

そこに遅れて登場したのが、田中角栄である。田中は、しばし議論を聞いた後、おもむろに「山一の資金繰り二〇〇億円を興銀で用意できないか」と中山に尋ねる。中山は、気色ばみ、それをやったら自分は経営責任をとらざるをえないと答えると、田実三菱銀行頭取が「証券取引所を閉めてゆっくり今後の対応を考えよう」と言い出す。すかさず、田中は「それでも都市銀行の頭取か」と一喝し、急転直下三行経由の日銀特融（合計二四〇億円）が決まった。田中が中山に問いかけた本当の狙いは、議論の流れを変えることにあったと思われる。

後に加治木は、専門家でもないのにあのような判断のできる田中を見直したといい、田中であったからあれでまとまったと田中の指導力を高く評価した（早坂 1993c：186）。田中の田実頭取への雷は、堂々巡りの不毛な議論を切り上げ、日銀特融への代替案があるならともかく、ないのであれば、枝葉末節に拘わらず、譲るべきは譲るべきだとの叱責であった。さらにいえば、雷は、実は山一救済に消極的であった佐々木副総裁に向けられたものであったともいわれる。佐々木は「日銀のプリンス」といわれ、総裁本命視されながら、一九六四年には当時三菱銀行頭取であった宇佐美洵に総裁の座を奪われた。そこには池田の意向があったといわれるが、最終的に決断を下したのは田中蔵相であった。田中は、佐々木の状況判断と決断力を信頼していなかったと思われる。

日銀特融は、蔵相が誰であろうと、行わざるを得なかったであろう。しかし危機管理は、時間との戦いである。いかに正しい判断であっても、タイミングを逸してしまえば、元も子もない。田中は合意が生まれるや否や、翌二九日の朝刊に間に合うように、ただちに記者会見を行う。しかも一般投資家の動揺を抑えるために、日銀の融資は貸出制限なしであるとあえてウソをついたのである（草野 1998：165）。

中山素平は、この一件で、大学出の秀才とは違って、危機に際して大胆な発想をし、決断を下したと田中を大いに見直し、財界内の数少ない田中支持者となる。橋口収は、日銀特融については大蔵省内での反対が強く、政治家の決断が求められる局面であり、田中でなければできなかったと手放しで称賛している（ＮＨＫ取材班 1996：290）。

幹事長時代

山一問題が収束して間もなく、田中角栄は自民党幹事長となる。幹事長は、総裁を補佐し、党務を執行する。自民党総裁は首相として多忙を極めるため、実質的には幹事長が党の最高責任者となる。その職責は多岐にわたり、国会運営、党内調整、内閣と与党との調整、人事、政策立案・調整、選挙運営、資金調達、等々が含まれる。角栄は、一九六六年田中彰治衆議院議員逮捕を発端として、次々に発覚した政界の一連の不祥事（「黒い霧」と呼ばれた）の責任をとって幹事長を辞任するが、その後返り咲き、合計五期四年半にわたって幹事長を務め、当時の在任最長記録を打ち立てた。田中は、「総理は一回やれば十分だが、幹事長は何回やってもいい」と周囲に漏らすほど、幹事長職が気に入っていた。秘書の佐藤昭によれば、「幹事長となった田中は、まさに水を得た魚のようだった。おそらく彼の生涯のなかで一番生き生きしていた時代といっていい」（佐藤

2001：77）。

長らく自民党幹事長室の室長を務めた奥島貞雄は、田中角栄を自分の接した幹事長のなかで「間違いなくナンバーワン」と言い切る。浪花節的、せっかち、短気、勘がいい、政策に明るい、行動的、汗っかき、金権的、天才、勉強家、気さく、呑み込みがいい、どれも当たっているが、一言でいえば「人間味に溢れた」ということになるとしたうえで、次のように語る。

田中は「幹事長の中の幹事長」であった。田中のスタイルを理想と仰ぎ真似ようと試みた後の多くの政治家は、誰ひとりとして彼の域に達することが出来なかった。駆け出しの私がこの人に仕えるというのは、いきなり目の前にメインディッシュを供されたようなものである（奥島 2005：11）。

このように田中を絶賛している奥島だが、一箇所だけ田中の金権政治をチクリと批判している。田中幹事長は、田中利男秘書の運転で二時間ぐらい姿を消すことがあったが、後で土地購入のためであったと聞き、「仕事を放って土地探しか……」とさすがに嫌な気持ちになったと書き留めた（奥島 2005：26–27）。

田中が幹事長になったころ、自民党は職員の給与、勤務時間、待遇などについては明文規定を持たない「大福帳的な」組織であった。これでは職員の身分が安定しないし、組織としても合理的とはいえない。そこで田中は党組織の近代化のため、自民党事務局規程を作らせる。また総理外遊に際して

自民党幹事長時代

国会議員、党職員が大挙して見送りするのもやめさせ、党三役と事務局の何人かでの見送りに簡素化した。

幹事長となった角栄に与えられた最初の試練が、日韓国会の運営であった。一九六五年佐藤政権は日韓基本条約締結に動くが、これに対して日韓両国内で激しい反対運動が起こる。総評―社会党ブロックは日韓条約の批准阻止、佐藤内閣打倒、衆議院解散を決議した。民社党、公明党は、国交正常化には原則的に賛成であったが、具体的な条約や協定内容については慎重な態度を示した。日韓条約に佐藤政権の命運がかかっていると判断した田中幹事長は、党首会談を開催し、日韓条約等特別委員会を設置し、その人選にいたるまで陣頭指揮をとり、最終的には強行採決で中央突破する。落としどころは、衆議院正副議長の引責辞任であった。

田中は利害調整の名手であり、誰もの顔を立てる妥協案を考え出すことに長けていたが、日韓条約のようなイデオロギーが前面に押し出される争点の場合、そのような手法が通用しないこともよく知っていた。社会党成田知巳書記長との公開往復書簡のなかで、田中は社会党の頑なな姿勢が与党を強行採決に追い込んだと批判し、日韓条約は善隣外交であり、社会党のいうようなイデオロギー色の濃い観念的な平和は実現しないと突き離した（早坂 1993c：207-208）。田中は、イデオロギーや観念論を一顧だにしなかった。

田中は、一九六八年一一月末に自民党幹事長に返り咲くが、国鉄運賃法改正案、大学管理法案、健康保険法改正案など、野党、とりわけ第一党の日本社会党が反対する対決法案が目白押しであった。田中幹事長の指揮の下、自民党はこれら法案を強行採決の繰り返しで次々と成立させる。この国会では自民党による単独採決（強行採決）が衆議院で一五回、参議院で五回、徹夜国会は衆議院で四回、参議院で二回を数えた。田中は、まさに剛腕幹事長であった。マスコミは、田中角栄幹事長と園田直国会対策委員長、二人の名前をもじってこの国会を「直角国会」と命名した。

なかでも社会的に大きな注目を浴びたのは、大学の運営に関する臨時措置法（大学運営法）案であった。一九六八年一月東京大学医学部の学生自治会が、当時インターンと呼ばれた無給研修医制度の改革を求め、教授会と対立し、紛争が起こる。六月には安田講堂が一時占拠され、機動隊が学生を排除する事件が起こった。これを契機に、全学共闘会議（全共闘）が結成され、医学部だけでなく東大全学部の学生自治会が無期限ストライキに入る。

東大とともに全共闘運動が過熱化したのが、日本大学である。日大では二二億円にのぼる使途不明金問題が発覚すると、これに対して学生が抗議行動を繰り返し、学内バリケードを築いたため、機動隊が導入された。一〇月二一日の国際反戦デーには、全国四六都道府県五六〇カ所で集会が行われ、延べ四六五万人が参加したといわれる。新左翼系の学生たちは、国会議事堂や防衛庁に侵入し、新宿駅構内を占拠し、はては放火するなど、暴徒化し、逮捕者は七四五人、騒乱罪適用は四五〇人に及んだ。いわゆる新宿騒乱事件である。

翌一九六九年一月には再び安田講堂を占拠した学生たちを機動隊が実力排除するが、攻防は三五時間に及び、この年の東大入試は中止された。その後も学生の叛乱は衰えを見せず、この年には一六五の大学で学生ストが行われ、高校にまで飛び火しつつあった。九月には全国全共闘連合が結成され、日比谷野外音楽堂には全国から二万人を超える学生が集まった。この年の国際反戦デーでは前年の新宿騒乱事件の再現こそ阻止されたものの、各地でゲリラ活動が展開され、一二〇〇人を超える逮捕者が出た。

こうした学生の叛乱に対し、政府自民党は連日連夜の交渉と調整を経て、一九六九年五月二四日に大学運営法を国会に提出する。それは大学執行部の権限を強化し、学長による休校、文部大臣による閉校・廃校措置を認めるものであり、野党は反撥したが、田中角栄幹事長の陣頭指揮によって衆参両院を強行突破する。田中は、批判に対して改めて国会運営についての見解を公表し、社会党が「イデオロギー的な立場を先行させ、修正はおろか、法案の審議にさえも応じようとしない」と批判し、自民党のやり方については、「その政治が、国民多数にとって現実的な不利益を招いたとすれば、次の総選挙において、国民は必ず公正な審判を下し、必要とあれば、政権担当者の交替を求めるであろう」と、解散総選挙の可能性を匂わせた（『毎日新聞』一九六九年八月一〇日付）。

田中幹事長の発言に呼応して、佐藤首相は、八月二九日大阪万博会場において、「沖縄交渉がうまくいけば、国政に対する国民の積極的参加が考えられる」と解散総選挙に前向きの発言を行う。しかし福田赳夫蔵相は、消極的であった。佐藤からの禅譲を期待する福田は、解散総選挙で自民党が大勝すれば、佐藤四選の芽が出てくることに懸念を抱いていた。また選挙に勝利した田中が、名幹事長として評価を高めることも、福田にとって憂慮すべき事態であった。佐藤は、福田と田中を政府と党の要職に交互につけ、競わせ、政権を維持していたが、最終的には福田を後継者に指名する腹積もりであった。しかしこのとき、佐藤にはまだ権力への執着が強かった。したがって日米安保条約の自動延長、沖縄返還について国民の信を問うべきであるという田中の声は渡りに船であった。

一二月二七日に師走選挙が行われ、自民党は公認で二八八名当選、無所属からの入党者一五名をいれると三〇三名当選という文句なしの大勝利を飾る。他方社会党は当選者九〇名という大敗北を喫する。選挙の結果をみる限り、国民は田中幹事長による強行採決路線、社会党のイデオロギー的硬直性批判を受け入れたのである。この選挙の前、一一月に奥島自民党幹事長室室長は、田中の指示によって選挙の神様と呼ばれた兼田喜夫選挙対策事務局責任者から全国各選挙区の情勢を聞いてまとめる作業を、田中秘書の麓邦明、早坂茂三と三人で極秘に行った（奥島 2005：29）。田中はこの資料に基づき、各選挙区に応援や資金面での配分を決めていった。ちなみに、このときの選挙では小沢一郎、羽田孜、梶山静六、渡部恒三など、後の田中派の中核となる政治家が初当選を果たしている。昨今の言葉でいえば、「田中チルドレン」の誕生である。田中は、佐藤派という殻を突き破ろうとしていた。

師走選挙で自民党を大勝に導いた田中の耳に、岸・福田サイドから人心一新を求める声が届く。幹事長の田中と官房長官保利茂を交替させようという動きが生まれたのである。田中を佐藤の目の届く官房長官に封じ込め、佐藤派内の福田支持派の重鎮保利を幹事長に据えることで、福田への総裁禅譲を既定路線にしようという企みであった。保利は、後に福田と距離をとるようになる。とりわけ保利が立会人になった大平との密約を破って福田が総裁選に突入した際には反福田の立場を鮮明にしたが（第六章2参照）、この当時は福田支持派を束ねる役回りを務めていた。

田中は、以前から佐藤による官房長官就任要請を固辞していたといわれ、特にこのときは佐藤後継がいよいよ射程に入ったときであり、幹事長を辞任するつもりは全くなかった。田中更迭案は、川島正次郎副総裁の衆議院議長への棚上げとセットとなっていたため、田中は川島と連携し、この案に抵抗する。他派閥からも、自民党を大勝に導いた幹事長の更迭には大義名分がないと反対の声が挙がり、佐藤は、将来的に保利への交替を見据えながらも、当面は田中幹事長の続投を認める。

川島は、幹事長として岸内閣を支え、池田政権末期に副総裁となった後、佐藤政権でもその地位にとどまり、不動のナンバー2の地位を築いていた。彼は「金がかかる」と派閥拡大に興味を示さず、トップへの野心を持たなかった。しかも高い党内調整力の持ち主であったことから、佐藤に重用された。そもそも川島が副総裁のポストに就いたきっかけは、一九六〇年の自民党総裁選挙にあった。この総裁選では、党人派から大野伴睦と石井光次郎、官僚出身で「吉田学校」の流れから池田勇人が名乗りを挙げていたが、川島はまず大野に近づき、党人派を一本化するためとの大義名分で出馬を断念させ、「大野が降りたので」と池田支持に転じたのである。寝業師の多い自民党のなかでも、川島は第一級の寝業師であった。川島は、岸派の重鎮であったが、岸が福田に代替わりさせようとしたことに反撥し、一九六二年一〇月岸派が解散されると、翌一一月には二〇名ほどの仲間を引き連れ、自らの派閥「交友クラブ」を立ち上げた。反福田の川島副総裁は、やがて田中角栄幹事長と懇意になり、更迭されそうになった田中を守った。さらに川島は、田中と共謀して佐藤四選を仕掛け、その後の田中総裁実現に向け、決定的な役割を果たすことになる。

一九七〇年一〇月、佐藤は自民党総裁として四期目に突入する。もしこの総裁選を前に佐藤が退陣を表明し、福田への総裁禅譲を打ち出していれば、誰も佐藤の意向に逆らえなかっただろう。佐藤は、一九六九年総選挙での自民党大勝によって一九七〇年六月日米安保条約自動延長を無事乗り切り（安保反対を訴えた日本社会党は大敗）、沖縄返還への道筋もつけ、党内での威信を揺るぎないものにしていた。こうした状況のなかで田中が福田禅譲を阻止する唯一の道は、佐藤四選であった。

一九七〇年三月、川島副総裁は佐藤四選に向けて巧妙なクセ玉を投げる。総裁選が行われる一〇月には、一九日から二四日まで国連創設二五周年記念総会がニューヨークで開かれることになっており、各国首脳の列席が予想された。これについて、川島は、日本の首相も当然出席すべきだが、「これと佐藤四選問題は、からませて考えてもよいし、からませなくてもよい」と語ったのである（楠田編著1983：118）。どちらでもよいといいながら、国連総会出席と佐藤四選問題に言及したことは、「佐藤四選もあり」というメッセージであると受け取られた。田中は、すかさず川島発言は常識をいったにすぎないと後押しした。

他方福田は、前々から佐藤が四選を目指すのであれば支持すると公言していた手前、表だって反対しづらい立場にあった。福田の四選支持発言は、佐藤が三選出馬時の記者会見や一九六九年の訪米の帰途で四選不出馬を匂わせる発言していたことから、あくまでも佐藤退陣を前提に佐藤への忠誠心を示すためになされたものであり、本音は禅譲期待である。ところが福田陣営の参謀役と目されていた保利は、それまで佐藤四選に慎重な態度を示していたにもかかわらず、川島発言に賛同してしまう。佐藤が四選されれば、早い時期に福田への禅譲が期待できると踏んだといわれるが、これは権力の魔力に取りつかれたことのない清廉な保利らしい楽観的観測であった。

佐藤は、川島発言に対して、「川島君は大したもんだ。ボケちゃいない」と相好を崩し、四選への意欲を明らかにする（中野 1983：119）。田中と川島は、佐藤四選に向け、ただちに裏工作を開始し、宏池会領袖の前尾繁三郎に出馬を断念させ、中間派を四選支持で一本化しようとする。中間派のなかでは石井光次郎が四選反対、福田支持の立場であったが、これを川島が抑え込む。そもそも福田自身が、「佐藤が出馬するのであれば支持する」と発言していた以上、石井としても、四選反対に固執する理由はなかった。結局石井（光次郎）派、川島派、園田（直）派、中曽根（康弘）派、船田（中）派、村上（勇）派に、南条グループを加えた中間七派は、九月一二日「挙党一致で佐藤四選をはかることが望ましい」との申し合わせを行い、川島副総裁がこれを三木武夫、前尾繁三郎、福田赳夫に伝えた。三木は、これを無視し、出馬したものの、福田は当然のこととして、前尾も出馬を見送った。

この総裁選には、思わぬおまけがつく。田中、川島は、前尾説得に際して、副総理格での入閣を約束していたといわれるが、佐藤は圧勝したものの（三五三票獲得）、三木に一一一票入り、その他無効票等をいれると一二八票の批判票が出たことに不満であり、内閣改造はしないと言い出し、前尾を処遇しなかったのである。宏池会内の友人たち、大平正芳や鈴木善幸を通じて前尾不出馬を説得した田中は、メンツをつぶされた格好になった。佐藤としては、今回禅譲はしなかったものの、次期総裁選で福田のライバルになると予想された前尾を冷たくあしらうことで福田への配慮を示したのである。

しかし佐藤の決断は、結果としては田中に有利な環境を整えることになった。宏池会のなかではそもそも前尾の出馬断念に不服な者が少なくなかったが、その後入閣も果たせず、体よく佐藤にあしらわれた前尾に対する怒りが派内で爆発し、宏池会は集団指導に入る。このようなクッションを置いて、宏池会の会長は前尾から大平へと交代するのである。この宏池会内でのクーデタは、田中にとって好都合であった。大平は、かねてより田中と総理総裁になるときにはお互い協力し合おうと語りあっていた仲であった。

田中と大平の友情については、両派のなかに利用されているだけではないかという不信感や警戒心が渦巻いていたが、二人の間には政治家としての損得を超えた絆があったといわれる。大平は一九四九年池田が大蔵大臣になると秘書官に起用され、一九五二年総選挙で香川二区から出馬するが、田中は、ただちに大平の応援に駆けつけ、自身の選挙区よりも大平の選挙区にいた時間のほうが長いといわれるほど、献身的に大平の世話を焼く。大平を寵愛する池田の歓心を買おうとした面があるかもしれないが、田中は大平と馬が合い、その将来性を高く評価していた。

大平は、田中よりも八歳年長であったが、政治家としての実績がある田中を兄貴と呼んで慕っていた。池田の信頼が厚かった大平が、田中を大蔵大臣に推挙したことはすでに述べた通りである。一九六四年八月、池田が総裁三選を果たして間もなく、大平は最愛の長男正樹を失う。二六歳の若さであった。悲嘆にくれる大平に付き添い、ともに涙を流したのが、自分も長男を亡くしていた角栄であった。佐藤昭によれば、田中は大平に裏切られるという新聞記者の忠告に対して、「もしそういうことがあれば、俺に人を見る目がなかったということだ。俺は大平を盟友と信じている」と語ったという（佐藤 2001：42）。大平が死の床で会いたがったのは、他ならぬ田中角栄であった。田中は、大平の願いに応え、ただちに選挙区から東京に戻るものの、田中が戻った日の深夜、大平の容体は急変し、二人の最後の別れは叶わなかった。

佐藤四選とともに田中を総裁に大きく近づける事件が、参議院自民党内で起こる。参議院自民党は、自民党総裁を狙う田中にとって克服しなければならない最大の難関であった。当時参議院では重宗雄三が一〇年近くも議長を務め、参議院自民党は「重宗王国」と呼ばれていた。重宗は佐藤首相と同郷の山口県出身であり、両者の間には太いパイプがあった。重宗は、佐藤との個人的つながりによって参議院自民党議員の閣僚推薦を実質的に独占することで、参議院自民党を牛耳っていた。この重宗王国を切り崩さなければ、総裁選において参議院自民党の票の大半が福田に流れることは必至であった。

ここでも田中は、運を味方につける。一九七一年参議院選挙で自民党は七〇台後半の議席を目指していたが、結果は改選前と同じ六四議席にとどまった。これは十分釈明の余地のある数字であるが、すかさず田中はその責任をとって幹事長を辞任する。そのことによって重宗の責任が問われる状況を創り出したのである。そもそも田中から保利への幹事長交代のタイミングを狙っていた佐藤が、これに反対するはずもない。むしろ、チャンスと捉えただろう。しかし佐藤―重宗は、ここで致命的なミスを犯す。選挙後の内閣改造で当選二回にすぎない平泉渉を科学技術庁長官に抜擢したのである。平泉は佐藤栄作の親友であった鹿島建設会長鹿島守之助の娘婿であった。

選挙後参議院自民党内でくすぶっていた不満が、年功序列無視の平泉抜擢によって吹き出す。田中シンパの河野謙三が、「参議院改革に関する意見」を参議院議員全員に送り、反重宗執行部の桜会を結成し、社会党、公明党、民社党と連携して、参議院改革を打ち出す。こうして与野党を横断する支持を取り付け、河野は重宗包囲網を築くことに成功する。結局重宗は続投を断念し、一九七一年七月一七日河野は参議院議長に選出される。田中の前に大きく立ちはだかっていた重宗王国が崩れ去った瞬間であった。

通産大臣時代

幹事長を辞任した田中は、佐藤政権での最後のポストとなる通産大臣に就く。すでに主要大臣や党三役ポストをこなし、次世代リーダーのなかで先陣を切っていた角栄にとって、どうしても就かねばならないポストではなく、田中周辺ではむしろ慎重論が強かった。当時日米の間で繊維をめぐる貿易摩擦がこじれ、大平正芳、宮沢喜一と二代の通産大臣が交渉に失敗していたため、佐藤が、田中に厄介なポストを押し付けようとしていることは明らかであった。しかし田中は、佐藤の意図を承知で、あえて火中の栗を拾う。

事の発端は、一九六九年にニクソン大統領が日本に対して繊維の輸出自主規制を求めてきたことである。これに対して通産省はアメリカの繊維業界の被害実態が確認できないとし、「被害のないところに規制なし」という筋論を展開した。大平、宮沢大臣は、そのような通産省役人の敷いたレールの上で交渉したが、そもそもニクソン大統領が日本に対して規制を求めてきたのは、一九六八年の大統領選挙での南部農民向けの公約に基づくものであり、国内政治の反映であった。しかもタイミング的に沖縄返還交渉と重なったため、佐藤は、沖縄を優先して繊維問題では譲歩する言質をニクソンに与えていたといわれ、アメリカ側が通産省の筋論を受け入れる余地は全くなかった。

このような状況を的確に見てとった田中は、まずは通産省の言い分通りにアメリカ側に主張し、交渉を決裂させる。そして従来のやり方では問題が解決しないことを通産官僚に納得させたうえで、従来の交渉案をすべてご破算にし、アメリカの要求をほぼ全面的に受け入れる決定を下し、それに伴う国内業者の推定損害額約二〇〇〇億ドルの補償を、佐藤首相、水田蔵相とかけあってあっさりまとめてしまう。暗礁に乗り上げた交渉を、田中は通産大臣になってわずか三カ月でまとめてしまったのである。田中通産大臣の秘書官を務め、日本列島改造論のまとめ役となり、後に通産事務次官を務めた小長啓一は、以下のように田中を絶賛している。

私自身は、この交渉で政治家と行政官の間には、はっきりとした役割分担があることを身をもって感じた。そして、泥をかぶってもやるべきことはやりぬく政治家の迫力に感銘したのである。

……関係者が原理原則に縛られて解決策を見いだせぬときに、現実的な打開の方法を探るそのスピード。譲歩しながらも輸出の自然な一定の伸びは認めさせる交渉の巧みさ。同時に、国内業者に限度以上の負担をかけぬよう国内措置を施す気配り（早坂 1993c：299）。

このように膠着状態に陥っていた厄介な外交問題を田中が見事に解決し、ますます評価を高めたのに対して、大蔵大臣から無難と考えられた外務大臣に横滑りした福田赳夫は、皮肉なことに苦境に立たされる。一九七一年七月一五日にニクソン米大統領は電撃的に訪中計画を発表する。キッシンジャー米大統領特別補佐官が秘かに毛沢東主席、周恩来首相と会談し、お膳立てしたのである。日本に知らされたのは発表直前であり、完全に蚊帳の外に置かれた。福田は胆石除去手術のため入院中であったが、外相として失態の責任を問われることになった。

福田はその後、日米経済閣僚会議でロジャーズ国務長官と会談するが、ロジャーズは、キッシンジャーと周恩来首相との会談ではニクソン訪中が決定されただけであり、実質的なことは何も決まっていないと福田に告げ、交渉の準備段階なので日本と事前協議を行わなかったと釈明し、国連で台湾の国民党政府を擁護するための逆重要事項指定決議案（台湾の国連追放のためには総会で三分の二以上の賛成票を必要とするようにハードルを上げる議案）の共同提案国となるように要請した。実はキッシンジャーは、「二つの中国」論を受け入れたうえでニクソン訪中を決めていたのだが、当時福田はそうした経緯を知る由もなかった。

福田は、ロジャーズ提言を受け入れ、逆重要事項指定決議案の共同提案国となったものの、同議案は、一九七一年九月二五日の国連総会で否決されてしまう。直後の国会でこの失敗を追及された福田は、決議には敗れたものの、国際社会において信義を守ったと強がった。福田は、蔣介石が敗戦日本に対して大陸残留日本人帰還の安全確保、賠償請求の放棄など、寛大な態度で臨んだことに深い恩義を感じていた。こうした福田の思いそのものは、なんら非難されるべきではないが、外務大臣として国際政治の流れを見誤った責任は免れない。

翌年一月の施政方針演説で佐藤首相が「一つの中国」論を前提に日中国交正常化を進めると明言し、福田はそれに従って方針転換を余儀なくされる。「アヒルの水かき」と自ら称したように、水面下で中国との接触を図った。福田は、革新首長のスターであった美濃部亮吉東京都知事に「保利書簡」(保利茂幹事長名による周恩来首相に宛てた親書であり、中華人民共和国が中国を代表する政府であることを認めたもの)を託すが、周恩来はこれを完全に無視した。美濃部によれば、「周さんが佐藤さんを非常に嫌いでね」、「僕の受けた感じは、佐藤さんじゃだめだと。何を言ってもね。佐藤さんじゃ成功しないという感じをうけましたね」(服部 2011：41)。結局、福田の「アヒルの水かき」は何ら成果を挙げられず、佐藤の嫡男である福田では日中国交回復は難しいのではないかとの印象を残してしまった。

田中、福田の勢いの差を示す興味深いエピソードがある。一九七二年一月六、七両日にサクラメント(サクラメンテとも表記される)の大統領別荘で日米首脳会談が開催されたが、日本からは福田外相、水田蔵相、田中通産相が同行した。この旅で佐藤はいよいよ田中を説得し、福田を後継者に指名するのではないかとの憶測が飛び、大記者団が同行した。実はそれは単なる憶測ではなかったことを、後に福田自身が認めている。佐藤が「そろそろ田中君に話すか。いつ、どんなふうに言うか」と福田に相談し、福田が「サクラメンテ会談に田中君の同行を求めたらいかがですか」と進言したと語っている（福田 1995：193-194）。

しかし田中の同行は、全くの裏目に出る。ニクソンが主催する野外パーティで佐藤とともにニクソンの横に座ったのは、福田ではなく田中であった（田中 1972b：74）。このとき田中が座った席は、本来福田の席であったが、田中自身の言では、ニクソンが田中を呼び寄せたという。しかし実は田中が働きかけて、席を入れ替えてしまったという説もある。真偽のほどは定かではないが、ニクソンが田中に対して好意を持っていなければ、この席替えが実現しなかったことは確かである（佐藤 2001：114）。しかもその後のゴルフでも、ニクソンは自分の運転するゴルフカートに田中を乗せ、福田はその後を歩いて回ったという（立花 2002：128）。ニクソンは、日米繊維問題解決に尽力した田中に対して最大限の感謝の意を表したのである。

公式行事の後、日本側はサクラメントからロスアンジェルスに向かったが、途中ニューポートビーチからロングビーチまでは、ニクソンの知人の提供するヨットで移動した。佐藤、田中、福田らと記者団とは、別々のヨットに乗ることになり、「いよいよ調整か」と記者団は色めき立つが、田中は記者団の乗るヨットに向かって手を振ったり、敬礼をしたり、おどけて見せて、一時間半ほどの航行中とうとう一度も甲板から姿を消すことはなかった。調整には乗らないことを、まさに身をもって示したのである（中野 1982：65-66）。

佐藤内閣最後となる国会で、田中株はさらに上がる。原健三郎労相と荒船清十郎衆議院副議長が、舌禍事件で相次いで辞任すると、追い打ちをかけるように第四次防衛力整備計画について計画実施が間に合わないにもかかわらず予算が計上されていたことが発覚し、野党がこれを「予算先取り」として批判し、国会審議がストップしてしまったのである。これに対して保利幹事長執行部は、有効な手を打つことができず、立ち往生する。結局野党との関係修復に動いたのは、田中側近の竹下登官房長官と金丸信国対委員長であった。この一件によって、国会運営は田中（派）というイメージが自民党内に定着することになったといわれる（中野 1982：66-67）。

3 日本列島改造論への道

都市政策大綱

日本列島改造論は、田中角栄が新人議員から温めてきた国土総合開発の考えを集大成したものであり、突然生まれたものではない。よく知られているようにその先駆けとして自民党の都市政策大綱がある。実はほかにも日本列島改造論に連なる動きがある。本節では、それらを概観し、日本列島改造論に至る道程を明らかにしよう。

田中は、一九六六年一二月に「黒い霧」事件で幹事長を引責辞任する。事件は、新潟四区選出の田中彰治が逮捕されたことに始まる。田中彰治は、様々な恐喝詐欺の疑惑に包まれていたが、逮捕の直接のきっかけは、小佐野賢治に対する恐喝事件であった。小佐野は五年間譲渡禁止であった虎ノ門公園跡地の払い下げを受け、すぐに転売していたのである。小佐野が国有地を取得したときの蔵相が角栄であったことから、角栄への疑惑も生まれた。小佐野は、転売で得たほぼ同じ額（一八億円）で田中が寺尾芳男から引き受けた日本電建の株を買い取っていたのである。これに絡んで、信濃川河川敷、鳥屋野潟湖底地、柏崎荒浜砂丘地、等々の田中による買収に注目が集まる。田中は、国会でさらなる追求を受け、波紋が広がるのを避けるため、しばらく表舞台から退くことを決意したのである。

それから二年後に幹事長に復帰するまでの間、田中は表立った重要ポストには就かず、ライバル福田赳夫に次期総裁レースで大きく水を開けられたとも噂されたが、実は田中は、この間総裁選に打って出るための政策構想を練っていた。一九六七年に自民党都市政策調査会が設置されると、田中は会長に引っ張り出される。建設行政の第一人者であり、予算編成権を持つ大蔵省に絶大な影響力を行使できる田中が無役になったとなれば、当然であった。田中は都市政策調査会を使って、それまで培ってきた土地開発のノウハウやアイディアを新潟県レベルではなく、全国レベルでまとめあげる作業を行う。田中の秘書団や旧知の官僚を動員し、翌年五月には「都市政策大綱」を完成させた。

執筆を主に担当したのは、秘書の早坂茂三と麓邦明であった。田中は血縁、地縁を重んじ、秘書には新潟出身者、特に柏崎出身者が多い。古くからの秘書のなかで新潟出身者でないのは、妻の実家である坂本組に出入りしていた山田泰司ぐらいである。しかし一九六〇年代に入り、田中の中央での影響力が増していくと、必要に応じて、能力主義的に抜擢される秘書も出てくる。麓邦明と早坂茂三は、そのような秘書の代表格といえる。早坂は、東京タイムズの記者時代に田中を知るようになり、田中が蔵相になった年の暮れに秘書になっている。鼻柱の強い早坂は田中とぶつかり、一時田中の関連会社に出されていたが、共同通信社政治部記者で佐藤派に出入りしていた麓邦明がマスコミ担当として採用されたのと同時期に田中事務所に戻った。そして二人は、協力して都市政策大綱作成に携わることになった。

都市政策大綱は、生産第一主義が経済と社会環境の均衡を失わせたことを反省し、都市の過密化と地方の過疎を解消するために高能率で均衡のとれた国土建設の実現を訴えている。具体的には新産業拠点の建設、広域ブロックの中心となる拠点都市の育成、国土開発省（仮称）による開発体制の一元化、旭川と鹿児島を直結する幹線を軸に、全国を縦横に貫く全長四一〇〇キロに及ぶ新幹線網建設等々、その後の国土開発の方向性を示す方針が盛り込まれていた。また土地利用については、私権よりも公共の福祉を優先させることを明言し、公害発生者責任の原則を打ち出し、さらに都市づくりの推進力として民間デベロッパーの力を活用することを提唱していた。

都市政策大綱について各紙は一九六八年五月二八日付の朝刊で一斉に報道したが、概ね好評であり、専門家からも高い評価を得た。早坂は、著書で特に朝日新聞の「自民党都市政策に期待する」との社説を詳しく紹介している。朝日社説は、「公益優先の基本理念をもとに、各種私権を制限し、公害の発生者責任を明確にしたことなど、これまでの自民党のイメージをくつがえすほど、率直、大胆な内容を持っている」と都市政策大綱を評価し、「野党はむろん、広く国民の理解と協力が大切であることを強調しておきたい」と、エールを送っている（『朝日新聞』一九六八年五月二八日付；早坂 1993c：471-491）。早坂と麓にすれば、「してやったり」であった。なぜなら、彼らは当時進歩派のオピニオン・リーダーであった朝日新聞をうならせるような案を作ってやろうと初めから狙っていたからである。

その背景を、少し説明しよう。当時高度経済成長に伴い土地が高騰し、住宅政策、とりわけ持家政策への関心が高まっていた。佐藤政権は、池田政権に対抗して社会開発を打ち出したものの、「私権の侵害」を招くことを怖れ、なかなか効果的な対策をとれずにいた。そうしたなかで一九六五年六月に建設相となった瀬戸山三男は、「土地は商品ではない」との見解を示し、八月一七日には「地価対策についての基本方針」（いわゆる「瀬戸山構想」）を公表する。瀬戸山構想は、土地は社会公共のために用いられるべきであり、地価値上がりの利益は土地所有者だけではなく、社会公共に還元されるべきであると説いた。

福田赳夫蔵相はこれを高く評価し、朝日新聞も八月一八日付社説で「土地観念の変革を支持する」と瀬戸山をバックアップしたが、不動産業界の反対が強く、結局土地課税強化案は挫折する。不動産業界は、土地への課税強化が土地の円滑な売買を阻害し、かえって土地高騰を招く結果になり、住宅政策上好ましくないと主張した。田中角栄幹事長は不動産業界に同調し、瀬戸山構想には反対の立場であった。田中は都市の住宅問題については民間が中心になって進めるべきであると主張し、民間建設を促進するために長期低金利の金融整備、固定資産税と不動産取得税の減免等を説いたのである。

ところが一九六七年三月一六日に開催された都市政策調査会の第一回総会において田中は、公共の福祉のために土地について「多少の制約はやむを得ない、もはや商品ではない」と、瀬戸山構想に歩みよる姿勢を示した。これは、早坂や麓の説得が功を奏した結果であった。彼らは、都市の勤労者にアピールするために、またメディア対策として、当時世論をリードしていた「進歩的な」朝日新聞の歓心を買うために、大綱に公益優先、公害の発生者責任の明確化などを取り入れることを主張し、田中に認めさせたのである。早坂と麓は、「田中角栄を高度成長がもたらした社会的矛盾に対応できる新しい政治家として演出」しようとしたのであり、そのイメージを広めるうえで朝日新聞が主たるターゲットとされたのである（下村 2011：67-75）。しかし、田中は土地区画整理や都市における住宅高層化等実現のために土地所有者の譲歩を求めたとはいえ、土地課税強化についてはなお消極的であった点は留意する必要がある。

早坂は、その後の『日本列島改造論』作成にも関わるが、麓はその前に田中事務所を離れた。麓は、田中が首相になれば、必ず「金と色」がスキャンダルとして取り沙汰されると考え、小佐野賢治、佐藤昭との関係を見直すように早坂とともに田中に諫言《かんげん》するが聞き入れられず、角栄の許を去る。早坂は事務所に残り、榎本敏夫秘書がロッキード事件で被告となって以降は、田中のスポークスマンとして最もよくマスコミに登場する秘書となる。

総合農政

国土総合開発のためには、都市部における過密の緩和と農村部の活性化を促進する産業再配置が不可欠であったが、そのためには従来の農政が大きな障害となっていた。田中角栄は、ここでも重要な役割を果たすことになるが、その前にまず一九六〇年代の農政とはどのようなものであったのかについて簡単におさらいをしておこう。

一九六〇年代農政最大の問題は、生産者米価の高騰であった。一九四二年に食料不足のなかで生まれた食糧管理法は、戦後も維持された。一九六〇年に「生産費・所得補償方式」が採用され、翌年農業基本法が制定されると、米価の大幅引き上げが繰り返されるようになった。他の産業と農業との間に生じた所得格差を是正するためという名目であったが、米の需給バランスや品質に関係なく国が買い上げ、しかも毎年買い上げ価格が上がるということになれば、農家は当然米の生産を増やし、供給過剰になることは必至である。しかも生産者価格と消費者価格は連動していないので、食管会計の赤字はドンドン大きくなる。このように完全に市場メカニズムから守られた食管制度は、間もなく経済界や都市部から、過重な負担であり、農業の生産性改善（への意欲）を阻むものであると批判されるようになる。

一九六七年七月、生産者米価が決定されて間もなく、佐藤首相は、生産者米価の上昇は、内外価格差をますます大きくし、物価上昇を招き、輸出の先行きにも影響を与える怖れがあるとして、食管制度の見直しを示唆した。これによって、米価問題は俄に政治争点化する。一〇月になると、宮沢喜一経済企画庁長官が生産者・消費者両米価の凍結を訴える私案（「宮沢構想」）を公表する。他方大蔵省は、食管会計の赤字解消のために米価のスライド制、すなわち生産者米価に応じた消費者米価の引き上げを求める。

農林省もまた、佐藤首相の指示に従い、農政の見直しに着手する。倉石忠雄農相は、米価審議会から国会議員、消費者代表、生産者代表などの利益代表を除外し、学識経験者だけで構成される「中立米審」を開催し、そこで米価問題を検討しようとする。しかし倉石提言は、与野党双方に大きな反撥を生む。その最中に、倉石は日本海での漁船安全操業について、「他力本願の憲法を持っている日本は妾のようなもの」という舌禍事件を起こしてしまい、農相辞任を余儀なくされてしまう。これで食管制度の見直しは、一時凍結状態に陥った。

一九六八年七月七日の参議院選挙が終わると（自民党は現状維持の六九議席獲得）、米価問題が再燃する。自民党内では従来通りの米価引き上げを求めるベトコン議員に対して、自主流通米制度を認め、米価以外の農政費を増加させる総合農政推進派が勢力を拡大していた。こうした状況のなか、農協は、米価引き上げから食管制度を維持するための生産調整へと方針を転換し、総合農政推進派はこれに沿って大規模な生産調整の実施と奨励金獲得運動を展開する。農林省は水田三五万ヘクタールを休耕し、その奨励金として一〇アールあたり年間三万円を三年間支給するという案を示すが、大蔵省は、一律三万円ではかえって不公平になるし、奨励金の支給が三年で終わらない可能性もあるので、他の作物を作る農民や一般納税者を説得できないと反対する。

ここで、田中角栄幹事長が登場する。田中は、財政投融資資金や農林中金からの資金融資、政府の利子補給によって、市町村や農協に休耕予定地の相当部分を工場誘致や道路建設、宅地造成の先行投資として買い上げさせ、奨励金の対象となる農地を減らすことで、奨励金の単価を引き上げようとした。田中は作付け転換では米価問題は解決されず、農地法を廃止して、農地を新しい工業用地にすべきであると考えた。このような「農村の工業化」によって離農を促進しながら、地元で職を提供し、農業を合理化し、生産性を向上させるという一石二鳥を目論んだのである。田中は、農政は一産業の観点からではなく国土開発の観点から総合的に行う必要があり、農林、通産、建設、各省の協力が不可欠であると訴えた。

都市と農村の利害対立を国土開発というより高次の政策で統合しようという田中の発想は、その後の農政の基本方針となる。農地流動化を図る農地法の改正、農協による農地売買、宅地造成などを可能にする農協法の改正、離農を促進する農業者年金制度などが設立される一方、農村工業化のために、農村地域工業導入促進法、さらに工業再配置促進法が制定されたのである。

田中は、池田勇人の高度経済成長路線を引き継ぎ、それをさらに発展させることで、都市と農村の対立を解消しようと考えた。これに対して、ライバルの福田赳夫は安定成長論を提唱し、高度経済成長は日本の美風を損なうものであると批判した。一九七一年自民党総裁選で、世間の関心はもっぱら日中国交正常化に集まったが、実は田中の高度成長継続路線と福田の安定成長論との激突でもあったと、福田自身が後に回想している（福田 1995：202）。

日本列島改造論

一九七一年七月五日の内閣改造で通産大臣となった田中角栄は、翌日には「田中構想」を明らかにし、総合立地計画の必要性を訴える。これを受けて通産省は、従来の地方への工場誘致ではなく、都市での工場立地を規制し、都市から工場を追い出す方向へと産

『日本列島改造論』

業立地政策を転換する考えを示す。地方に移転する工場に優遇策を講じるだけではなく、移転しない工場には移転促進税を課すこととし（いわゆる工場追い出し税）、工業再配置促進公団の創設、工業再配置特別会計の設置などを謳ったのである。

しかし工場追い出し税については、産業界の反対が強く早い段階で放棄されてしまい、工業再配置促進公団は、産炭地域振興事業団の改組による工業再配置・産炭地域振興公団としてどうにか実現することになった。一九七二年六月一六日、自民党総裁選目前に、工業再配置促進法と産炭地域振興事業団法の一部を改正する法律が成立した。そしてその四日後に『日本列島改造論』が、発売されたのである。

『日本列島改造論』は、基本的には都市政策大綱を継承するものであり、内容自体に特に目新しいものはない。土地利用における公共優先も引き継がれている。『日本列島改造論』と都市政策大綱の最も大きな違いは何かといえば、文体を別にすれば、『日本列島改造論』が田中角栄の個人名義で公表されたところにある。早坂茂三によると、田中は「都市政策大綱は理屈が多すぎて大衆にはわかりにくい。あれを下敷きにした臨床医の診断書が要る」と語ったというが、本音は総裁選に向けて自分の名前で本を出したいということであった（早坂 1993c：494-495）。

都市政策大綱が一年と二カ月をかけてじっくり作られたのに対して、『日本列島改造論』は、総裁選に間に合うように、四カ月余りの突貫工事で仕上げられた。突貫工事を請け負ったのは秘書官の小長啓一と彼に指揮された通産官僚たちであり、「序にかえて」、第一章「私はこう考える」、「むすび」は秘書の早坂が執筆した。『日本列島改造論』というタイトルは、北一輝の『日本国家改造論』にヒントを得て、早坂がつけたものであったという（早坂 1993c：495-496）。

総裁選に全力を注いでいた田中角栄が、『日本列島改造論』作成に直接携わる時間はなかったにせよ、それが田中の長年にわたる国土開発構想の集大成であったことは間違いない。角栄人気が高まるなか、同書は、八〇万部とも、九〇万部ともいわれる大ベストセラーとなった。しかし国土開発計画が、具体的な地名まで入れて書かれていたため、土地への投機が殺到し、地価の上昇を招いてしまった。とりわけ大都市圏の地価は、追い出し税の挫折と相まって、高騰の一途を辿る。後に小長啓一は、地名をいれたのは自分のミスであったと田中を庇っているが、田中自身が計画に具体性を持たせるために地名を入れることに固執したともいわれる。いずれにせよ、『日本列島改造論』は一九七三年秋第一次石油危機によって「狂乱物価」（福田赳夫の命名）が生じると、あっさり葬り去られてしまう。

しかし田中の日本列島改造の考えは、国土開発を国民福祉の改善に結びつけようとする体系的な計画であり、昨今再びその先見性が評価されるようになっている。『日本列島改造論』第一章「私はこう考える」では、田中自身の政策実績を簡単に振り返った後、「平和」と「福祉」に徹しようと訴える。第二章で都市集中の問題点が指摘された後、第三章では「平和と福祉を実現する成長経済」が論じられている。「福祉は天から降ってこない」と、福祉は経済成長がなければ実現されないことを強調しつつも、「今後は成長を追求するだけではなく、拡大した経済力を、国民の福祉や国家間の協調などに積極的に活用してゆくことが強く要望されている」と、「成長追求型」から「成長活用型」の経済運営への切り替えが提唱されている（田中 1972a：70）。

成長活用のためには、従来の均衡財政から脱却した積極財政が必要である。「子どもや孫たちに借金を残したくないという考え方は、一見、親切そうにみえるが、結果はそうでない。生活関連の社会資本が十分に整備されないまま、次の世代に引きつがれるならば、その生活や産業活動に大きな障害がでてくるのは目に見えている。美しく住みよい国土環境をつくるには、世代間の公平な負担こそが必要である」。「このような積極財政は、社会資本の充実や教育、医療の改善、技術開発の促進につながるだけでなく、経済の高成長をうながす道にもなる。これは単に、公共投資の拡大や所得の再分配によって直接的に需要が増加するというだけでなく、それに付随する経済効果が大きいからである」（田中 1972a：72）。

このように『日本列島改造論』には、総論レベルとはいえ、内需拡大による経済成長を目指すフォード主義、ケインズ主義に基づく「大きな政府」論、さらには福祉国家論も盛り込まれており、従来の生産第一主義を克服しようという明確な方向性が示されていた。首相になった田中は「経済から福祉」へのシフトを唱えたが、その背景にはこのような『日本列島改造論』に示された認識があった。したがって田中が、「経済から福祉」へのシフトを提唱したのは、単なる思いつきや機会主義的対応ではなかったといえる。田中にとって、開発や工業化は、それ自体が目的ではなく、あくまでも国民の生活を改善する手段にすぎなかった。だからこそ国民の生活が質的にむしろ劣化しているとの批判が強まったときには、生活の視点から工業化を見直す、あるいは相対化することができたのである。

第四章　田中政治のアイディアの源泉

1　政策アイディア

『日本列島改造論』は、田中角栄が初出馬から一貫して訴えてきた政策アイディアの集大成であった。本章では、そこにいたる田中の政策アイディアの源泉と特徴について、いささか詳しく紹介してみたい。

経験主義

田中の発想は、一言でいえば経験主義によって特徴づけられる。経験主義といっても、なにもむずかしい哲学の話ではない。ここでいう経験主義とは、田中の発想は、自分が体験したり、観察したり、聞いたりしたことに基づいているという程度のことである。早坂茂三は、田中にとって政治とは生活であったと繰り返し指摘しているが、生活の原点は、食にある。角栄は、「メシは食ったか」というのが挨拶がわりだったというが、国民が飢えずに生活できること、これが敗戦国日本の政治にとって最重要課題であった。田中は、この喫緊の課題に真正面から取り組んだ政治家であった。

田中角栄の「私の履歴書」には、個人的体験から教訓を引き出すというパターンが随所にみられる。すでにいくつか紹介したが、もう少し「私の履歴書」から例を拾ってみよう。田中は小学校時代担任の金井先生が歪曲された新聞報道によって左遷されるのを目の当たりにして、真実がなかなか世にいれられないものであると知ったという。そして「人は無実の罪で罰せられることもあると知り、こんな不正を世の中から断固追放しなければならないと思ったのである」（履歴書：341）。なにやら、その後のロッキード事件を想起させる意味深な言葉である。高等小学校を卒業した角栄は、まず土方仕事をする。現場で「土方はいちばんでかい芸術家だ。パナマ運河で太平洋と大西洋をつないだり、スエズ運河で地中海とインド洋を結んだのもみな土方だ。土方は地球の彫刻家だ」という話を聞き、「労働というものをおそれなくなった」（履歴書：349）。

立花隆は、田中の経験主義を「具象思考抜群、抽象思考ゼロ」であると手厳しく批判した。「体験というのはしばしば特殊的なものであるから、そこから引き出された教訓が正しいとはかぎらない。それであるのに、成功した経験主義者ほど頑固な経験主義者となってしまう。自分の成功を支えた、特殊な時代的条件を、普遍的条件と見誤ってしまうのである」（立花 1982b：368）。確かに個別事象から一般的命題を引き出すことには無理があるし、我田引水やこじつけに陥る危険性がある。

立花の指摘を補完すると、具象思考を欠く抽象思考には現実を無視した教条主義に陥る危険性がある。したがって具象思考と抽象思考のバランスが大事なのである。とはいえ、誰しもどちらかに傾く。

高等教育を受けられなかった角栄が具象思考に傾くのはやむを得ないであろうし、そうした田中の経験主義が多くの人々を惹きつけたといえる。日農の組合員たちは、イデオロギーや理念ばかりをいう社会党議員に愛想を尽かし、地域に道路、橋、トンネルを作ってくれる角栄のもとに走った。物質的な生活の原資、基盤が絶対的に不足していた時代に、田中の「政治は生活」という具象思考は強い説得力を持っていた。

また戦後の自社のイデオロギー対立の時代において、田中の経験主義が持っていた解毒剤的な作用も見過ごせない。当時、社会党は左派のマルクス主義者主導のもと、社会主義革命路線に立っていた。社会党は少なくとも形のうえでは体制転換を目論んでおり、これに対して自民党は自由主義社会の擁護者として対峙した。つまり自民党と社会党の対立は、競合する利益の調整や妥協で片付くようなものではなく、体制選択をめぐる争いであった。にもかかわらず、自社による国会運営が可能であったのは、社会党もまた、イデオロギーとは別に、実際面では支持母体（労働組合）の利益を守らなければならないという事情があったからである。経験主義者の角栄は、このような事情を見抜き、取り引きすることに長けていた。だからこそ、田中は幹事長時代に強行採決を繰り返しながらも、野党との間に太いパイプを築くことができたのである。

経験主義者田中角栄は、イデオロギー対立などというものを真に受けず、価値観の対立を利益の対立に、質的問題を量的問題へと転化し、「足して二で割る」（調整する）のである。田中は、こうした換算を、党内調整や国会対策といった国内政治レベルだけではなく、外交レベルにおいても用いた。

日米繊維交渉での田中の活躍についてはすでに述べたが、当時沖縄返還交渉が同時進行していたため、田中の繊維問題の解決は「糸で縄を買う」と批判されたが、角栄は、「もし縄と糸を交換できるのならば、それはするべきだな。それは当たり前だ。たとえば、ソ連が『北方四島を還すから、シベリアの材木を四年ばかり倍の値段で買ってくれ』といったら、黙って買うべきだ。そのへんの選択を誤っては、政治にならん」と自らの政治哲学を語っている（早坂 1993b：151）。

イデオロギーや筋論にとらわれない角栄の経験主義が、外交において吉と出たもう一つの代表的事例が日中国交回復である。これについては、次章で詳しく紹介するが、要するに田中は、対中問題を東西冷戦というイデオロギー枠組ではとらえなかったのである。毛沢東と周恩来を共産主義者として忌み嫌うのではなく、苦労したたたき上げの創業者として評価し、彼らが健在なうちに国交正常化交渉をまとめなければならないと考えていた。早坂茂三は、角栄が周恩来に対して中国が「社会主義だとは思わない。九億も十億もの人口を抱えて、メシを食わせ、職を与えるためにやっている便宜共産主義だと思っている」と語ったと伝えている（早坂 1993b：199）。周恩来は黙って笑っていたというが、「政治は生活」という角栄ならではの洞察である。

もちろん田中の経験主義にも限界はある。立花が指摘するように、自分が経験していない事柄に対して経験から生まれた教訓を当てはめようとしても、うまくいかないことがある。そうしたことは身近なところでも起こるが、外交レベルでは深刻な国家間の軋轢を引き起こしかねない。国家間の問題、とりわけ主権に関わる問題は、「足して二で割る」ことができないことがしばしば起きる。そのことを理解しないと、思わぬ不覚をとる。たとえば、後述するエネルギー資源確保は、角栄にとっては「政治は生活」という考えの延長であったろうが、米国からみれば、自らの覇権、世界戦略への挑戦として映ったかもしれない。国際政治には、「政治は生活」という考えでは通用しない面が多々ある。

田中の思考が徹底的に経験主義的である反面、彼の政策アイディアはきわめて独創的であると、しばしば高く評価される。これまで紹介してきた政策を振り返ると、ガソリン税、民間テレビ局の大量一括免許交付、ガリオア・エロア資金返済方針の理由づけ、日米繊維交渉の解決、等々において、田中は官僚が反対するか、あるいは思いつかないようなアイディアを打ち出すことで膠着状態を打開した。

建設官僚として国土開発に長年携わり、角栄と親交の深かった下河辺淳（元国土事務次官）は、「役人は法律の制約を前提にしてものを考えるが、角さんは必要なら法律を直せばいいと考える」と指摘する（早坂 1993b：115）。早坂茂三は、「役人が束になっても、田中のような知恵は出てこない」、「発想は天才的、独創的だった」と主人を絶賛している（早坂 1993a：116, 200）。しかし官僚が法律を前提として物事を考え、政治家が立法、法の改正を目指すということ自体は、本来果たすべき役割を各々きちんと果たしているということであり、称賛に値するにせよ、それだけでは独創的とはいえない。他の政治家が官僚の敷くレールでしかものを考えない、つまり官僚を使うのではなく、官僚に使われているのに対して、田中は自分でレールを考えてそれを官僚に実行させる。田中は、他の政治家以上に政治家としての役割をよく果たしたという意味で、傑出した政治家であったとはいえよう。

しかし経験主義者の田中が、たとえば既存の法体系にとらわれない独創的な発想をしたのだろうか。仮に田中の発想がそのようなものであったとすれば、規則と前例を何よりも重んじる官僚が田中に心酔し、田中シンパになっただろうか。長年にわたって田中政治を直近で観察した小沢一郎は、田中の発想は独創的にみえるが、それでいて体制のレールを踏み外しているわけではないと喝破している（大下 2012：17–18）。田中は、官僚たちの縦割り行政を横断した考えを出す。その点では確かに官僚たちの縄張り意識からは自由であるが、田中の考えはちゃんと既存のシステムに順応したものであり、簡単にいえば「足して二で割る」ものなのである。また自分たちでは提起できないアイディアを官僚たちが田中に語らせることもあっただろう。

評論家の山本七平は、田中の発想が独創的であったとは全く考えない。

> 彼は自らを「決断と実行」の人と規定しても、「新しい発想をする人」とは規定していない。そして彼が権力への階段を上っていく過程をみると、悲願のように古くからあり、あるものは徳川時代からの懸念でありながら実行に移せなかったものを、経済成長下という「御時世」の『時勢』に乗りつつ、あらゆる政治力を駆使して実行し、完成させたというものが実に多い、というよりそれだけといってよい。（山本 2016：19）

大変辛口ではあるが、間違ってはいない。たとえば、田中の治山治水治雪の発想は、豪雪地帯に生きる人々の思いが結晶したものであり、田中独自のものとはいえない。しかし他方において、どれだけの人が同じ思いを持ったにしろ、それを政策として実現したのは角栄ただ一人である。「あらゆる政治力を駆使して実行」する田中の能力こそが、独創的であったとはいえまいか。つまり田中の発想そのものは経験のなかで得たものであり、体制の枠内のものであるにせよ、それを政策として実現してしまうところに、誰にもまねできない田中の独創性があったといえるのではないだろうか。

理研大学——大河内正敏

田中は、理研が自分にとっての大学であり、自分の発想の全ては、理研時代に源流があると語ったという（早坂 1993b：33-34）。田中は理研総帥の大河内正敏の懐に飛び込んで、信頼を得て、事業を拡大しただけでなく、彼が提唱した農村の工業化、農工一体論の原点には大河内理論があるといわれる。しかし大河内理論とは何かを知る人は、今日ほとんどいないであろう。そこでかいつまんで彼の理論を紹介し、それが角栄の政策アイディアとどのように関わっていたのかを見てみよう。

理研が柏崎でピストンリング生産を行っていた縁で、角栄は理研の仕事を請け負うようになったわけだが、そもそも大河内は、なぜ東京近郊ではなく、遠くて不便と思われる新潟県の柏崎に工場を構えたのであろうか。それを理解する鍵となるのが、大河内の「農村の工場化」という考えである。大河内は「農村経済の立て直し、農村振興の一方法、として農村を工場化すべし」（旧字体は新字体に改めた）と主張した（大河内 1935：3）。そのことは農村救済のためだけではなく、工業の発展にとっても望ましいというところに大河内理論の特色がある。この点について、少し敷衍しよう。

ヨーロッパが第一次世界大戦によって焦土と化すなか、日本は重工業化に成功するが、生産はもっぱら都市部で行われていた。これに対して大河内は、すでに大量生産が分業と工程の分割によって行われていることに着目し、組立によって生産できるものは都会の大工場から農村の小工場に分割すべしと主張した。農村には熟練工がいないといわれるが、分業と工程の分割をより細分化・単純化し、操作しやすい工作機械を開発すれば、農村の子女であっても十分取り扱い可能であると大河内は考えた。大河内が柏崎で実験的に始めた工場では、生産に従事する二五六人のうち二四〇人、すなわちほとんどは女性であったが、彼女たちは一〇〇分の一ミリの精確さを要求される作業を立派にこなし、海外に輸出するほどの競争力を持つにいたった（大河内 1935：9–11）。

大河内は、科学的生産管理を提唱したテーラーと同じように、多様な者たちを雇い、その働きぶりを観察した。その結果、熟練工より非熟練工、男子よりも女子、経験者よりも素人のほうが新しい生産工法に適応しやすく、より生産性を向上できるという結論に達する（大河内 1938）。工業化に適した人材とは、指示に素直に従う純朴で忍耐強い人々であると大河内は考えた。そしてそのような人材が豊富な場所はどこかというと、農村なのである。

大河内が農村の意義を発見するにあたっては、アメリカの自動車メーカー、フォード社に倣った生産方式を導入したことが大きなきっかけとなった。一九三〇年代にフォード社はT型フォードという一品種に生産を特化して、大量生産を行うことで生産性を高め、価格を安くし、車を大衆的な消費財とすることに成功した。しかし単純反復作業は苦痛であり、作業員確保に苦労したため、フォード社は生産性に見合った高賃金を提供することにした。大河内は、このアイディアに基づき、ある工場で六尺旋盤だけを作らせ、生産性が高まったので、従業員の賃金を倍にした。ところが、旋盤工たちは、賃金は元に戻ってもいいから、また八尺旋盤やそのほかの工作機械も作らせてくれと言い出したのである。フォード主義が、日本の熟練工には通じなかったといえよう。

そこで大河内は、「農村において昔から養成された農業精神をもって労務に従事するならば、決してこういうことは起きて来ないと思う」（大河内 1938：73）。大河内は、賃金を引き上げることではなく、単純反復作業に耐える農業精神によって問題を解決しようとした。簡単にいえば、農民たちなら、単純反復作業に耐えられるということである。ここで大河内理論は、労働者を消費者として取り込むフォード主義からは大きく離れ、精神主義的になる。いうまでもなく、農村では都市部よりもはるかに労働コストが低いというメリットがある。大河内は、農村部での労賃は都市部の三分の一程度であると述べている（大河内 1935：9）。しかし大河内の農村の工業化論の核にあるのは、安価な労働力ではなく、農業精神なのである。

大都市の工場をいくつかの小工場に分割して、地方に分散させるのが農村工業化の第一歩、田園工場方式であるが、大河内は次のステップとして、家内工業方式を提唱する。工場に通勤するのではなく、工作機械を工夫して家で生産させるのが望ましいというのである。大量生産方式がまさに世を席巻しようとしていた時代に逆行する考えであるが、大河内理論の中心に農業精神論があることを理解すれば、大河内のいわんとするところは明らかである。農村が都市化し、農民たちが技能工になってしまえば、農業精神が失われてしまい、大河内にとって農村工業の意味がなくなってしまう。伝統的な農業精神を維持するためには、家内工業方式がよいのである。

このように大河内のいう農村の工業化論とは、農村に工業を誘致して都市との格差を縮小しようというものではない。伝統的な農村こそが大事なのであり、それを守るために、大河内は家内工業・工業副業説を唱えた。大河内は、しばしばいわれるように新潟の地を、そして柏崎を愛していたのかもしれない。しかしそれ以上に、コンツェルンの総帥として、大河内には、生産増強のために都市部と農村部の格差を利用しようという冷徹にして合理的な発想があった。

伝統的農村を維持して日本の工業化に役立てようという発想は、実は戦前の労農派マルクス経済学者が批判したものに他ならず、大河内の農村工業化論とは、農村と都市の格差をなくそうという田中角栄の発想とは大きく異なる。したがって田中は、大河内理論を援用したとしても、換骨奪胎して用いたのである。

2　名望家政治

政治家田中角栄の登場は、旦那政治に飽き足らない戦後民主主義の息吹であったが、田中自身は決して反名望家ではなく、彼らのなかに政治の範を見出していた。

暖国政治打破

若き日の田中が私淑した新潟県初代民選知事の岡田正平こそ、田中の訴える開発政治や暖国政治打破の先人であった。岡田正平は、一八七八（明治一一）年一〇月一九日に中魚沼郡中条村に生まれ、一九四七年四月県知事選に打って出た時はすでに六八歳になっていた。ちなみに一九四六年に首相となった吉田茂は岡田と同年生まれで、誕生日は吉田が一月早い。岡田は、吉田のように中央官界で活躍したエリートではなかったが、生家は郡内きっての名家であり、父龍松は代議士を二期務めている。正平自身も政治好きで、一九歳のとき、年齢をごまかして村長代理となったのを皮切りに、郡教育会長、郡農会長、県議三期を務め、老いてもなお政治への情熱を燃やし続けていた。岡田は「どこの馬の骨かもわからんものが代議士になれる時代だ。ワシも」と当初は国政に打って出ようと考えたが、側近から代議士は何人もいるが知事は一人といわれ、知事に狙いを定めたという（新潟日報社編 1977：22-23）。

岡田は、家督を継いだ三十代半ばから水力発電や鉄道建設事業、銅山開発、貿易関係など六〇を超える事業に手をだし、しかもことごとく失敗し、巨万の富を食いつぶしたが、その間に幅広い交友関係を築き上げ、選挙では県下津々浦々に張り巡らされた農業会組織が手足となって働き、日農の推す玉井潤次（日本社会党）との接戦を制した。岡田が選挙で訴えたのは農工併進であり、知事となってまず着手したのが、資源開発、とりわけ水力ダムの開発であった。当時電力・食糧供給が著しく不足するなか、米どころ新潟の豊かな水力を活かしダムを開発することで、電力開発のみならず、治水・食糧増産を実現しようという壮大な計画であった。総合開発を提唱する田中政治の原型を、ここにみることができる。

農工併進とともに、岡田が強く打ち出したのが暖国政治打破である。岡田は寒冷積雪地帯の道県をまとめ、中央の積雪対策を求める。一九四九年二月には「雪国の総決起」において、次のように呼びかけた。「日本の政治は明治の薩長藩閥の政治以来常に日の当たる地域に向けての政治だった。地方自治法が敷かれても今日なお暖国中心の政治が行われ、積雪寒冷地帯は画一行政の弊に苦しんでいる。こうした政治を打破するために、北海道、東北七県の盟約を固めて中央へ猛運動を続ける」（新潟日報社編 1984：67）。

岡田は、一九五〇年四月には北海道、東北、北信越の一道一一県を糾合して北日本同盟を結成、自ら会長に就く。北日本同盟は、まず雪寒単作地帯における農業に対する税の軽減や国の助成を求め、政府や国会に働きかける。この動きに当該県の議員たちが呼応し、国会に超党派による積雪地方議員連盟が生まれ、一九五一年三月に議員立法によって積雪寒冷単作地帯臨時措置法（雪寒法）が生まれたことは、すでに第二章第二節で述べた通りである。

ところで暖国政治打破を唱えたのは、岡田が最初ではない。岡田の前には、山形県の松岡俊三がいる。松岡は、一九四六年公職追放となるまで二五年もの間、雪国の振興一筋に政治活動を続けた。松岡は、一九二六年に「雪国建白書」を浜口雄幸内閣に提出し、暖国（南）による雪国（北）の差別支配関係を糾弾した。「天の恵みが薄い雪国に住むわが同胞は、同じ皇民であるにもかかわらず、政治から常に疎外され、一年中、天恵に浴する南方の同胞に比べて実に雲泥の差の境遇に置かれている」、「千古の昔から不満をのべず、黙々として今日に及ぶ雪国人もまた皇民であることを考え、将来に悔いを残すようであってはならない」（新潟日報編 1984：68–70）。まさに血を吐くような雪国からの訴えであった。

南の岡村貢翁

一九六一年一一月二三日、南魚沼郡塩沢町で田中角栄は、次のような挨拶を行った。「わが新潟県には代議士の大先輩に、南には岡村貢翁があり、北には大竹貫一翁がある。岡村翁は上越線開通の大恩人で……大竹翁は大河津分水の大功労者……両先輩とも自己の利益や栄達を度外視して、否、全財産を投げ出し、全生涯をうちこんで郷土発展のために献身的努力をささげられた業績はまことに偉大なもので……私の心から尊敬している大先輩であります」(新潟日報社編 1984：101-102)。

田中の挨拶は、「南の岡村貢翁」の立像が国鉄上越線石内駅に再建された際の除幕式においてなされた。岡村は一八三六(天保七)年、水田三〇〇町歩と広大な山林を持つ名家に生まれた。経営の才覚があり、鉱山、酒造、質屋、温泉など、手広く事業を営み、一八七九(明治一二)年には初代南魚沼郡長になっている。岡村は、漢詩や漢学を学んだ知識教養豊かな地方の名士であった。彼は魚沼の雪弊からの脱却、産業振興のために上越線開通に生涯を捧げることを決意し、郡長を辞し、前橋―沼田―新発田間に鉄道を敷くために私財を投じ、一八八九(明治二二)年、満を持して政府に上越鉄道敷設免許を申請するが、「冬期積雪が多く工事困難」との理由で却下される。計画案を修正し、再度提出するも、結果は同じであった。

積雪に苦しんでいるからこそ岡村は私財を投じ、私鉄の敷設申請を行ったにもかかわらず、政府は、自ら動こうとしないだけでなく、民間がやるのもまかりならんという。岡村は、こうなれば自分が政治家になって政府を動かすしかないと決心し、一八九四（明治二七）年に魚沼三郡・東頸城郡から改進党候補として出馬し、見事当選する。

岡村はただちに国費による上越線開通を目指し、運動を始めるが、国会ではなかなか賛同を得られず、再び民間による鉄道敷設に方針を切り替える。その後紆余曲折を経て、一九〇〇（明治三三）年になって株式会社上越鉄道による前橋―長岡間の開設への仮免許状をようやく得ることができた。しかし日清戦争によるインフレのため工事費は大幅に上昇し、岡村は、私財をつぎ込むが、上越鉄道は本免許が下りる直前に倒産してしまう。岡村は、財産をほとんど失い、「残り少ない書画を岡村が売ろうとするのを家族が隠す。そうでもしなければ、正月のモチや魚はおろか、あしたの米にも事欠いた」という状態に陥った（新潟日報社編 1984：105）。

岡村の挫折は、彼の計画が無謀だったからではなく、早すぎたためである。やがて時代が、彼に追いつく。大正時代に入ると安田財閥が上越線の将来性に着目し、実地調査を開始する。これに刺激され、新潟県内にいくつかの期成同盟が結成されるに及んで、政府もついに重い腰を上げ、一九二〇（大正九）年長岡―小千谷間に鉄道を開通させた。開通式に臨んだ岡村翁の目には、光るものがあったという。その後清水トンネルが貫通し、上越線が全線開通したのは一九三一（昭和六）年であった。岡村はすでにこの世を去っていたが、彼の計画書に記された清水トンネルの測量線はきわめて正確なものであることが確認された（山本 2016：101-109）。ちなみに岡村翁の立像は、戦時中供出のため一度取り壊され、一九六一年になって再建されることになったのである。

田中は岡村の遺志を受け継ぎ、上越線を複線化し、さらに上越新幹線を開通させる。また東京―新潟間を走る一般国道一七号線の大改修、そして高速道路の開通を実現させる。こうして新潟―東京間の距離は、一気に短縮された。三国峠に風穴を開ける大工事は、採算がとれないと批判されたが、田中は、そのような収支バランスしか見ない近視眼的思考を批判し、電車や道路の整備によって広域経済圏が確立することによって生まれる経済効果を強調した。これは、まさに岡村翁が訴えたところであり、上越線開通に生涯を賭けた理由であった。

北の大竹貫一翁

次に田中のいう「北の大竹貫一翁」について見てみよう。大竹は、一八六〇（万延元）年に中之島郷の大庄屋の家に生まれている。二二歳で家督を継いで、村議・県議を経て衆議院議員となり、一六期、三五年近く務めた。血気盛んな若い時分には、中央政界において日露講和条約反対の急先鋒となり、日比谷焼打事件の首謀者として逮捕されるなど（証拠不十分で無罪）、典型的な国士であったが、第一次世界大戦後は普通選挙法の実現に尽力した。地元では、大変な尊敬を受けた。当時の大竹の選挙を手伝った者の証言によれば、「ダンナ様は地元では神様だった。ほとんど東京にいて選挙になると帰ってくる。当時は立会いと推薦状を配る文書戦が中心。酒屋の番頭の私は、主人からの手紙を携え、あっちこっちと走り回った」（新潟日報社編 1984：182）。

信濃川の支流である新潟三区南蒲原苅谷田《かりやた》川は、江戸時代から繰り返し水害に見舞われていた。農業用水確保のため、毎年五月になると堰が設けられるが、川は物流に不可欠であったため、堰は九月までの間、臨時に草で作られた。草堰は大竹家の先祖が農民の窮状を見かねて発案したものであったが、草堰では、大雨が降れば流されてしまう。流されたら、作り直す。そのような作業が、年によっては、四、五回にも及ぶ。しかも出水時の築堰は命がけであり、犠牲者も出る。幼いころからそのような惨事を繰り返し見てきた大竹は、草堰を固定堰にし（もはや物流のために川は必須ではなくなっていた）、さらに抜本的解決策として大河津分水造成に取り組む。信濃川を新潟県燕市で分流させ、長岡市を経て日本海に注ぐ分水路を作ろうと考えたのである。

大河津分水は一九〇九（明治四二）年三島寺泊町白岩で起工式を行うが、完成するまで一八年の歳月、延べ一〇〇〇万人を要する大工事であった。この間、地滑り等による犠牲者は八八人にのぼった。一九四四（昭和一九）年に大竹は亡くなるが、分水工事に財産を使い果たし、抵当に入りかけた屋敷だけは大竹党といわれた信奉者たちが辛うじて守ったという。ちなみに大竹党の大半は、戦後田中支持者となった（新潟日報社編 1984：173–184；山本 2016：66–71）。

3　田中政治の確立

曳田照治

曳田照治は、田中角栄の最古参の秘書である。曳田は、単なる秘書というよりは、田中の政治家としての最初の十年の間を文字通り二人三脚で駆け抜けたパートナーであった。ところが、田中角栄の秘書といえば、早坂茂三を筆頭に、佐藤昭、本間幸一、山田泰司などの名前が挙がることはあっても、曳田の名前はほとんど出てこない。曳田が若くして亡くなったという事情もあるが、田中自身も曳田について語ることはほとんどなかったからである。『私の履歴書』でも、曳田の名前は登場しない。曳田との別れが、田中にとって後味の悪いものであったからかもしれない。しかし曳田は、政治に全く素人の田中が一人前の政治家になるまで、ともに選挙を戦い、政策を考えた同志であった。よりはっきりいえば、曳田は田中政治の原型を作り上げたプロデューサーであり、脚本家であり、そして監督であった。

曳田照治は、一九一七（大正六）年一二月一二日南魚沼郡上田村で生まれた。田中より五カ月早く生まれ、学年では一つ上である。曳田は七人兄弟の下から二番目、父の一太郎が五〇歳を過ぎてからの子であった。父は製糸業を営んでいたが、大正末期の不況で倒産してしまい、照治を進学させる余裕はなかった。進学しない者は、小学校を卒業したら、角栄がそうであったように、男であれば土方になる、丁稚になる、女であれば女工や子守りに出るのが、当たり前の時代であった。

しかし照治は成績がよく、勉学意欲も強かったため、両親は親類を頼って照治を進学させる。曳田は小学校を卒業すると東京の親戚に預けられ、薬局や工場で働きながら荒川商業学校に通い、そこを卒業すると、今度は名古屋の親戚に引き取られ、名古屋工大を卒業した。敗戦時はフィリピンにおり、翌四六年に復員した。故郷で無為の日々を過ごしていたときに、戦友の紹介で上京し田中土建に勤めるようになった。田中が出馬を決めると、曳田はただちに故郷に戻り、田中の地盤作りに奔走した。角栄が初出馬した戦後初の総選挙は大選挙区で行われたが、新人で組織も支持基盤もない角栄が選挙区全域を回るのはおよそ不可能であった。しかも頼みにしていた参謀や各地区担当者たちが次々と立候補してしまったので、魚沼での選挙運動の一切は曳田が引き受けた。

曳田は、上田村、六日町、湯沢村等の有力者を次々と田中支持者に変えていった。都市部中心の旦那政治家衆に飽き足らなくなっていた彼らに、曳田は、田中角栄を新たな時代の風としてうまく売り込んだのである。曳田が開拓した魚沼の田中票は手堅く、田中が獄中立候補し、保釈されると真っ先に向かったのは、曳田の待つ魚沼であったことは、すでに述べた通りである。曳田、そして曳田の開拓した魚沼の票田なくして、田中が地獄の淵から這い上がることはできなかったであろう。

曳田が作り上げたのは、地盤だけではない。田中に斬新な演説スタイルを吹き込んだのも、曳田であった。佐藤昭によれば、「田中の演説はお世辞にもうまいとは言えなかった。どもりながら、とつとつと話し、メリハリというものがない。……演説は私の婚約者の方がはるかに上手だった。そのころの田中の演説は素人以下だったし、選挙のやり方も素人としか言いようがなかった」（佐藤 2001：24-25）。その田中に、曳田は日本の将来、新潟の展望について具体的に語らせる。戦後間もないころの選挙演説がせいぜい自分の経歴を述べる程度のものであったことを考えると、それは斬新なものであった。当時を知る支持者は、次のように語る。

　曳田さんは、われわれからみれば突拍子もないことをぶっていました。冬でも自動車が走れる道をつくれとか、東京へ日帰りできる鉄道を走らせようとか、新しい法律をつくって国や県の負担で農地開墾を行ったり、橋を架けたりできるようにしようというアイデア《ママ》をつぎつぎと打ち出していったんです。現在ではそれが全部、実現しました。曳田さんは突拍子もないと思われたことをきちんと実現していく方策も考えていたんでしょう。そういう仕掛けでものを言っていたんだと思いますね。田中さんの政策の半分以上は曳田さんのアイ《マ》デ《マ》アと言っていいでしょう（塩田 1989：215）。

曳田は恰幅がよく、しかも話がうまく、田中とどちらが代議士かわからなかったという。実際のところ、曳田は、田中が政治家として一人前になれば、秘書を辞し、自らも選挙に打って出るつもりであった。田中が一九五七年七月に郵政大臣として初入閣を果たすと、曳田はこれを区切りと考えた。角栄は当然引きとめるが、曳田の決意が固いと知ると、妥協案として東京での出馬を持ちかけた。しかし曳田はあくまで故郷の新潟三区からの出馬を望み、両者の間に緊張が走る。もし曳田が新潟三区から出馬すれば、魚沼の田中票の大半は曳田に奪われることは必至であったし、他の地区でも相当な票が曳田に流れる怖れがあった。当時曳田は越山会を切り盛りし、「曳田なくして田中なし」といわれるほどの存在感を示していたのである。

しかし二人の緊張関係は、あっけなく解消される。曳田がその年の一二月に病に倒れ、急逝したのである。田中の奔走によって、曳田には勲六等が与えられた。塩沢町雲洞寺には曳田の功績を讃える胸像が建立された。「豪雪寒冷地域格差の解消に快刀乱麻を絶つが如き活躍をなし、為に南北両郡の公共施設は面目を一新し、産業文化経済を興隆し、郡民悉く大衆政治家田中氏の政治力と曳田氏の努力に景仰感謝措かざるものありしが、……昭和三十二年十二月八日忽焉として長逝す」（塩田 1989：

221）。政治家秘書の胸像が立つというのは、前代未聞といっていい。曳田が、どれほど地元の人々に慕われていたかが窺える。

後の話であるが、越山会青年部長を務めた桜井新が田中の反対を押し切って新潟三区から出馬した。桜井は、若いころに曳田の薫陶を受けていた。一九七九年の選挙では落選するものの、魚沼では田中を上回る票を獲得した。そして一九八〇年の衆参同時選挙で念願の初当選を果たす。魚沼の年配の人々は、桜井のなかに曳田の姿を重ね見ていたに違いない。桜井は、語る。

――（昭和――引用者註）三十年、早稲田の学生だったころ、父に言われて曳田の世話になった。曳田は「オレの手伝いをしろ。オレは、田中を大臣にしたら自分も衆院に出る」と言って面倒を見てくれた。田中が魚沼で強かったのは、曳田が将来出馬するつもりで必死にやったからだ（新潟日報社編 1983：148）。

もちろん、仮に曳田が健在であったとして、田中と同じように国政で活躍できた保証はない。陣笠で終わったかもしれない。ただ後年の越山会の権勢が、少なくとも何割かは削がれたことは間違いない。その意味では、不適切な表現かもしれないが、ここでも田中は偶然に助けられたのである。

政治的事業家

高度経済成長という時代背景に恵まれたとはいえ、田中が先人たちの悲願を引き継ぎ、次々に政策として実現していったのは見事という他ない。田中が、先人たちと決定的に異なるのは、彼らのように全財産を政治に投じるような井戸塀政治家ではなかったということである。田中は、庶民の夢を実現するとともに、それによって自らも富と権力を得た。その意味では、その後の金権スキャンダルもあり、田中には何か不純なものが感じられるのは否めない。井戸塀政治家のほうが、倫理的にははるかに高潔に思える。

しかし井戸塀政治家であるためには、まず資産がなければいけない。井戸塀政治とは、ノブレス・オブリージュ、すなわち名望家であることに伴う義務の遂行なのである（すべての名望家がその義務を果たしたわけではないが）。つまり井戸塀政治とは、一部の特権階層による政治なのである。したがって、もし政治家が井戸塀政治家でなければならないとしたら、戦後民主主義は成り立たない。戦後日本の民主主義とは、農地解放によって名望家階層を解体し、「名もなき貧しい」庶民たちを政治の主体とするところから出発したのである。

田中角栄は、そのような「名もなき貧しい」庶民の代表である。庶民の代表である政治家は、私財を投じて政治を行うのではなく、社会のなかにある潜在的資源を集約動員して、政治に打って出る。このような政治家を、政治的事業家と呼ぶことができる。戦後民主主義は、井戸塀政治家ではなく、政治的事業家たちによって担われた。

政治が「名もなき貧しい」人々へと開放されることで、政治は徳を失い、特定地域・集団の利益（部分利益、悪く言えば地域エゴ）が無制限に持ち込まれるようになるだろう。開かれた民主主義政治は、それを予め排除することはできない。政治的事業家が動員に成功した利害は、当然政治に持ち込まれる。ただし民主主義政治では、それらの利害表出・競合・調整がルールに則って行われることが求められる。

政治的事業家は、ルールに則ったゲームにおいて自らが代表する部分利益に有利な調整を実現しようとする。田中角栄という政治家は、部分利益を組織化し、政治舞台で効果的に実現する能力に長けていた。つまり第一級の政治的事業家だったのである。だからこそ、彼は戦後民主主義の申し子となった。名望家によるエリート民主主義ではなく、政治的事業家による大衆民主主義こそが、戦後民主主義の姿であった。

第五章　首相時代

1　総裁への道

権力への意志

田中は初の選挙で「二〇代で代議士、三〇代で大臣、五〇代で総理大臣になる」とまくし立て、演説の後は浪曲をうなったという（新潟日報社編 1983：34-35）。もっとも秘書の佐藤昭は、そのような発言を一度も聞いたことがないし、そもそも田中角栄はそのような言葉を口にするような人間ではなかったと反論している（佐藤 2001：43）。しかし血気盛んな青年候補田中角栄が、その程度の軽口を叩くことがあっても不思議ではない。もちろん発言した当の本人も、それが全て実現されるなどとは夢にも思っていなかっただろう。やがてキャリアを積んで、実力者になるにつれ、田中の発言は当然慎重になっていった。

いつごろから角栄は、本気で総理総裁を意識し始めたのであろうか。これもはっきりしたことはわからないが、佐藤昭の日記のなかに、興味深い記述がある。田中は、一九六一年七月一八日政調会長に就任し、初の党三役入りを果たすが、実は前々から国対委員長（党七役）ポストを打診されていたが、それを断り続けていた。すでに、党三役に狙いを定めていたからである。田中は、大臣は当選回数を重ねれば誰でもなれるが、党三役は違うとその重要性を認識していた。佐藤昭は、このとき田中は絶対大物政治家になると確信したという。「田中の頭の中には、すでに天下の王道を歩むという気持ちと戦略があった」（佐藤 2001：59-60）。

次に目を引く記述は、田中が三度目の幹事長になったときのことである。このとき、田中の存在感が大きくなりすぎることを警戒した岸を始めとする福田陣営は、田中を官房長官ポストに押し込めようとするが、田中は断固拒む。佐藤昭によれば、「この時は、もうはっきりと後継総裁を射程において身を処していたと思う」（佐藤 2001：85）。

総裁選

田中は通算五期の幹事長を経て、押しも押されもせぬ次期総裁候補になる。しかも佐藤栄作が最後に振った通産相ポストも難なくこなし、田中の評価は高まる一方であった。一九七二年五月九日夜、柳橋の料亭で田中派の旗揚げが行われる。衆議院からは四〇人、参議院からは四一人が集まった。この会合に田中の側近中の側近であった二階堂進は姿をみせたものの、橋本登美三郎、愛知揆一、竹下登といった実力者たちは、佐藤首相を刺激しないために、あえて出席を見合わせた。こうした事情で参加しなかった者たちを加えると、田中支持者は一〇〇人を超えるとも囁かれた。ちなみに当時の佐藤派議員の総数は一二五名であった。佐藤派の重鎮ながら、田中支持を公言し、佐藤から破門された木村武雄は、岸、池田、佐藤と続いた官僚政権に終止符を打ち、党人政権樹立を実現するとぶち上げた。旗揚げで乾杯の音頭をとったのは、一回生議員の小沢一郎であった。

ところで福田赳夫が大蔵省主計局局長を務めた「官僚政治家」であったのに対して、田中がそうではなかったのは確かだが、それでは田中が党人政治家かといえば、口ごもらざるをえない。田中は、吉田茂が官僚たちを政界に引き入れて創り上げた保守本流に加わることで台頭した政治家であり、いわゆる叩き上げの党人政治家ではない。

佐藤首相は、話し合いによる福田総裁実現をあきらめた後、田中に「君子の争い」を約束させる。その意味するところは、第一回投票で二位になったものは決選投票を辞退し、一位の者を支持するということであった。佐藤は、なおも自分の力で福田が第一回投票で一位になれると自信を持っていたのである。佐藤は、選挙になれば中曽根派の動きが鍵になると読んで、手を打つ。一九七一年七月五日の内閣改造でほぼ決まっていた党三役人事を当日の朝になって変更し、中曽根を総務会長に抜擢したのである。これについて佐藤は、福田に「あれは一つの布石」と語った（福田 1995：196）。

総裁選を前に、佐藤は中曽根に出馬を要請する。もし中曽根が出馬しなければ、中曽根派二三名のうち過半数は田中支持に回ると予想されたため、それを阻止することが目的であった。当然佐藤は、福田の後は中曽根総裁に向けて協力するという含みを持たせたはずである。しかし風見鶏といわれた中曽根は、そのような佐藤の甘い誘いに乗ることなく出馬を見合わせ、田中を支持するという決定を下す。福田によれば、中曽根派の城代家老格の野田武夫は福田支持派であったが、七二年の六月に亡

自民党第6代総裁選において，緊張気味の角栄

くなり、それ以降中曽根派内で大きな流れの変化が生じたという（福田 1995：197）。

田中は、佐藤に「君子の争い」を約束する一方、日中国交正常化を旗印に多数派工作に乗り出す。一九七二年春には盟友大平を伴い、三木と極秘に三者会談を行った。その後四月二一日に三木は北京で周恩来と会見し、「国交回復に全力を尽くす決意」を表明する。三木の発言は、日中国交回復について三者会談で何らかの合意があったことを窺わせる。三者は七月二日に再び会談を行い、「日中国交の正常化はいまや国論である。われわれは政府間交渉を通じて中華人民共和国との間に平和条約を締結することを目途として交渉を行う」との政策協定を結ぶ（服部 2011：48-50）。中曽根もこの三派連合に加わったため、中間派のなかで「勝ち馬に乗る」動きが一気に高まる。

一九七二年七月五日午前一一時に自民党総裁公選が始まった。衆議院議員、参議院議員、地方代議員がアイウエオ順に名前を呼び上げられ、四七六人が登壇し、投票を行った。事前の予想では、田中が福田に大差をつけると思われたが、蓋を開けると田中角栄一五六票、福田赳夫一五〇票と僅差であった。他方、大平正芳は一〇一票と三桁の大台に乗せた。総裁選の朝、田中派総会には一七一名が出席していたので、田中の票はそれよりも一五票も足りなかったことになる。多少の脱落者が出るのは当然にしても、一五という数字は大きい。この失われた一五票について、勝利を確信した田中が盟友大平に票を回したという説がある。友情厚い田中は、大平票が三桁に乗らないと首相候補としての将来に傷がつくと心配したというのである。これがいささかできすぎた話であるにしても、田中が最後の締め付けをしなかった、言い換えれば、田中が終盤での大平の必死の追い上げを邪魔しなかったのは確かなようだ。第一回投票では冷や汗をかいた田中であったが、決選投票では福田に九二票の大差をつけて圧勝した。

第6代総裁に選出され，万歳三唱する角栄

総裁選の流れを大きく左右したのは、明らかに中曽根の動きであった。思想信条からすれば、経済発展重視の保守本流に属する田中よりも、それを批判する岸—福田の国家主義の流れに中曽根は近い。しかも福田は中曽根にとって同郷の先輩であり、「地元から首相」を期待する群馬県民の声を無視することは、政治的にリスクが高い。実際総裁選挙の後、中曽根事務所には抗議の電話が殺到した。そのことが予想できたにもかかわらず中曽根は、田中を支持した。中曽根によれば、それは日中国交正常化のためであった。彼自身の言葉を借りれば、「自分は立候補しないから日中国交回復をやりなさい。三木武夫君と大平正芳君と三人で、日中回復をやらなきゃ応援しないよ」と田中にハッパをかけたという（中曽根 1996：266；2004：99-100）。

当時日中国交回復に最も反撥していた青嵐会の主要メンバーの多くは中曽根派であったし、タカ派で知られる中曽根が日中国交回復を強く求めたというのは、直感的には信じがたい思いがする。しかし中曽根は一九五二年改進党結成に加わり、そこで親中派の松村謙三に私淑し、かなり早くから「中国との関係を速やかに回復すべし」との考えを持つにいたっていたのであり、中曽根が日中国交正常化を支持していたのは間違いない（服部 2015：45）。

だからといって、中曽根の田中支持の理由がもっぱらそこにあったといえるかとなると、話は別である。田中の秘書であった朝賀昭は、中曽根は田中を支持することで群馬三区のライバル、福田赳夫に自分の後援会が荒らされることを防ごうとしたのではないかと指摘している（朝賀 2015：93-94）。しかし組織防衛のためであれば、佐藤の勧めに従って出馬してもよかったのではないか。そうすれば、組織の引き締めだけではなく、佐藤に恩を売ることもできる。出馬すれば、福田支持者たちの怒りを買うだろうが、そのことが間接的に福田への援護射撃となっていることがわかれば、怒りはおさまるだろう。実際のところ、中曽根は当初出馬に前向きであったようだ。しかし中曽根派内で「勝ち目のない戦は避けるべき」との声が強く、中曽根は、やむなく田中支持に回ったといわれる。出馬しないとなれば、中曽根の田中支持には日中国交正常化という大義名分がある。また中曽根と田中は同年生まれで、同期初当選のライバルであり、キャラクターは全く異なるが、互いに認め合うところがあった。他方、中曽根は福田とは肌が合わなかったらしい（服部 2015：133）。

福田よりの野田武夫が亡くなると、防波堤が崩れるように、田中から巨額の金が中曽根派に流れ込んだといわれる。週刊誌等では、中曽根派一人につき一〇〇〇万円、ほかに派閥運営費として中曽根に渡された金の総額は七億円にのぼるといわれた。一説には、この総裁選で動いた金は、八〇億円に達したといわれる。かつては一票一〇〇万円が相場だったのが、この選挙では「一〇〇〇万円でも（投票してくれるかどうか）わからない」といわれた。また国会周辺でサントリー・オールドの空箱が売れているという噂が流れた。サントリー・オールドの空箱には、当時の一万円札がちょうど一〇〇〇枚詰まるというのである。

田中が電話で、船田派の議員に工作をしかける場面に立ち会ったという生々しい証言もある。先方が、「すでに福田から金をもらった」というと、田中は即座に「二倍だそう」と持ちかけ、「先方からもらった金はどうします」と問われると、「もらっておけばいいじゃないか」と答えたというのである（津本 2002b：167-170）。真相は闇の中であるが、いかにも豪放磊落、押しの強い「角さん」らしい話ではないか。

福田赳夫の証言を聞こう。「あの時の総裁公選では、相当多額のカネが乱れとんだだろうと取り沙汰された。党風刷新連盟以来の同志だった坊秀男氏からは、選挙の途中で『もう、こんな汚い総裁選挙はやるな。投げだしてしまえ』と真剣に忠告された。私も、こんな選挙はこりごりだと思った。……よっぽどやめてしまおうかと思った」（福田 1995：202）。田中の札束攻勢にほとほと困り果てながらも、福田も対抗上相当無理をして金を工面したのだろう。

2 外交

日中国交正常化

田中が首相になったことで、日中国交正常化への気運は一気に高まる。田中は、盟友大平を外相ポストに据える。大平は初登庁の日に橋本恕《ひろし》中国課長を呼び出し、自分が田中首相とともに訪中し、日中国交正常化を果たす覚悟であることを打ち明け、訪中準備を指示した。大平は、外務省内のチャイナ・スクール経由では埒が明かないと判断し、橋本を軸に法眼晋作事務次官、高島益郎条約局長、栗山尚一条約課長からなる特別チームを編成し、一気に日中国交回復を図る構えであった（服部 2011）。

大平派内では、外相ポストは「貧乏くじ」、「田中による大平の棚上げ」といった消極的な反応も見られた。幹事長もしくは蔵相ポストを要求すべきであるとの声が挙がったが、大平は意に介さなかった。大平は、自らの手で日中国交正常化を実現する腹を固めていた。大平は、一九六四年二月衆議院外務委員会で、「北京が世界の祝福を受けて国連に迎えられるようになれば、日本としても北京との国交の正常化をはかるべきである」と発言しており、早くから反共親台派とは一線を画していた（福永 2008：109）。

田中はといえば、大平のように不動心というわけにはいかなかった。首相として矢面に立つなかで、迷いが生じていた。自民党内には岸信介や椎名悦三郎らを筆頭に青嵐会のような若手議員の集まりまで、強力な親台湾派、反共産党中国を叫ぶ勢力が存在したし、過激な右翼団体から命を狙われる危険もあった。しかし逡巡する田中の背中を、ほかならぬ中国の周恩来首相が押した。一九七二年七月一六日に、長年日中交流のパイプ役を務めてきた日本社会党の佐々木更三元委員長が周恩来首相と会談する。その際周は、「田中訪中を歓迎する」意向を佐々木に伝えた。しかし社会党左派の佐々木からすれば、田中角栄は佐藤の亜流にすぎず、周の発言は歓迎すべきものではなかった。佐々木は、帰国後一応周の言葉を官邸サイドに伝えたが、それ以上積極的に動くことはしなかった。田中としても、佐々木からの情報を信頼して重大な決断をすることなど、ありえなかった。

周の次の矢は、竹入義勝公明党委員長に向けて放たれる。竹入は、七月二七日から三日間にわたって周恩来首相と会談したが、その前に竹入は、田中と面談し、訪中を前に田中から国交正常化について何らかの言質を得ようとする。しかし田中は竹入に対しても慎重な姿勢を崩さず、竹入が周に対して田中は親しい友人であると伝えることすら拒んだ。竹入は、一九六九年の出版妨害事件以来、田中とは昵懇の仲になっていたにもかかわらず、である。出版妨害事件とは、明治大学教授藤原弘達が『創価学会を斬る』と題する本を出版すると聞き及んで、公明党・創価学会が様々な手段を用いて出版を中止させようとし、それが失敗に終わると雑誌広告や中吊り広告から締め出し、取扱店、全国書店に藤原の本を扱わないように要請したというものである。田中は、公明党中央執行委員長竹入義勝の依頼を受けて、藤原の説得を行った。これについて国会で追及された田中は、おせっかいでやっただけと答弁し、竹入をかばう。田中だけではなく、佐藤首相も公明党を擁護し、公明党に大きな恩を売った（薬師寺 2016：60-67）。

こうした竹入への田中の慎重な態度にもかかわらず、中国側は、竹入を実質的に特使として待遇し、国交正常化の条件を竹入に克明に伝える。それは後に「竹入メモ」として知られるようになるが、「中華人民共和国政府が中国を代表とする唯一の合法政府」、「日華条約の終了」、「賠償請求権の放棄」など、一二項目を数える。しかし最大のポイントは、記載されなかったことのなかにある。日本としては絶対譲れない一線である日米安保条約への言及がなかったのである。そのことは、中国側が日米安保条約を容認したことを暗に示していた。竹入は、中国側からコピーがもらえなかったため、一字一句筆記したが、この条件なら日中復交はできると手が震えたという（毎日新聞社政治部編 1979：191）。竹入は帰国後、八月五日に田中にメモを手渡している。その際、以下のような会話がなされたという。

田　中　おい、竹入君、この記録は間違いねえか。周恩来っていうのは、たいした男だな。
竹　入　間違いない。中国側と照合してきた。
田　中　間違えば（首を斬るまねをして）これだよ。

竹　入　俺も首を賭ける。

田中は、しばし黙考した後、

田　中　よし、行こう。

竹　入　行くというのは、間違いないか。もし、約束を破ったら、オレは切腹ものだぞ。

田　中　間違いない。行くといったら行く（毎日新聞社政治部編 1979：198-199）。

なにやら田舎芝居のセリフのようであるが、そこに歴史の新たな頁を開けようという両者の意気込みが感じられる。田中はその二日後に行われた記者たちとの懇談で、日中国交回復に取り組むことをついに明言する。

周恩来は、日本からの訪中団を通じてだけではなく、日本に代表団を派遣して、田中に働きかけを行った。自民党総裁選の日程に合わせたように、日中友好協会副秘書長孫平化が上海舞劇団の団長として訪日した。孫はまず七月二二日に大平と会談し、そこで大平から国交正常化の機は熟しているとの言葉を引き出している。田中と孫の会談が実現したのは八月一五日であったが、その場で田中は、孫に対して正式に訪中の意向を表明した。田中が、訪中の日程をめぐって中国側に打診を行ったのは、一九七九月上旬である。アメリカ、台湾との事前協議を経て、田中、大平が訪中の途についたのは、一九七二年九月二五日のことであった。

　日中国交正常化過程において中心的役割を果たしたのは、大平外相と外務省の橋本中国課長であった。もちろん彼らが思う存分活躍できたのは、田中が彼らを信頼し、全てを彼らに任せたからである。竹入メモを読むまでは逡巡を重ねた田中であったが、ひとたび決断すると、再び揺らぐことはなかった。交渉は友好的な雰囲気で始まったが、中国の復交三原則に対する日本側の立場を説明すると、中国側が一転強硬な姿勢を示す。会談後、決裂の可能性もあると大平たちが沈みこむなか、田中は努めて明るく振る舞い、皆をリラックスさせようとした。田中は、「できなけりゃできないでいい。どう考えたって中国のいうままにはいかん。このまま帰るさ。責任はオレが取る」と胸を叩いた（毎日新聞社政治部編 1979：250-251）。

周恩来と会談する角栄

　復交三原則とは、①中華人民共和国は、中国を代表する唯一合法政府である、②台湾は中国の一省である、③日華平和条約は廃棄する、の三つを指す。①については、中国の国連加盟で決着がついており、すでに日本側は受け入れていたが（自民党内のタカ派は、なおも反撥していたが）、第二、第三原則についてはそのまま受け入れることができなかった。高島条約局長は、②については「理解し、尊重」するが承認はできない、③については「自然消滅」するだけであって、廃棄ではないとの見解を示す。さらに戦争状態の終結、賠償請求権について、日本は日華平和条約においてすでに処理済みとの立場を取っていることを付け加えた。

このような日本側の回答を中国側は当然予想していたはずであるが、周恩来は、日中国交回復は法律問題ではなく政治問題であると指摘し、日本側の態度を厳しく批判した。それだけではなく、周恩来は、田中が歓迎会の挨拶で使った「ご迷惑をおかけした」（中国語で「添了麻煩」）という表現はうっかり女性のスカートに水をかけた程度のときに使う詫び言葉であると指摘し、怒りを露わにしたのである（毎日新聞社政治部編 1979：244-245）。こうした周恩来の「豹変」に日本側は驚き、慌て、そしてすっかりしょげかえってしまったわけだが、はたして周は本当に腹を立てたのだろうか。周には、怒って見せなければならない理由、日本側の言い分を黙って聞いていられない国

日中国交正常化を成し遂げ，帰国直後の角栄

内事情があった。日中国交正常化に反対する勢力が存在したのは、何も日本だけではない。中国にも、日本同様、妥協を批判する勢力が存在していた。彼らに対して周は日本のいいなりになっているわけではないことを示す必要があった。周の怒りは、国内反対派に向けた一世一代の名演技であったと思われる。中国側は、最終的には日本側の立場を理解した玉虫色の共同声明案に同意した。

田中が日中国交回復を決断できたのは、彼が、イデオロギー的な反共主義者ではなく、経済的実利を求める経験主義者であったことによるところが大きい。毛沢東や周恩来は、共産主義者であるよりも、まず中華人民共和国の創業者たちであった。創業者は、二代目、三代目にはわからない苦労をしている分、話がわかる。彼らが健在なうちに問題を解決しておかなければならないというのが、田中の考えであった（早坂 1993a：147-150）。そして中国は、潜在的に巨大な市場であった。

資源外交

田中の目指した総合的国土開発のためには、膨大なエネルギー資源、とりわけ石油を必要とする。資源の乏しい日本はその大半を輸入に頼らざるをえないが、当時石油についてはシスターズ・セブン（エクソン、シェル、ブリティッシュ・ペトロリアム、モービル、シェブロン、ガルフ・オイル、テキサコ）といわれるメジャー資本が開発・調達のルートを押さえていた。七社の内五社はアメリカ資本であった。石油の代替エネルギーとして期待されていた核エネルギーの開発もまた、アメリカが支配していた。

日本は、このようなアメリカ支配のもとでエネルギー資源を調達していたわけだが、一九七〇年頃になると地球資源の枯渇が取り沙汰されるようになり、日本国内では資源の安定供給を求め、独自の調達ルートを開発すべきである、アメリカ一辺倒ではなく、多角的なエネルギー資源確保の道を目指すべきであるとの声が強まる。田中角栄は、このような声に呼応し、歴代首相のなかで初めて資源開発・調達を目指す外交を展開した。

田中がエネルギー資源の問題を深く認識するようになったのは、通産相時代であった。当時事務次官両角良彦の主催する資源会議に、角栄も頻繁に顔を出していた。そしてその時代に画策したといわれるのが、インドネシア原油の買い付けである。当時インドネシア原油はほとんどが米カルテックス経由（一部は、岸信介が作ったファー・イースト・オイル・トレーディング経由）であった。インドネシアに対して、原油買い取りの見返りとして資金貸付がなされるが、援助額の割り当てはアメリカが中心となったインドネシア援助国会議で決められていた。

日本はこのような国際合意の枠外で、三億ドルの貸し付けを申し出た。これにアメリカは不快感を示すが、田中は一九七二年アメリカの独立記念日に当たる七月四日にジャパン・インドネシア・オイル設立を正式発表する。この会社設立に動いたのは、中山素平、土光敏夫、神谷正太郎など、財界資源派として知られる面々であったが、実際に切り盛りしたのは、東南アジアと独自のパイプを持っていた田中清玄であったといわれる（田中 1993：221-228；仲 2011：108-111）。

七月七日第一次田中内閣が発足すると、田中は、資源外交への布石を着々と打っていく。一九七三年七月二五日には資源エネルギー庁を発足させ、石油開発と原子力発電を推進する体制を固めた。当時原油について、産油国で組織するＯＰＥＣ（国際石油輸出国機構）が、石油資源は石油会社ではなく産油国の国民の共有財産であると主張し、メジャーとの対立を深めていた。また濃縮ウラン製造においても、従来のアメリカの独占体制を、ヨーロッパ勢による共同開発が脅かし始めていた。とりわけフランスは、アメリカの覇権に対して挑戦的態度を取っていた。このようにエネルギー資源秩序の再編をめぐる国際的な緊張が増すなかで、田中は九月二六日から資源外交の旅にでることになった。ちなみに、これらの動きは、第一次石油危機勃発前のことである。

田中の資源外交の目的は、大きくいって二つあった。一つは石油について各国とスワップ方式（お互いが第三国に権益を持つ原油について、地理的条件が有利な方に融通し合うという交換方式）を実現することであった。もう一つは、原子力発電について、ヨーロッパとの協力関係を強化することである。どちらもエネルギー供給において、アメリカへの全面的依存を見直そうというもので、アメリカが警戒心を抱くであろうことが予想された。田中の最初の訪問国は、フランスであった。まずメスメル首相、次いでポンピドー大統領と会談し、第三国でのウラン鉱石の共同開発、中近東などの第三国での共同油田開発、旧仏領ガボンでの共同資源開発などについて話し合う。注目されるのは、フランスがスペイン、ベルギーなどと共同開発を進めていた濃縮ウラン生産について日本が将来的に加工を依頼することで合意をみたことである。これは、出発前の協議で確認された方針を越えて田中がその場で決断したものであり、同席した者たちを驚かせた（山岡 2013：192-194；中野 1982：226-227）。

九月二九日から訪れたイギリスでの主な目的は、実は北海油田開発への参加にあったといわれる。表面的にみると、角栄は唐突に参加を申し入れ、ヒース首相がやんわりと、しかしはっきりとこれを断ったということになる。しかし田中清玄の証言によると、実はこれについて事前にイギリス側のOKがとれていたが、議会での承認を前に、ファイナンシャル・タイムズにすっぱ抜かれてしまったため、全てがご破算になったという。田中清玄は、同行していた財界人の一人である今里広記が漏らしたと憤慨しているが、アメリカがリークしたという説もある（田中 1993：245-246；仲 2011：122）。いずれにせよ、イギリスでの資源外交の隠された目的は、たとえあったにせよ、達成されることはなかった。

田中角栄の資源外交に同行したのは、田中清玄、今里広記のほかに、山一證券危機への対応をみて田中支持者になった財界の鞍馬天狗、中山素平（日本興業銀行の頭取、会長、相談役を歴任）、経団連エネルギー対策委員長であった松根宗一（興銀から理研ピストンリングに転じ、会長を務めた後、東京電力顧問）などの財界資源派であった。当時松根は、ニジェールでの日仏共同探鉱に関わっていた。田中は、資源外交に出発する前、このメンバーに通産省資源派の両角良彦（通産事務次官）を加えて、作戦会議を開いていた（山岡 2013：170-173）。

一〇月二日、田中は西ドイツに入るが、ここで田中はシベリアのチェメニ油田開発と中東産の石油のスワップ方式等を提案しているが、さしたる成果は挙げられなかった。そもそもシベリア油田開発の前提となるソヴィエトとの共同開発が、前途多難であった。一〇月九日モスクワ入りした田中は、シベリア開発に話を持っていこうとするソ連側に反撥、北方領土問題の存在を認めさせることに全精力を傾けた。もちろん田中はシベリア開発に強い関心を持っていたが、その話によって北方領土問題を「解決済み」にしてしまおうというソヴィエト側の意図を見抜いて、徹底抗戦したといわれる。

田中がヨーロッパ各国歴訪の最中、一〇月六日に第四次中東戦争が勃発する。中東産油国は、メジャーの意向を無視して、原油公示価格を七〇％引き上げることを発表する。さらに一一月に入ると、非友好国に対する輸出量を削減していくという方針を打ち出す。これに対して日本国内では、石油関連商品の値上がりや不足に対するパニックが起こり、トイレットペーパーを求めて人々が長蛇の列を作るという珍現象が生まれた。

日本はアラブ諸国から非友好国とみなされないために、一一月六日二階堂官房長官談話を発表する。①武力による領土拡大反対、②イスラエル軍の占領地からの撤退を求めた国連安保理決議の早期実施、③パレスチナ人の領土と自決を認める国連決議の支持を打ち出したのである。これに対して、中国訪問を終えたキッシンジャー米国務長官が一一月一四日急遽日本を訪問し、中東への従来からの中立政策を変更しないように要請している。しかし田中は、中東に石油消費量の八〇％を頼る日本としては、米国がそれだけの石油量を保証してくれるならともかく、そうでなければ中立政策の見直しはやむを得ないと逆に理解を求めた。キッシンジャーは、田中を翻意させることができず、離日する。

この一件をきっかけとして、米国は田中への警戒心を強め、それが後のロッキード事件につながったという説がある。これについては後に詳しく見るが、このとき日本独自のエネルギー外交を展開することについては、決して田中が独走したわけではなく、閣内に共通の認識があったことは確認しておきたい。大平外相は来日したキッシンジャーとの会談で、「日本の問題は日本が考える」と反論したといわれる。またエネルギー政策を国策の要と考えていた中曽根は、石油危機前にすでに中東各国を歴訪し、アラブ寄りの姿勢を鮮明にしており、石油危機の後にはアラビア石油社長の水野惣平にファイサル国王への親書を託すなど、積極的に原油確保に関わっている（中曽根 2004：102-103）。三木副総理は、田中総理の要請を受けて、一二月に一九日間に及ぶ中東産油国八カ国歴訪の旅に出かけ、OAPEC（アラブ石油輸出国機構）に日本を「友好国」と認定させた。政治的リスクの高い大役を見事に果たしたことで三木は株を上げ、ポスト田中の総裁争いの一角に食い込む。

さて年が明けると、田中はASEAN諸国歴訪の旅に出る。資源外交の集大成を目指してのことであった。田中は、訪問を前に東南アジア外交五原則（平和と繁栄を分かち合う良き隣人関係の増進、自主性の尊重、相互理解の促進、経済的自立の発展への貢献、自主的地域協力の尊重）を打ち出したものの、ASEAN諸国のエコノミック・アニマル・ジャパンへの反感や怒りを鎮めることはできず、タイやインドネシアでは激しい反日デモに見舞われた。ジャカルタでは、田中はムルデカ宮殿から空港までヘリコプターで移動せざるをえなくなった。

田中の東南アジア資源外交の最大の目玉ともいうべきインドネシア訪問でなぜ大規模の反日デモが起こったのかについては、インドネシア国内の権力闘争に巻き込まれたという説やCIA暗躍説などがあるが、いずれも憶測の域を出ない。しかしこれを契機に日本と東南アジアの間に新しい関係構築の気運が生まれた。田中の提案した「東南アジア青年の船」事業は、その一つである。

3　内　政

日本列島改造計画の挫折

さて時計の針を、もう一度田中内閣誕生直後に戻そう。組閣を終えた田中は、内政について「従来の経済成長の成果を活用して、国土の画期的な利用を図り、公害、住宅、土地問題等を解決するため、長期的展望に立った施策を断行し、国民の福祉を実現してまいります」と、列島改造の方針を明らかにした。国民は熱狂的に日本列島改造計画を支持し、関係各省庁は競って新構想を打ち出した。通産省が新二五万都市構想、自治省は新都市整備事業構想、建設省は地方中核都市整備構想といった具合である。

内閣発足一カ月後の一九七二年八月七日には「日本列島改造問題懇談会」が鳴り物入りで発足する。各界から選ばれた委員は七〇名、さらに六名が追加された大規模懇談会であった。しかしあまりに規模が大きすぎたために実質的な審議に入ることができず、一二月までに三回開催されただけであっさりと解散する。この失敗について、そもそも『日本列島改造論』は長期的展望に立った総合プランであり、田中はよりこじんまりした形でスタートさせ、じっくり腰を据えて取り組みたかったのだが、二階堂官房長官が政権の目玉として大型化してしまったといわれる。確かに日本列島改造は、一朝一夕で実現できるような代物ではない。しかしそれを総裁選の目玉にするため突貫工事で完成させ、しかも開発地名まで入れて投機に火をつけたのは、ほかならぬ田中自身であった。二階堂がそれを政権の目玉にしようとしたのは当然の動きであろう。田中が本当に嫌なら、二階堂を止めることができないはずはない。

しかし日本列島改造計画が挫折したのは、過大規模の懇談会のせいではなく、インフレのせいである。実は田中政権が生まれる前から、すでに過剰流動性が問題になっていた。一九七一年八月一五日ニクソンは新経済政策を発表し、金＝ドル兌換性の停止を行い、これに対して各国はただちに為替市場を閉鎖したが、日本は開け続けたため、ドル売りが殺到し、これを買い支えるために大量の円が市場に流れ込んだ。また日本は一ドル＝三六〇円から三〇八円へと切り上げを行ったが、国際的にさらなる切り上げ圧力が強まり、再切り上げを避けるため国内需要を拡大し、貿易黒字を減らすべく、一九七二年予算を大型化した。そして田中政権では、日本列島改造計画のため、前年度予算一一兆四七〇四億円をさらに二兆八〇〇〇億円近く上回る一四兆二八四〇億円の当初予算を組んだ。財政投融資と併せると二一兆円の予算規模に達していた。日本列島改造計画は、いわば充満するガスに火をつけることになったのである。

地価高騰に拍車をかけたのが、工場追い出し税の失敗であった。田中は『日本列島改造論』のなかで二五万都市を全国に建設することを提唱したが、実はその鍵を握っていたのが工場追い出し税であった。しかしこれに対しては、前述のように、中小企業が猛反対し、大企業も消極的な姿勢を示した。これをみて自民党内にも選挙への悪影響を懸念する声が強まり、田中はあっさり工場追い出し税を断念してしまう。結局都市の過密を放置したまま、土地への投機を煽ってしまうことになったのである。

一九七三年には全国の地価は平均三割も上昇した。日本列島改造論で開発対象とされた地域の地価は特に上昇が著しく、地方への工場移転を阻むことになった。上昇を続けていた物価は、一九七三年一〇月の石油危機の到来によって「狂乱物価」となる。急逝した愛知揆一の後を受け、蔵相に就任した福田赳夫は、『日本列島改造論』は田中の私案にすぎないと切って捨て、総需要抑制策へと一八〇度の方向転換を行った。

日陰に咲いた花——社会保障政策

田中が開発主義の旗頭であったとすると、田中政権では不可解なことが起こっていた。一九七三年予算が大型化したことはすでに指摘したが、実はそこで増加したのは公共事業関係予算だけではない。社会保障関係予算が大きく伸びているのである。この歳を境に、日本の社会保障は飛躍的に拡充した。一九六五年から七二年までの社会保障支出が国内総生産（GDP）に占める割合は年平均〇・六％の伸びにとどまっていたが、七三年から八一年にかけては平均六％を超えている。とりわけ年金と医療コストの増加が著しい。一九七三年から七五年の間年金の伸び率は五四％に達しており、医療の伸びはその半分であるが、それでも二七・三％という高い伸びとなっている。

このような社会保障関係支出急増の背景には、明らかな政策転換があった。一九七三年には、年金大改正が行われている。その結果、厚生年金では「五万円年金」が実現した。従来の厚生年金では、三〇年の拠出の後に得られる満額給付は平均標準報酬の二〇％に設定されていたが、改正後には二七年の拠出期間で六〇％と、三倍に引き上げられた。その額が、当時としては五万円であった。また物価スライド制が導入され、消費者物価上昇率が五％を超えた場合、これに見合った年金額の引き上げが行われ、年金の目減りを防ぐことになった。実際には、一九七〇年代後半においては五％未満の物価上昇でも政治的決定によってスライドが実行された。国民年金も一人当たり二万円、夫婦で四万円にモデル・ケースが設定された。この改革によって、孫への小遣い程度といわれた年金が老後生活の支柱として生まれ変わることになったのである。

医療をみると、一九七二年の老人福祉法の改正によって一九七三年一月一日から、一定所得水準を充たさない七〇歳以上の高齢者医療の自己負担分を国が肩代わりすることになった。いわゆる「老人医療無料化」が始まったのである。ちなみに所得制限で排除されたのは有資格者の三・二％にすぎなかったので、実質的に老人医療無料化は普遍主義的なものであったといえる。この制度の導入によって七三年から七五年までの高齢者医療費の伸び率は五五％に達した。さらに一九七三年には被用者医療保険の被扶養者給付が五割から七割に引き上げられ、高額療養費支給制度も新設された。この制度によって、自己負担額が一定額（当初は月三万円）を超える場合は、償還払いがなされることになった。

こうした政策転換を決断したのは自民党政府であり、田中角栄がその中心にいた。老人医療無料化をみれば、美濃部革新都政が導入し、好評を博したため、保守系の自治体もこれを導入せざるを得なくなり、その財政的重圧から中央での制度導入を求める声が強まっていた。一度は園田直厚相が導入の意向を示したものの、大蔵省の反対によって挫折してしまったが、次は自民党社会部会老人対策小委員会が率先して案をまとめることで、大蔵省の反対を抑えた。田中は、首相就任後まもなく、九月一一日の全国知事会の場で、一九七三年を「年金の年」にすると宣言した。その言葉通り、自民党社会保障調査会が五万円年金案を方針化している。これに対しても大蔵省はやはり難色を示すが、田中が財政措置を直接指示した。田中は財界や企業に対して政府の方針は「経済成長から福祉優先」へと転換したと明言し、そのことへの理解とコスト負担を求めている。

このような自民党の政策転換の背景には、保守支配体制の危機があった。当時日本は経済大国にのし上がったが、それに伴い都市では過密化による生活環境の悪化が甚だしく、環境汚染は生命を危険に晒すほどに深刻化していた。また大企業と中小企業との賃金や待遇の格差は、思ったほどには縮小されず、労働市場の二重構造は解消されていなかった。こうしたなかで、生産第一主義や経済本位の政治に対する不信や批判が生まれ、革新系首長が次々と誕生した。一九七〇年代初頭には、東京、京都、大阪、全ての首長は反自民の革新系首長に代わっていた。福祉重視は、こうした時代の流れに呼応し、批判をかわす意図があったものと思われる（以上の記述については、新川（2005）第三章に基づいている）。

しかし、それではそのような政策転換が田中にとって不本意なものであったのかといえば、必ずしもそうとはいえない。すでに見たように、田中の『日本列島改造論』は実は工業化万能論ではない。そこでは経済と福祉のバランスの重要性がはっきりと謳われていた。角栄にとって、工業化はあくまで国民生活を向上させる手段であって、目的ではない。したがって工業化の負の副次効果が深刻になれば、それに対して国民生活を守るための対策を講じるのは当然である。田中の「政治は生活」という基本的視点が一貫しているからこそ、思い切った方向転換が可能であったといえる。しかし田中の決断は、ちょうど高度経済成長の終焉と重なってしまったため、「福祉の時代」はあっけなく幕を閉じてしまう。

しかし「福祉の時代」が終わったからといって、その時代の政策遺産が霧散してしまったわけではない。そもそも年金改正や老人医療無料化は国民の間で人気が高かったし、高齢化が進行するなかで社会保障の重要性は高まりこそすれ、低下することはなかった。なるほどしばしば指摘されるように、田中政権時代の福祉拡充は、国民に相応の負担を求めることをせず、財政的に維持可能な制度設計となっていなかったことは確かである。しかし、だからといって田中の決断は間違っていたとはいえない。もしこの時代に社会保障改革がなされないまま高齢化が進行すれば、今日いかなる事態に陥っていたかを想像するなら、田中の決断そのものは適切なものであったと評価されるのではあるまいか。

財政上の構造的欠陥は、後続の政権が是正すべき課題として残された。しかし福田政権は国内需要喚起のため積極財政によって財政赤字を膨らませ、一般消費税を打ち出した大平政権は道半ばで倒れ、鈴木政権は「増税なき財政再建」を唱え、増税問題を回避した。中曽根政権末期になって再び消費税（売上税）が議題にのぼり、バブルの時代に竹下政権がようやく消費税導入に漕ぎつけたが、制度的に抜け穴が多く、しかも税率はわずか三％であった。その後も我が国の政治は、国民からの理解と信頼を得て、消費税率を十分に引き上げるに至っていない。

4 選挙

衆議院選挙

上手の手から水が漏る。栄光の絶頂にあった田中角栄は、最も得意としていたはずの選挙において躓いた。一九六九年の「師走選挙」では角栄は幹事長として獅子奮迅の活躍をみせ、自民党は追加公認を含めると三〇〇議席の大台に乗った。田中が政権に就いた一九七二年七月時点では、前回選挙からすでに二年七カ月が経過しており、そろそろ解散風が吹きだすころであった。ちなみに一九四六年四月の選挙以来七二年までの間、衆議院は平均二年四カ月で解散されていた。

田中が中国から帰国すると、新聞各紙には解散の文字が躍った。田中は「年内解散は考えていない」と火消しに努めたが、田中の言葉を鵜呑みにする者は少なかった。政府自民党内では解散を望む声が強く、首相周辺でも、たとえば二階堂官房長官や橋本登美三郎幹事長は、解散風を煽るような発言をしていた。また野党第一党の日本社会党の成田知巳委員長は、田中との会談で早期解散を強く求める。結局、与野党間の話し合いで「一一月一三日解散、一二月一〇日投票」が決まる。田中は、超党派的な解散ムードに押される形で、解散総選挙を決断することになったのである。

田中は首相として初の国政選挙、しかも日中国交正常化を成し遂げた直後とあって、大方は自民党勝利を予想したが、蓋を開けると自民党公認候補の当選者数は二七一人にとどまり、結党以来最低の数字に終わった。追加公認で二八四まで議席数を回復させたものの、解散前の二九七議席からはなお一三議席足りなかった。前回が「勝ち過ぎ」であったから多少の減少はやむを得ないにせよ、予想より一〇議席ほど少なかったのである。前回大敗した社会党は、三一議席増やして一一八まで回復した。最も注目されたのは、一四議席から一挙に三八議席にまで伸びた共産党であった。マスコミは、自共対決時代と大げさに書き立てた（中野 1982：250-257）。

負けるわけがないと思われた選挙で、自民党はなぜ敗れてしまったのか。まず戦術的なミスが指摘される。前回自民党は目いっぱいの議席を獲得しており（一七の選挙区で全議席独占）、慎重な候補者調整が必要であったにもかかわらず、田中自民党は公認候補を一一名増やし、保守乱立を招いてしまった。結果として、自民独占区は、六つに減った。戦略的にみても、選挙戦で日中国交正常化の成果を訴えることをせず、日本列島改造論を前面に押し出したのは、ミスであったといえる。外交は票にならないといわれるが、日中国交回復は、安全保障面で好ましいだけではなく、経済的にみても将来的な貿易拡大につながる。他方日本列島改造論は、すでに就任直後の輝きが失せていた。それは、土地の高騰を招き、都市部では庶民がマイホームを持てなくしたとの批判に晒されていた。野党、とりわけ社会党と共産党は、選挙戦では「大資本優先」、「公害ばらまき」と日本列島改造論を批判し、支持を集めることに成功したのである。

小選挙区制の提唱

総選挙敗北直後、一二月二〇日に第七次選挙制度審議会の報告が公表される。田中は二五日記者会見の場で報告を尊重すると語るが、そのとき田中が考えていたのは衆議院については定数是正、参議院については全国区の取り扱いとみられていた。しかし一九七三年二月に行われた自民党の衆参両院議員を対象としたアンケート調査の結果が二八日に報告されると、様子が変わる。このアンケートで、党の大勢が衆参両院の選挙制度改正に前向きであることが明らかになった。すると、田中はただちに自民党の選挙調査会の小委員会に改正案作りを指示し、三月二八日小委員会は衆参両院一体の改革を提言したのである。田中は、この提言を受け、衆参両院の選挙制度改正及び政治資金改正案を開催中の国会に上程する意向を示し、小選挙区制が俄に政治争点となった（中野 1982：265）。

田中は四月に入ると、党三役と会談、政府与党連絡会議、一回生議員との昼食会、二回生議員との朝食会と立て続けに出席し、小選挙区制導入の意向を繰り返し明らかにした。これに野党は一斉に反撥し、四月二四日には社共公民四党の書記長、書記局長が「選挙制度改悪・小選挙区制粉砕」の方針で一致する。自民党内でも、区割りをめぐって事態が紛糾する。当初政府は区割りについては第三者機関で決め、国会では制度の枠組だけを決めるつもりであったが、吉国一郎内閣法制局長官から憲法上選挙区は法律で定める必要があると指摘されたため、区割りも公選法改正案のなかに盛り込むことになったのである。

橋本幹事長、二階堂官房長官、法案作成を担当する江崎真澄自治相らは、区割り案提出が国会会期切れの五月二〇日までに間に合わないと判断し、小選挙区案を棚上げしようとするが、田中はあきらめず、四月一一日公選法改正案と「区割り表」との分離提案を江崎自治相に指示した。野党はこれを受け入れず、国会審議は全面的にストップしてしまう。翌日田中は強引に「区割り委員会」を発足させるが、一三日には田中の後見役である河野謙三参議院議長が、田中の意向に理解を示しつつも、会期末に施政方針で触れていない重要法案を提出することは手続き的に問題があると田中を諭す。

さらに一四日朝には、盟友大平が首相官邸を訪れ、「慎重に取り組んでほしい」と翻意を促し、その日午後開かれた自民党の緊急役員会では慎重論で意見がまとまる。これに基づいて翌一五日には、自民党執行部は小選挙区制断念を条件に会期延長を野党に申し入れる。田中は、なおも「法案提出権は政府にある」と抵抗するが、一六日には中村梅吉衆議院議長、河野参議院議長が田中に今後公選法関係法案を優先して審議することは困難であるとの最後通牒を突き付け、これを受けて開催された臨時閣議の場で田中はようやく小選挙区法案断念を口にするのである（中野 1982：261-281）。

以上小選挙区制導入失敗の経緯を詳しく紹介したのは、そこに明らかに田中の変調が認められるからである。それまで田中が示した的確な状況判断と政策選択、周到な根回しが、ここでは影を潜めている。田中は状況判断と政策選択を大きく誤り、しかもそのことに気づいて素早く軌道修正することもなく（できず）、首相権限を盾に自説に固執し、野党のみならず、与党内に混乱を招いた。田中が小選挙区制に執念を燃やせば燃やすほど、世論は田中から離れ、支持率も下がっていった。五月一日に公表された朝日新聞の世論調査では、支持率は政権発足当時の六二％から二七％にまで落ち、不支持率は四四％に上った。同時期に実施された読売新聞の調査でも、当初六〇％あった支持率が二六％にまで落ち、不支持は四四％になっている。

田中は、なぜそこまで小選挙区制に固執したのだろうか。早坂によれば、田中は政権交代のある民主主義を実現するためには小選挙区制がよいと語っていたという（早坂 1993b：247）。小選挙区制導入を図った際、自民党執行部が、長い目で見れば野党に不利ではなく、完全な二大政党制にならないとしても、スムーズな政権交代が可能になり、議会制民主主義を維持、発展させることになるとの見解を示したのは確かである（中野 1982：268）。しかし田中が、それ以前に小選挙区導入を積極的に唱えていたという形跡はない。だからこそ、長年小選挙区論者であった選挙調査会長の松野頼三は、田中が改革に意欲を示したとき、「まさか田中が」と驚き、田中嫌いを一時的に返上したのである。松野は田中角栄と同期初当選で佐藤派に属したが、角福戦争では福田を支援し、ロッキード事件のなかでは三木の参謀を, 就めるなど、反田中の急先鋒であった（一九七九年ダグラス・グラマン事件で松野は、衆参両院の証人喚問を受け、「松野頼三を育てるための政治献金」として受領したと認め、自民党を離党し、衆議院議員を辞職している。ちなみに直後の選挙に出馬し落選するが、一九八〇年ダブル選挙で復活を遂げた）。

そもそも田中が理念実現のために、不利を顧みず、粉砕覚悟で突っ走るような理想主義者であったとは考えられない。田中が小選挙区制導入をゴリ押ししたのは、彼なりの現実的打算があってのことと考えられる。田中が小選挙区制導入を決断した直截的理由は、自民党議員へのアンケートで賛成が多数を占めたためであろうが、もしそれだけの理由なら、党内に異論が続出した時点で撤回すればよい。ところが田中は、周囲の反対に耳を傾けなかった。小選挙区制導入をめぐる騒動は、結局のところ、田中が総選挙の敗北をどう総括したのかという問題に関わる。追い風のなかで、負けるはずのない選挙に負けてしまったのはなぜか。田中は、考えたはずである。そしてその原因は、中選挙区制度にあるという結論に達した。簡単にいえば、選挙での敗北は田中の落ち度ではなく、制度が悪いということである。小選挙区制なら、自民党は圧勝していたはずである。

田中は、経験に学び、成長した政治家であるが、小選挙区制問題ではそのような柔軟性や反省能力を欠いてしまった。立ち止まり、考える余裕をなくしていた。打つ手がうまくいっていたときは、「決断と実行力」をほめはやされたが、うまくいかなくなると独断専行と批判されるようになる。田中は、しだいに周囲から孤立していく。田中は、裸の王様になりつつあった。

参議院選挙

一九七三年七月七日参議院選挙（七夕選挙）は、田中が長期政権を目指すためには、負けられない一戦であった。自民党の改選議席数は全国区一九、地方区五一の計七〇であったが、自民党は全国区に三五人、地方区に六〇人の候補を立てた。全国区には山口淑子、山東昭子、宮田輝などのタレント候補六人を立てた。田中は、全国をヘリコプターで、文字通り飛び回る。札束も派手にばら撒かれ、「十当七落」、「五当三落」などといわれた。前者は、全国区では一〇億円使えば当選できるが、七億では落選してしまうとの意であり、後者は、地方区では五億円で当選、三億円では落選というわけである。あまりの有り様に、福田赳夫は五月八日の閣議の場で、「最近の事前運動は醜悪の様相を見せている。北海道では一つ五万円もする大きな看板が乱立している」と苦言を呈し、その後の記者会見では「いま目につくものは、ことごとく法律違反であり、これを違反といわないのは、公害のたれ流しや売り惜しみを悪いと思わないのと同じだ」と吐き捨てた（中野 1982：

338)。

一九七三年の参議院選挙では、金だけではなく、企業ぐるみの支援体制が話題になった。自民党は、全国区で企業グループや有力会社に選挙運動を割り振ったのである。たとえば女優の山東昭子は、日立グループ、コカコーラ、東レ、等々、「東洋の魔女」を率いたバレーボール監督の大松博文は、東芝、出光、ユニチカ、河合楽器、等々が支持に回った。企業ぐるみ選挙は、新潟三区では馴染みの手法であるが、大企業が全国区でタレント議員を担いで派手に選挙運動を繰り広げるというのは、さすがに異様であった。中央選挙管理会委員長の堀米正道は、投票直前の七月二日に自治省で記者会見を開き、「企業ぐるみ選挙が、雇用や取引関係を通じて、何らかの強制が伴えば、思想・信条の自由、投票の自由の原則が阻害される恐れがある。この際、関係者は良識ある行動をとられるよう要請する」との見解を発表する（中野 1982：334）。堀米は社会党出身であり、委員会に諮ることなく、委員長見解を公にしたのである。自民党の二人の委員は、蚊帳の外であった。したがって自治省選挙部長が、直後に「軽率かつ遺憾」との意を表明することになった。しかし堀米見解を、新聞各紙は好意的に報道した。それが世論の大勢を反映していたのである。

結局、企業のバックアップにもかかわらず、全国区での自民党の当選者は前回の二一名より二名少ない一九名にとどまった。総理府出身の自民党候補は、三菱がバックにつき、上位当選が予想されたにもかかわらず落選してしまい、企業ぐるみ選挙への批判の的になったといわれた。自民党の獲得議席数は、地方区四三を加えて合計六二であり、これは改選議席数七〇を八つも下回り、参議院で自民

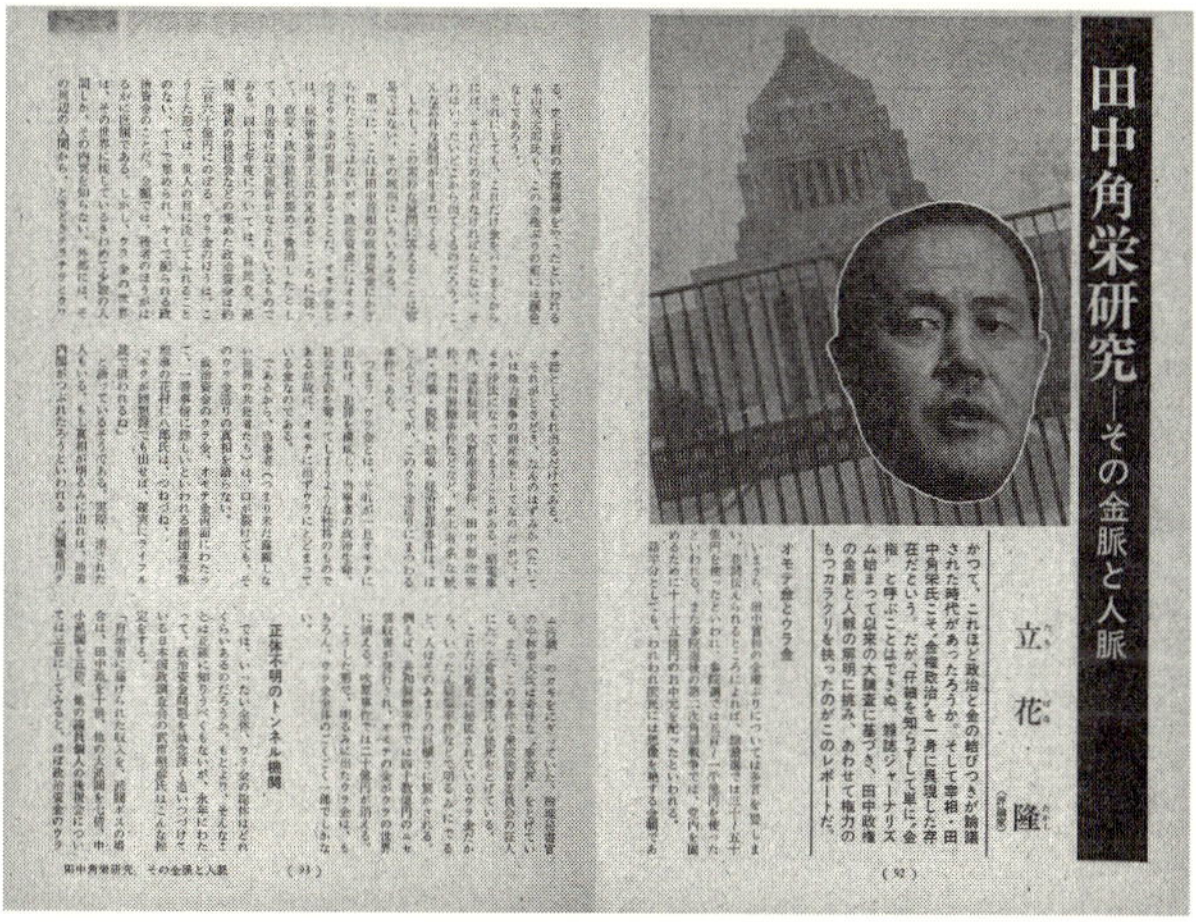

田中角栄研究——その金脈と人脈

立花 隆（評論家）

かつて、これほど政治と金の結びつきが論議された時代があったろうか。そして宰相・田中角栄氏こそ、"金権政治"を一身に具現した存在だという。だが、仔細を知らずして単に"金権"と呼ぶことはできぬ。雑誌ジャーナリズム始まって以来の大調査に基づき、田中政権の金脈と人脈の解明に挑み、あわせて権力のもつカラクリを抉ったのがこのレポートだ。

オモテ金とウラ金

正体不明のトンネル機関

（92）

（93）

田中角栄研究　その金脈と人脈

立花隆「田中角栄研究」
（『文藝春秋』1974年11月号）

党は過半数割れを起こすことになった。選挙後すぐに入党した三人の無所属当選者を加えて、どうにか過半数を維持したものの、自民党は改選前の一三四から五つ議席減らし、与野党伯仲時代に突入した。

この参議院選挙は、一選挙での敗北以上の重大な結果を引き起こした。三木を決定的に反田中へと追いやり、三木と福田の反田中連合を生んでしまったのである。三木は、日中国交正常化に強い意欲を持ち、総裁選で田中に協力したにもかかわらず、蚊帳の外に置かれ、しかも当初は無任所大臣としての入閣であった。田中内閣発足から二カ月経ってから、三木はようやく副総理に任命されるが、これは台湾説得という損な役回りとセットであった。しかも三木副総理は、希望した首相官邸内ではなく、総理府に執務室を与えられた。こうした冷遇を受けながらも、三木はアラブ諸国への油詣で外交を行い、客観的には田中政権に大きな貢献をなした。

にもかかわらず、田中は、三木からすれば、恩を仇で返した。参議院選挙で三木派の現職久次米健太郎がいる徳島地方区で、警察庁長官を経て内閣官房副長官を務めた後藤田正晴の立候補を認めたのである。田中が当初から「三木つぶし」を狙ったわけではない。後藤田はすでに官房副長官を辞し、選挙準備に入っており、田中の制止を振り切っての立候補であった。三木は、後藤田に全国区からの出馬を勧めるが、後藤田は、全国の警察関係者に迷惑をかけたくないとしてこの提案を受け入れず、故郷の徳島地方区で久次米と激突する道を選ぶ（後藤田 1991：94-95）。こうして、徳島地方区は、後藤田と久次米の間で「三角代理戦争」と呼ばれる熾烈な選挙戦が展開されることになったのである。田中が後藤田を断念させなかっただけでも、三木にすればはらわたが煮えくり返る思いであったろうが、選挙期間中、田中は周囲が止めるのも聞かず、徳島入りし、県内各地で後藤田の応援演説をぶった（保阪 1993：246）。これでは、三木に対して言い訳が立たない。

この戦いでは久次米が貫録勝ちし、敗れた後藤田陣営は二〇〇人を超える大量の公選法違反者を出した。選挙後の閣議で、田中は三木に向かって徳島での勝利を讃えたが、三木はその声を無視して部屋を出ていったといわれる。まもなく三木副総理は、福田蔵相とともに閣外に去る。三木は、党の近代化という言葉で田中政治を批判したが、福田は、より直截に「『進め進め』の一点張りの派手な政治に国民はついていけない」と田中政治を批判した（中野 1982：352-353）。こうして、全く肌合いの違う三木と福田が、反田中という一点で結びつくことになった。後に後藤田は自分の強引な出馬が、三木と田中の対立を深めたと悔やんだ（後藤田 1991：95）。

企業ぐるみ選挙への強い世論の批判を受けて、八月一日には椎名悦三郎副総裁を会長とする「党基本問題・運営調査会」が設置される。八月八日には土光敏夫経団連会長が首相官邸を訪れ、傘下企業への政治献金割り当て中止を田中に伝える。財界は、さらに八月二六日には今里広記を委員長とする産業問題研究会のなかに議会政治近代化委員会を設置している。一〇月二四日椎名調査会、今里委員会の報告書が同時に出た。椎名調査会は派閥中心の人事を排し、政治資金は党に一本化し、総裁選挙は記名投票とすることを求め、今里委員会は、自民党の国民政党への脱皮、個人献金の拡充と資金源の多様化などを求めた。どちらの報告書をみても、設置当初の緊迫感はなく、常識的な線に収まったといえる。一〇月時点では、政局はすでに党の近代化からポスト田中に移っていた。

第六章　目白の闇将軍

1　失意の時代

退陣

田中退陣の引き金となる立花隆、児玉隆也の論考が掲載された『文藝春秋』一一月号が一九七四年一〇月一〇日に発売される。田中退陣への空気が一気に加速したのは、一〇月二二日外国人記者クラブで田中が厳しい質問攻めにあい、途中で席を立ってからである。この会見直後、参議院大蔵委員会で、野党側は、立花レポートの真相究明のために田中首相の出席を求めた。翌二三日には自民党福田一国対委員長が、自民党の若手議員と野党の要求に応じ、疑惑について答えるようにと田中に要請する。マスコミは、改めて立花レポートの内容を詳細かつ大々的に報道するようになった。

ところで、田中サイドでは、立花レポートよりも同時掲載の児玉隆也「淋しき越山会の女王」のほうが衝撃をもって受け取られたという。田中家では神楽坂別邸の存在は知られていたが、秘書の佐藤昭と田中の関係は知られていなかった。それまで目白に出入りしていた佐藤は、児玉レポートのおかげで、目白邸への出入りが禁止となった。佐藤は、この騒ぎの後、一九七九年に昭子《あきこ》と改名した。

田中退陣の流れを作ったのは、皮肉なことに、自他ともに認める「田中贔屓」の河野謙三参議院議長であった。一〇月二八日からのニュージーランド、オーストラリア訪問を前に田中は前尾繁三郎衆議院議長、河野謙三参議院議長のもとに挨拶に訪れるが、旧知の河野に対して田中は心を許し、かなり率直な心境を語ったようである。憔悴しきった田中をみて、会談後河野は、田中が帰国後辞めるのではないかと記者団に漏らしてしまった。田中は、帰国後周囲の予想を打ち消すように内閣改造を行うが、それはフォード大統領を迎えるために体裁を整えたにすぎない。フォード大統領の離日を翌日に控えた一一月二一日の各紙朝刊は、一斉に二五日をメドに田中が退陣すると報道した。各紙予想より一日遅れて、一一月二六日午前九時半、田中角栄は首相官邸に椎名悦三郎副総裁、二階堂進幹事長、鈴木善幸総務会長、山中貞則政調会長を呼び、党総裁辞任を告げる。

官房長官竹下登が、田中退陣の記者会見を行う。竹下は、その場で田中の「私の決意」を代読した。

一人の人間として考えるとき、私は裸一貫で郷里を発って以来、一日も休むことなく、ただ真面目に働き続けてまいりました。顧みまして、いささかの感慨もあります。しかし、私個人の問題で、かりそめにも世間の誤解を招いたことは、公人として、不明、不徳のいたすところであり、耐え難い痛苦を覚えるのであります。私は、いずれ真実を明らかにし国民の理解をえてまいりたいと考えております（中野 1982：373）。

この原稿は、秘書の早坂茂三の筆によるといわれるが、その後田中により大きな「世間の誤解」が降りかかることは、知る由もない。

クリーン三木の登場

田中退陣後、田中の意向を受けた副総裁椎名悦三郎を中心として次期総裁選びが進められる。田中の真意は、椎名暫定政権から自身の復帰にあったともいわれるが、「行司がまわしをつける」と批判され、結局椎名は「行司」に徹して次期総裁を指名することになった。椎名は、一九七四年一二月一日、自民党本部四階の総裁室で裁定を読み上げる。

私は国家、国民のために神にも祈る気持ちで考え抜きました。新総裁は清廉なることはもちろん、党の体質改善、近代化に取り組む人でなければなりません。このような認識から、私は新総裁にはこの際、政界の長老である三木武夫君が最も適任であると確信し、ここにご推挙申し上げます（中村 1981：26）。

椎名裁定に対して三木は「青天の霹靂」と驚いてみせたが、本人はもとより、大平や福田にも情報は事前に伝わっていた。この結果は、三木にすれば、「してやったり」というところであろう。三木は、最初から話し合いによる総裁選びを強く主張していた。選挙では、弱小派閥の長にすぎない三木が勝てる見込みはなかったからである。他方、大平は大平―田中連合によって勝てると踏み、投票を主張した。これに対して福田は、反田中連合を結成できれば、勝つチャンスがないわけではなかったが、やはり選挙を望まず、三木に同調する。その結果、大平も話し合いに応じざるをえなくなる。福田は、三木に説得され、話し合いに同意したが、自分が総裁に選ばれると思い込まされていたという説もある（中村 1981：25）。

このあたりの三木の駆け引きは、見事である。裁定を下す椎名の立場からすれば、田中と親しすぎる大平の指名はためらわれるし、田中が首を縦に振らない福田の指名も難しい。中曽根はこのときまだ将来的な候補にとどまっている。となれば、残るのは三木しかない。つまり、話し合いとなれば、消去法で三木に政権が転がり込む可能性が高かったのである。しかも金権政治で田中が退陣した後、三木は、自民党のイメージを改善するうえで恰好の人物であった。三木は、自民党内ではバルカン政治家と呼ばれ、腹に一物持つ陰湿な策略家として警戒され、決して人望が高いとはいえなかったが、世間ではクリーンな政治家として知られていた。すでに述べたように、田中の三木評価は芳しいものではなかったが、当時田中はまだ反三木ではない。三木は参議院自民党の重宗王国潰しに賛同したし、一九七二年自民党総裁選の決選投票では田中を支持した。田中は、ワンポイントのつなぎ程度と軽く考えて三木総裁を受け入れた（あるいは推薦した）ものと思われる。

椎名裁定には実はより深いわけがあって、三木の新党運動を封じ込める意図があったともいわれる。

このとき三木は、密かに公明党、民社党と連携して新党を結成する動きをみせており、椎名はこうした動きを察知し、阻止するために三木を総裁に指名したという。これについてはさらにひねりがあって、三木は本気で新党結成を考えていたわけではなく、政局を自分に有利に展開するために新党運動を利用したともいわれる。もしそうであるなら、三木は、したたかな陽動作戦を用いて自らのもとに政権が転がり込んでくるように仕組んだことになる。

田中は辞任したものの、蟄居《ちっきょ》するつもりはさらさらなく、三木政権の最初の正念場となったスト権付与問題では、完全に三木の手足を縛ってしまった。公共企業体職員は、公務員同様、争議権（スト権）を奪われていたが、国鉄労働者組合（国労）や全逓信従業員組合（全逓）などの戦闘的労組は、あえてストを打ち、処分されると不当処分撤回のためにまたストを打つという悪循環を繰り返していた。三木は、この悪循環を断ち切り、労使関係の正常化を実現すると明言し、スト権付与を示唆した。

その背景を少し説明すると、一九七四年春闘において田中内閣の官房長官であった二階堂進が市川誠総評議長との間で、関係閣僚協議会を設置し、争議権および当事者能力強化の解決に努力し、一九七五年秋ごろまでに結論を出すという合意を交わしていた。総評とは日本総同盟評議会のことで、当時日本最大の全国労働組織であり、日本社会党の支持母体であった。そして公共企業体の労働組合は、総評の中核部隊であった。この政労合意そのものは玉虫色であったが、総評側は政府がスト権付与に前向きな姿勢を示したものとして受け取った。当時七五年秋の答申を目指して、関係閣僚協議会の下に設置された専門委員懇談会（専門懇）が審議を重ねていたのである。三木の意向は、このような経緯を踏まえてのものであった。

しかし一九七五年春闘で大幅賃上げを要求した総評が、賃上げ自粛を唱える経営側と全日本労働総同盟（同盟）を始めとする穏健派労組の包囲網の前に敗れ、自民党内では強硬派が台頭する。「秋の結論の時期」を控えた九月一日、田中派の研修会で会長の西村英一が、「条件つきのスト権付与論など安易に考えるべきでない」とスト権付与論を牽制し、その一週間後には大平派重鎮で田中角栄に近い鈴木善幸が田中と会談後、「前首相は、四十九年春闘の収拾に当って、政府は労働側にスト権を認めるという方向での約束を一切していないと語っていた」と述べた（中村 1981：151–152）。田中軍団（このころから田中派は、軍団と呼ばれるようになる）の攻勢の前に、三木は立ち往生する。

公共企業体等労働組合協議会（公労協）は、一一月二六日から一二月三日までスト権ストを打ち、三木に決断を迫る。その中核部隊となった国鉄労働組合（国労）は、国鉄がストップすれば日本経済は大混乱に陥り、政府は譲歩せざるを得なくなると踏んでいたが、その読みは完全に外れた。高速道路を始めとする道路網の整備によってトラックの輸送力は国鉄の輸送力を十分代替できるものになっていたのである。しかもスト権ストは、自民党だけではなく、野党や反総評系の労働組合、マスコミから「親方日の丸」の甘えであるとか、「国民を人質にするもの」という厳しい批判を浴び、公労協・総評は完全に孤立してしまった。

こうして自民党内ではスト権付与絶対反対の強硬派が支配的となり、条件つきスト権付与など言い出せない雰囲気になる。スト開始から四日目の一一月二九日、中曽根幹事長は田中を目白の自宅に訪ね、その意向を確認した後、党内意見をとりまとめ、一二月一日に自民党としての見解を発表する。それは、専門懇の意見書を尊重するというものであった。専門懇の意見書は、スト権スト初日に出ており、その内容は、スト権を認めず、違法ストへの処罰を強化するという厳しいものであった。三木は、この党見解に従い、「私はスト―処分―ストの悪循環を絶ちたいといったのであって、条件付き付与論など一回もいったことがない。それが私まで条件付き付与論者とみられたのは全くもって迷惑至極だ」と態度を豹変させる（中村 1981：161）。

スト権ストのもたらした重要な帰結は、民営化論を浮上させたことであった。公労協の動きに対して、「スト権がほしければ、民営化しろ」という声が生まれ、専門懇の意見書のなかでも経営形態の見直しが示唆されていた。中曽根は、スト権ストをみて、公共企業体の労使問題解決のためには民営化し、戦闘的労組を解体するしかないという考えを持つにいたる。そして八〇年代行政改革を主導し、自ら政権を握ったとき、満を持して国鉄を始めとする公共企業体の民営化を断行したのである。結果として、総評の戦闘的労働組合運動は一掃された（新川 2007）。

ロッキード事件

田中軍団に圧倒され、政権発足直後からレイムダック化ともいえる症状がみられた三木政権に、アメリカから「朗報」がもたらされる。一九七六年二月四日アメリカ上院多国籍企業小委員会（通称チャーチ委員会）の場で、ロッキード社の会計士が新型旅客機トライスターの日本売り込みのために三〇億円以上をつぎ込み、秘密代理人であった児玉誉士夫にそのうち二一億円が渡ったと証言したというニュースが飛び込んできたのである。さらに六日には、ロッキード社のコーチャン副会長が、丸紅を通じて複数の日本政府高官に六億円を渡したと証言した。このニュースが日本に伝わると、政府高官のなかに田中が入っているのではないかとの噂が広まり、マスコミの真相究明を求める声が高まる。

三木は、アメリカ側に資料提供を求める親書を送り、さらに検察にコーチャンへの嘱託尋問を行わせるなどして、「徹底究明」の姿勢を打ち出す。田中からたびたび煮え湯を飲まされてきた三木は、首相権限をフルに活用して、一気に田中の息の根を止めようとした。小沢一郎は、田中角栄も、金丸信も、竹下登も、権力のなんたるかを知らず、それをマキアヴェリ的なイメージで知っていたのは三木武夫だけだと指摘している（大下 2013：250）。

三木内閣の法相稲葉修は、中央大学教授を経て新潟二区選出代議士となり、中曽根派に属していたが、田中一色の新潟自民党のなかで反田中という異色の存在であった。稲葉は、ロッキード事件が起こると、水を得た魚のごとく、饒舌になる。椎名が三木の動きに不快感を示し、三木を首相からおろそうとすると、国会答弁で「政変は、捜査の障害になり得ると考える」と釘を刺した。六月二二日から全日空幹部、丸紅専務、児玉誉士夫の秘書たちが次々と逮捕されると、「これまで逮捕された連中は、相撲にたとえれば、十両か前頭十三、四枚目ぐらい。これからどんどん好取組がみられますよ」、「捜査は奥の奥まで神棚の中までやるよ。まあ、期待してください」と、不謹慎ともとれる発言を重ねる（中村 1981：204；207）。

このように三木、稲葉が、勢いに乗って田中の首をとろうとしていたのに対して、田中はどう対応したか。田中は、四月二日に派閥（木曜会）の総会に出席し、捜査が自らに及ぶことはないと確信したかのように、疑惑について全面否定している。また次節で詳しくみるが、椎名悦三郎と謀って三木退陣を画策している。これは、三木が自分の首を狙っていることを察知したからではなく、狙っていないと安心していたから、できたことであろう。もし捜査の手が自分に及ぶ危険性を察知していれば、より慎重な行動をとったはずである。窮鼠猫をかむという。三木を追い詰めるのは、どう考えてもリスクが高い。田中は、そもそもロッキード事件に関する首相官邸や検察の動きについて十分な情報収集・分析を行い、逮捕に対する対応策を練っていなかったようだ（平野 2006）。

2　復権の萌し

三木おろし

三木のロッキード徹底究明に拍手喝采するマスコミ世論とは対照的に、自民党内では三木の行動を行き過ぎと捉え、三木を総理総裁から引きずりおろそうという動きが生まれる。いわゆる「三木おろし」の始まりである。最初に三木おろしに動いたのは、三木政権の生みの親、椎名悦三郎であった。椎名が三木に不信を抱くきっかけとなったのは、独禁法改正であった。第一次石油危機の後、企業の買い占めや売り惜しみ行為がマスコミによって批判されたが、三木はこの流れに乗じて独占状態の排除や違法カルテルに対する罰則等の強化を行おうと考えた。三木の動きは野党やマスコミからは拍手喝采を浴びるが、財界や自民党内からは猛反撥を受ける。椎名は、戦前

三木武夫

商工次官、戦時中軍需次官を歴任し、戦後は通商産業行政のドンとして君臨していた。それが、独禁法改正では蚊帳の外に置かれ、メンツをつぶされたのである。結局改正案は「実害のないもの」に修正されるが、この一件で椎名と三木の仲は冷え込む。

椎名は、ロッキード事件で徹底究明を打ち出した三木を「はしゃぎ過ぎ」とたしなめ、三木おろしに動く。しかし椎名が密かに福田、大平、田中と会談し、三木を退陣させようと裏工作をしていることが、五月一三日読売新聞によってスクープされてしまう。三木は、その日の午後日経連の定時会の場で、ロッキード問題を中途半端なままにして退陣することはありえないと異例の決意表明を行う。翌日の朝刊各紙は、一斉に三木発言を報道し、椎名工作はロッキード隠しであると批判した。翌日の閣議後、三木は福田副総裁と会談し、「両者の信頼関係に変わりはない」旨を確認し、第一次三木おろしは終息する（中村 1981：199, 202)。

しかし七月二七日、田中前首相が逮捕されると、事態は一変する。この逮捕がいかに急なことであったかは、マスコミの目白の田中邸への張り込みが一切なく、田中が地検に向けて私邸を出る姿をとらえたマスコミは一社もなかったことからも窺われる。地検に入るところを撮り損なった社すらあった。田中逮捕に湧くマスコミとは対照的に、永田町界隈では「三木首相は、冷厳なものだ。検察を完全に握っている。今度の逮捕で、権力闘争の相手を封殺したのだ」という冷めた見方が広まる（中村 1981：221）。

逮捕直後、福田赳夫は三木に事前に逮捕を知っていたのかと問い詰めている。三木は事後に知ったと白を切るが、福田がこれに納得するはずもない。逮捕前日、稲葉法相に法務省の安原刑事局長から連絡が入り、稲葉は「起訴に持ってゆけるのか、公判維持はできるのか」を問いただしたうえで、許可を与えていた。その日の夜に稲葉は、三木に電話を入れている（中村 1981：218-219）。この一件で福田は、反田中で共闘してきた三木との関係を見直すことになる。

田中が逮捕されたことで、もはやロッキード隠しといわれることはないと、自民党内反主流派は公然と三木おろしに入る。先頭に立ったのは、大平であり、そして福田であった。八月一一、一二日、福田、大平は三木と相次いで会談するものの、一対一の話し合いを得意とする三木に逆に説得される始末で、攻めあぐねた（中村 1981：244）。一対一では埒が明かないとみた反主流派は八月二四日衆参両院議員総会の開催を求め、署名活動を始める。そして八月一九日の午後には二七〇名以上の署名を中曽根幹事長と上原正吉総務会長に提出し、その夕刻ホテル・オークラに集まり、挙党態勢確立協議会（挙党協）を発足させた。挙党協には、椎名悦三郎や船田中といった長老格を筆頭に、田中派、大平派、福田派、さらには中間派から二七七人の自民党議員が集結した。挙党協に背中を押され、二四日両院議員総会を前に、福田と大平は、三木との三者会談に臨むものの、ここでも三木は粘り抜き、結局時間切れ水入りとなり、話し合いは翌日再開されることになった。朗報を期待していた挙党協による議員総会は気の抜けたものとなり、すぐに散会となった。

その後挙党協と三木側の争いは、臨時国会召集をめぐって繰り広げられる。臨時国会を開催し、積み残しとなった重要法案を成立させ、臨時国会終了後に総選挙に臨む態勢を整えようという三木側と、あくまでも三木の進退を明らかにすることを求める挙党協の対立は、九月一〇日の臨時閣議においてピークに達する。三木派内では、次期リーダーとなる河本敏夫を中心に三木が臨時国会召集に反対する閣僚を更迭して、臨時国会を召集し、冒頭解散に打って出るというシナリオが作成された。こうしたギリギリの局面において、夕食をはさみ五時間のロングランとなった閣議の結果、その日の採決は避け、翌日の持ち回り閣議で臨時国会召集について了承することになった。要するに、挙党協側は臨時国会召集を認める一方、三木は解散権を行使しないということで妥協が成立したのである。

結局両者睨み合いのまま、一二月五日衆議院が任期満了を迎え、自民党は三木支持派と反対派に分裂して総選挙を戦った結果、公認候補当選者数二四九名にとどまった。この選挙から衆議院の定数が二〇増えて五一一になったにもかかわらず、敗北とされた前回総選挙からみて二〇人以上も公認当選者数を減らしたのである。この結果を受けて、三木はついに退陣を表明した。圧倒的に数の上で優位な挙党協側を相手に粘り抜いた三木であったが、頼みとする世論の支持を選挙で得られなかった以上、他に選択肢はなかった。

三木は、なぜ唯一の解散総選挙のチャンスを逃したのか。九月一〇日の閣議を強硬突破し、解散総選挙に打って出た場合、選挙の結果が変わっていた可能性がある。九月段階での解散総選挙は挙党協側、特に田中派議員にとって、はるかに厳しいものになったことは間違いない。このときの選挙を振り返って、橋本龍太郎は、もし選挙が三カ月早かったら（九月時点なら）、自分は落選していただろうと語っている（中村 1981：276）。後に三木は、「あの時は結局はできなかったのだよ。十数人の閣僚を事実上更迭までして、臨時国会召集をきめることはできなかった。やればファッショといわれていたよ」と語った（中村 1981：275）。二〇人の閣僚中、一五名は挙党協側であった。マキアヴェリストといわれた三木であったが、その根底には、穏健かつリベラルな政治観があった（新川 1995b）。

それにしても自民党の大勢が、世論に逆らってまで三木おろしに動いた理由はどこにあったのだろうか。言い換えれば、自民党内で田中逮捕に対して、なぜかくも強い反撥が生まれたのだろうか。田中派にとって、三木おろしはまさに忠臣蔵であった。殿の首を獲られた家臣たちの仇討である。大平派は、ポスト三木を睨んで、助太刀である。しかし仇討論では、福田派や中間派の動きを説明できない。一九七二年総裁選以来田中との関係が悪化していた福田が、田中の仇討に立ち上がる理由はない。福田には、当然ポスト三木を狙う権力欲があっただろう。もし三木おろしに加わらなければ、ポスト三木レースにおいて大平の後塵を拝することになると考えたかもしれない。しかしそれだけではない。福田には、三木が田中逮捕を許諾したことに対する憤りがあった。それは田中への恩義からではなく、彼が拠って立つ国家観から生まれたものであったように思われる。

三木の世論に依拠した政治は、椎名同様、福田にとって危ういものであった。福田の三木政治に対する違和感は、田中逮捕によって頂点に達した。福田には、三木が世論に迎合し、あるいは私情を優先し、権力を濫用しているようにみえただろう。福田や椎名の三木おろしの背景には、戦前のエリート官僚として統治に携わった者だけが持つ国家権力行使への脅れと禁欲主義があったように思われる。自民党のなかで対極に位置する田中と三木ではあったが、こうしたエリートたちの国家観と無縁であるという点では共通していた。

全国的に「空前の大疑獄」ロッキード事件によって自民党候補に逆風が吹くなかで、新潟三区だけは別世界であった。越山会は田中逮捕直後の八月五日に早々と田中への出馬要請決議を行い、一〇月三一日には推薦決議を行う。自民党新潟県連は、こうした越山会の動きに押され、離党した田中への党員の応援を容認した。角栄は、一一月一五日柏崎市宮川地区で第一声を上げる。「不名誉な事件に巻き込まれ、国民、県民に迷惑をおかけした。しかし、ひと言でいえば私は事件に関係ない。日米両国のためにも真相は解明されなければならない。公人として逃避は許されないことであり、私はあえてイバラの道を踏んだ……」（新潟日報社編 1983：297）。田中はこの日から二〇日間、各所で辻説法を繰り広げ、無罪を訴えた。

その結果、田中は一六万八五二二票と、前回より一万四〇〇〇票ほど減らしたとはいえ、二位に三倍差をつける圧勝を飾った。柏崎市の県議を務めたこともある西川亀三は語る。「それまで田中には言葉につくせないほど世話になった。田中が苦労している時に、その恩を返さなければ人の道に反する。末端会員までこの心情が浸透していた」（新潟日報社編 1983：298）。獄中立候補以来、何があっても陳情客を迎える日課を変えることのなかった田中の努力が報われたのである。田中を支持したのは、エリートの国家観とは無縁の庶民たちであった。

大福蜜月

田中にとって、大福提携は痛し痒しであった。三木退陣のためにそれは必要不可欠であったが、両者の関係があまり緊密になると、田中の出番がなくなる。田中が大福の間で影響力をふるうためには、大福が競い合う関係でなければならない。

当時このような田中の立場をよく理解していたのが、大平の相談役を務めた伊藤昌哉であった。伊藤は、西日本新聞社の記者を務めた後、池田勇人の秘書となり、池田亡き後は宏池会事務局長を務めた人物である。その後伊藤は五島昇の誘いで東急建設に入社し、政治の世界から一時遠ざかるものの、大平が宏池会会長になると、なにかと大平の相談に乗るようになっていた。その伊藤が、強力に主張したのが大福一体化論である（伊藤 1982）。

一九七六年一二月二四日に三木内閣が総辞職し、福田内閣が誕生すると、大平は幹事長として党務を司ることになる。大福蜜月時代の到来である。三木おろしによって誕生した福田政権への国民の目は厳しかった。新聞各社の調査では、内閣発足後の支持率が三〇％程度にとどまり、不支持も同程度、あるいはそれを超えるという有様であった。しかし福田内閣は実力者が提携して生まれた安定政権であり、「働こう内閣」をスローガンに着々と実績を積み上げていった。

日本は石油ショック後の不況に対して総需要抑制策によって物価を安定させ、輸出ドライブによって（貿易に頼って）景気を回復させたが、その結果国際収支の黒字が膨らみ、アメリカを始めとする西側諸国は日本を「ただ乗り」と批判するようになっていた。これに対して福田は、日本は国内需要拡大による経済成長によって世界経済を牽引する機関車になると宣言し、彼本来の主張である財政均衡主義を封じて、大幅に公債に依存する積極財政を展開した。

懸念された中国との関係においても、ODAをスタートさせ、無事日中平和友好条約締結に漕ぎつけるなど、順調であった。また田中内閣時代に反日感情が表面化した東南アジア諸国を歴訪し、今日にいたるまで高く評価されている福田ドクトリンを発表した。そこに盛り込まれている三原則とは、日本の軍事大国化の否定、東南アジア諸国連合（ASEAN）各国との信頼関係の構築、日本とASEANとの対等なパートナーシップというものである。文言として田中の五原則を超えるものが何か示されていたわけではないが、ODAの大幅増額やアジア銀行開設などによって経済援助が強化された。

一九七七年七月七日に福田政権の初の国政選挙となる参議院選挙が行われた。当初自民党の苦戦が予想され、与野党逆転もありうると思われたが、自民党は過半数を確保することに成功し、無所属を入れると六六議席を獲得した。予想以上の好成績に自信を得た福田は、解散総選挙を模索するようになる。これは大平の強い反対で実現しなかったものの、年末に行われる自民党総裁選挙は圧倒的に福田有利と報道されるようになり、福田は次第に続投への意欲を示すようになった。これは現役首相として実績を積み上げている以上、当然といえるが、実は福田内閣成立にあたっては保利茂立ち会いのもと、福田、大平、園田直（福田派幹部）、鈴木善幸（大平派幹部）が押印した念書が交わされていたのである。念書には総裁の任期を三年から二年に改めるとあるが、これは二年後には福田が大平に政権を譲るという合意を暗示したものであった（川内 1982：45-46）。

福田は、大平とのパイプ役を担っていた伊藤昌哉に禅譲の気持ちを再三伝えていたが、なかなか態度を表明しなかった。この手の約束は反故にされるのが常とはいえ、「政治は最高の道徳」を信条にしていた福田が、最初から約束を反故にするつもりであったとは思われない。しかし福田は、次第に「我こそが」、「自分でなければ」との自信を深め、「世界が福田を必要としている」と豪語するようになった。後知恵にすぎないが、このとき福田にとって最も合理的な選択は大平への禅譲であった。仮に短期的な己の欲を捨て、大平との約束を守ったとしよう。その場合大福の信頼関係は強化され、まさに大福一体化が進む。大福支配体制が安定すれば、ロッキード事件で田中が表舞台に登場できない以上、福田再登板の可能性も十分出てくる。

他方、総裁選で福田が大平と争えば、たとえ福田が勝利しても、大角連合が福田の前に立ちはだかり、政局は不安定化し、思うような政策実行はできなくなる。しかし福田は権力欲に負ける。欲は理に勝る。高潔にして恬淡といわれた福田もまた、例外ではなかった。一九七八年一月には七三歳になろうとしていた福田にとって、一度退陣してからの再登板という道のりはあまりに遠く思われたかもしれない。実際には福田は、八〇歳を超えるまで表舞台に立ち続けることになったが、この時点でそのことを知る由もない。

3　田中院政の時代

三木の置き土産といえる新しい自民党総裁選挙制度では、本選挙と予備選が行われることになっていた。本選挙は、従来通り衆参両院議員によって行われるが、その前に党員による郵便投票（予備選）が行われ、そこで本選挙の候補を二人に絞ることになっていた。「あなたにも総理大臣が選べます！」というキャッチフレーズで、自民党は一九七八年二月末の締め切りまでに（当初一月末締め切りであったが、駆け込み申請が多く、一カ月延長された）一五一万人を超える党員を集めた。総裁候補のいる地域では当然熱心な勧誘が行われ、大平の地元香川県では四万九六〇三人が入党し、党員獲得目標の達成率では全国一となった。福田、中曽根、両雄を擁する群馬県は七万六〇四一人で、目標達成率二位につけた（川内 1982：59）。

大福戦争　予備選が迫ると、新聞各紙の調査や予測が騒がしくなる。一九七八年一〇月一〇日、読売新聞は、予備選の選挙人の過半数を福田が確保し、それに中曽根が急迫しており、大平は伸び悩んでいると報じた。追い打ちをかけるように、朝日新聞は、大平が中曽根に抜かれ、三位に落ちたと報じた。禅譲の可能性をあきらめず、硬軟両睨みできた大平派は、ここにきて決戦に向けた動きを本格化させる（伊藤 1982：408-410）。公家集団といわれた宏池会が福田派との戦いに勝つためには、田中軍団の協力が不可欠であった。こうして田中復権の扉が大きく開かれる。

大平・田中連合軍が目指したのは、大平の苦戦が伝えられた東京、北海道、埼玉で二位に食い込むことであった。予備選では、一〇〇〇票で一点が与えられるが、三位以下のポイントは、一位、二位の候補に比例配分されることになっていた。この三都道県の合計持ち点は、二一八点と総点数の三割近くを占め、これらの地域で三位以下となり、ポイントが獲得できなければ、致命傷となる。特にポイント数が圧倒的に大きい東京では、何としても中曽根をかわし、二位以内に食い込む必要があった。

田中は、田中派議員の秘書たちを砂防会館大会議室に集めて田中角栄秘書と刷られた名刺を渡し、ハッパをかけた。田中派秘書会には一〇〇〇人ほどが登録しており、彼らが総裁選挙期間中、各々の代議士の地元で田中秘書の名刺を持って、大平支援を求めて戸別訪問をして回ったのである。田中の名刺は、驚くほどの効果を発揮したという（朝賀 2015：189–192）。党員の戸別訪問のためには党員名簿が必要になるが、党本部の名簿は持ち出し禁止であった。しかし早坂茂三の言によれば、全国組織委員長であった竹下登が各都道府県の支部名簿が閲覧できることを知っていて、予備選が始まる前には全四七都道府県の党員名簿を全て揃えていたという。田中は、選挙中は午後の来客を断

大平正芳

り、執務室で自ら電話をかけて大平への投票を呼び掛けた（早坂 2016：227–228）。

田中軍団の力をみせつけたのが、大票田東京での逆転劇である。前述のように、大平は選挙戦当初、東京では二位につけていた中曽根に大きく引き離されていた。劣勢を挽回するために陣頭指揮に当たったのが、後藤田正晴である。後藤田は、三角代理戦争と呼ばれた参議院選挙で敗れたときに、多くの者が掌を返すような態度をとるなか、大平がわざわざ時間を作って面会し、「今度は必ず東京に攻め上ってこいよ」と励ましてくれたことに恩義を感じていた（後藤田 1991：96）。後藤田は、警察庁時代の経験を生かし、田中派の秘書二人一組で都下全域の党員宅を戸別訪問するというローラー作戦を展開し、一気に中曽根を追い抜く。これについて、後藤田は、次のように語っている。

東京には十万人の党員がいた。……閲覧可能になっていた昭和五十二年度の党員名簿を区議会の人たちに協力を求めて確認してもらい、議員秘書団の諸君を動員して徹底した戸別訪問を行った。私自身も区会議員の諸君の案内で区内を廻ったりした。どの陣営も、国会議員から都議会議員というルートで票固めをはかっていたが、私は最初から、党員にもっとも近い区会議員に狙いを絞ったのである。……

名簿ができると、次に都内全体の航空写真地図を求め、それで党員の住所を確認した。どの順序で回ればもっとも効率的であるかを、この地図で調べたのである。私の試算では、約三百人の秘書が三日間歩けば都内の党員全てに声をかけることが可能だった。選挙事務所には女子大生二百人近く集めた。党員に対する電話作戦のためである。電話のかけ方も私自身で指導した（後藤田 1994：57-58）。

福田は、自らが圧倒的に有利と考え、予備選で二位になった者は本選挙を辞退すべきであると呼びかけていた。一九七二年総裁選で佐藤が唱えた「君子の争い」論を再度持ち出したのである。そして福田は、再び敗れた。開票結果は、大平の圧勝であった。福田は、自分が本選挙を辞退せざるを得なくなった。記者会見で福田は、「天の声にも変な声がある」と悔しさをにじませた。

大平政権誕生によって、田中は完全な復権を遂げる。大平内閣は、角影内閣と揶揄された。他方、またしても田中の物量作戦にやられたと思った福田の怨念は燃え上がり、大平政権を最後まで苦しめることになる。大平政権は、スタートで躓く。大平は、選挙で大車輪の活躍をした自派の大番頭、鈴木善幸を幹事長ポストに据えようとするが、福田はこれに難色を示す。三木内閣誕生時に、幹事長は総裁派閥から出さないという条件が付けられ、自分もこれに従ったのだから、大平も当然それに従うべきであると福田は主張した。しかし大平は、自分は総裁選で選ばれたのであり、話し合いで選ばれた三木や福田とは違うと考えていた。大平は、鈴木幹事長案は撤回するものの、代わりに自派閥の斉藤邦吉を幹事長に据える。結局、福田の意向に逆らったのである。大平はまた、福田派重鎮ながら、大平・福田念書に署名した責任感から総裁選では福田の票集めに動かなかった園田直を外相に再任し、福田の神経を逆なでした。

ようやく船出した大平丸に、福田政権の国内需要拡大策によって悪化した財政事情を改善しようと、大蔵省が一般消費税導入を進言する。自らが大蔵大臣の時代に赤字財政への道を歩んでしまったという自責の念を持っていた大平は、これを入れる。解散総選挙を決断した大平は、一九七九年九月三日臨時国会の所信表明演説で、財政再建に取り組み、どうしても財源が不足する場合は、国民の理解を得て新たな負担を求めると明言したのである。増税を訴えての解散総選挙というのは前代未聞であったが、大平は財政事情をきちんと説明すれば、国民の理解は得られると考えていた。大平は、議論と対話による新しい保守政治を切り拓こうとしたのである。

ところがタイミング悪く、衆議院解散の翌日、日本鉄道建設公団の組織ぐるみの大規模な不正経理問題が明るみに出てしまう。カラ出張やヤミ賞与などの総計は、三億円近くに達した。さらに環境庁、郵政省、大蔵省においても同様の問題が発覚し、増税をいう前に政府が襟を正せという世論が強まる。自民党内でも一般消費税反対の大合唱が巻き起こり、斉藤邦吉幹事長も自重を促すに及んで、大平は一般消費税案撤回を表明する。しかし、ときすでに遅かった。一〇月七日の総選挙の結果、自民党は公認候補では二四八議席しか獲得できず、三木が引責辞任した前回選挙よりもさらに一議席減らしてしまった。

反主流派は、当然辞任を求める。これに対して大平側は、前回は二〇議席以上減らしたが、今回はマイナス1にすぎないこと、無所属一〇名を加えると二五八議席となり過半数を超えたこと、また自民党の得票率は前回よりも二・八％上がっており、長期低落傾向に歯止めをかけたこと、などを理由に、敗北とは言えないと強弁したものの、反主流派は当然納得しない。大平と福田が直接会談を行ったが、感情むき出しの「やめろ、やめない」の言い争いに終始し、収拾がつかなくなり、泥沼の「四〇日抗争」へと突入してしまう。一一月六日の首班指名選挙で自民党は候補を一本化できず、主流派は大平、反主流派は福田を立てて首班指名を争うという醜態を晒した。

大平は、決戦投票の末、辛うじて福田をかわすが、第二次大平内閣は、離陸時から片肺飛行であった。両者の溝は埋まらず、翌年五月一六日に社会党の提出した内閣不信任案が、福田派、三木派、中川グループの主だった面々が本会議を欠席したため、可決されてしまう。大平は、間髪入れず解散総選挙に打って出る。参議院の改選時期と重なったため、衆参同時選挙となった。しかし党内抗争で憔悴しきった大平に、もはや選挙を戦い抜く体力は残されていなかった。大平は、選挙戦開始直後に急逝する。

「四〇日抗争」へとエスカレートしていった大福戦争を振り返って、ジャーナリストの早野透は、「田中角栄というデモーニッシュな存在が政敵の敵意を狂おしいまでにかきたたせて、この時代の政治の理性を失わせたというべきかもしれない」と語っている（早野 2012：351）。田中の持つ強烈な磁力が、政治空間を歪めてしまっていたといえるかもしれない。

直角内閣

同時選挙の結果、衆議院では自民党は公認候補だけで二八四名が当選し、参議院では六九議席を獲得した。選挙後、自民党の大勝利は、大平の命と引き換えであるから、大平後継は宏池会からという流れが生まれる。当初は首相臨時代理を務めた伊東正義官房長官を中心に候補者選定が進められたが、伊東は健康上の理由から固辞する。宮沢喜一を推す声も一部ではあったが、田中は全く相手にしなかった。もともと田中は宮沢を有能な官僚以上の存在として認めていなかったし、三木内閣では外相としてアメリカに資料提供を求め、自分を追い詰める役割を担ったとみていた。実際には宮沢はアメリカに慎重な対応を求めていたのであるが（奥山 2016：127-128）。田中は、宏池会のなかで自分に近い鈴木善幸を推す腹積もりであった。

鈴木は、厚生大臣、農林大臣を務めたこともあるが、なんといっても総務会長を一〇期務めた党務の人であり、表舞台に立つというより、もっぱら裏方の人であった。したがって鈴木は海外のメディアには全く知られておらず、アメリカのメディアがZenko Who？と報道したことが日本に逆報道され、話題になったほどである。鈴木は岩手県選出で田中と同期のベテラン議員であるが、初回選挙では社会党から出馬した。次の選挙で支持者の説得もあり、吉田茂率いる民主自由党に転じ、宏池会に入った。このころから、池田・大平と親しかった田中との交流が深まる。鈴木は田中より年上であるが、田中は派閥の長である大平の盟友であり、鈴木にとっては格上であった。鈴木の盟友といえば、「シャム双生児」とまで呼ばれた二階堂進である。鈴木は、その二階堂を、ロッキード事件の灰色高官であったにもかかわらず、あえて政調会長に据えた。もちろん、田中の意向に沿ったものである。

マスコミは二階堂人事を批判したが、自民党内から表立った反対はなかった。挙党体制ゆえともいえるが、実は福田もまた灰色高官の一人、加藤六月の処遇を求めており、二階堂人事に強く反対できる立場ではなかった。マスコミによって直角内閣と呼ばれることを気にして、鈴木は「公私のケジメはつける」と記者団の前で大見得を切ったものの、鈴木政権において闇将軍田中の院政が確立したといえる。大平内閣は、角影内閣と揶揄されたが、大平と田中の関係は基本的に対等であり、田中が大平に直接指図することはなかった。しかし鈴木に対しては、田中はしばしば秘書の早坂を通じて書面で指図を出したようだ。田中は、鈴木がいうことを聞かないとぼやいたが、端なくも田中が鈴木を意のままに動かそうとしていたことがわかる。

一九八一年秋の改造人事で、二階堂はついに幹事長になる。閣僚人事において、鈴木は田中派から江崎真澄や竹下登といったベテランの起用を考えていたが、田中は新人中心の起用、つまり当選回数からみて適齢期の者たちのなかから選ぶように鈴木に要請し、ベテランからは田中派入りしてまだ日の浅い小坂徳三郎を推薦した。党をみれば、二階堂幹事長の脇を竹下幹事長代理、田村元国対委員長というベテランで固め、党運営は完全に田中派が掌握した。

ロッキード裁判に出廷する角栄
（1981年4月）

一九八二年六月八日にロッキード公判全日空ルートの政治家への判決が下る。橋本登美三郎元運輸大臣に懲役二年六カ月、佐藤孝行元運輸政務次官に懲役二年（いずれも執行猶予三年）の有罪判決が下った。しかも起訴されなかったとはいえ、灰色高官への金の流れとして、二階堂進や加藤六月の名前が明らかにされた。この判決をきっかけに、福田派や三木派が反鈴木（＝反田中）の動きを開始する。この動きに、鈴木政権でギクシャクしていた日米関係への不安・不満を募らせていた岸信介も加わる。こうしたなか、九月二八日に福田は、河本敏夫経企庁長官の出版記念パーティに出かけ、河本待望論をぶち、鈴木再選反対の狼煙をあげる。

しかしポスト鈴木の一番手とみられていた中曽根は、こうした福田や三木の動きに乗らず、沈黙を守る。判決前の六月四日、田中は中曽根派有志と懇談し、「鈴木首相のあとは中曽根君が一番恵まれた環境にある。自分が総裁になった四十七年の総選挙では中曽根君にお世話になったので、何年先になるかわからないが、今度はお手伝いをしたい。中曽根君はじっと機会を待てばいい」と伝えていた（宇治 1983：290）。中曽根は、第二次大平内閣発足時に幹事長の座を狙い、外相ポストを蹴ったことから、一時首相の座から遠のいたとみられたが、大平不信任案採決の際には直前に兵を率いて本会議に入り、田中の逆鱗に触れることをかろうじて免れた。

話し合いではなく、総裁選を求める動きが党内で強まると、鈴木は退陣の覚悟を決め、一〇月一二日、総裁選不出馬を表明する。鈴木の決断を事前に知らされていたのは、宮沢喜一官房長官などごく内輪の者に限られていた。福田、岸らが乱を起こそうと不穏な動きをみせていたにせよ、鈴木派、田中派、中曽根派が結束すれば、鈴木の再選は間違いなしといわれた状況のなかで、鈴木の突然の退陣表明は驚きをもって受けとめられた。その原因について、八四年度までの赤字国債からの脱却という公約が実現不可能になったこと、外交が行き詰っていたこと、さらには田中の無茶な要求（鈴木、もしくは宮沢が法廷の証言台に立つことを求めたと噂された）に嫌気がさしたことなど、様々な憶測が飛んだ。どれも理由の一端であったと思われるが、やはり党内抗争再燃を回避することが、鈴木にとって最大の関心事であったと思われる。もともと鈴木は、総理総裁への強い意欲を持っていたわけではなく、もっぱら党務、閥務といった裏方で存在感を示してきた政治家である。大平急逝という非常事態のなかで首相に担ぎ出されたが、首相として歴史に残る大事業を成し遂げようなどという野心はさらさらなかった。鈴木が打ち出した「和の政治」とは、もっぱら党内融和を重視するものであった。したがって自らの首相再選が無風ではなく、再び党内抗争を惹起する怖れがあると判断したとき、鈴木は卒然として退陣を決意したものと思われる。鈴木は、田中の駒として戦い、消耗されることを拒否したのである。

他方、田中はどうであったかといえば、岸からアメリカ側の鈴木政権への強い不信感を知らされ、鈴木を見放したという説があるが、ロッキード事件でアメリカに嵌められたと思い込んでいた田中がアメリカの意のままに動いたとは考え難い。いずれにせよ、田中が直前まで鈴木の退陣を知らされていなかったことは確かなようである。鈴木退陣の報を受けると、田中はただちに中曽根支持で動きだす。一〇月一一日には中曽根を呼び出し、「五十名で政権をとるのだから、あまり注文を出すなかれ」と釘を差し、二階堂の幹事長留任など、人事について細かく注文を付けたという（中曽根 1996：379）。

他方鈴木は、一一月二二日二階堂幹事長、福田元首相と会談し、それまで反対していた総裁・総理分離論に乗り、「福田総裁、中曽根総理」案で事態を収拾しようとする。あくまでも、総裁選を避けようとしたのである。しかし中曽根は、これを蹴る。田中から、「そんなものは絶対に受けちゃいかん。蹴飛ばせ。あとは予備選だ」との指示が飛んでいたのである（早野 2012：356）。ここでも鈴木は、二階堂と案を練ったが、田中には事前に相談していない。

田中の中曽根指名はキング・メーカーとしての力を示すものとマスコミは受けとめたが、実は当時すでに田中の独断専行が、様々な軋みを生み出していた。この時期、田中派は単に数を増やしていただけではなく、中間派出身の実力者たち（たとえば江崎真澄、田村元、小坂徳三郎など）を引き入れていた。田中は、「中途採用組」を重用し、生え抜きの台頭を抑えようとしたため、派閥内には不満が鬱積していた。その声を吸い上げ、世代交代につなげようと狙っていたのが、金丸信である。金丸は、一審判決によってロッキード裁判が長期化することが明らかになると、世代交代を考えるようになる。総裁候補のいない派閥ではやがて若手の不満を抑えきれなくなると、いち早く読み取っていたのである。

金丸がニュー・リーダーとして推そうと考えていたのは竹下登であり、実働部隊の中心は小沢一郎であった。金丸は、最終的には田中に拒否されてしまうが、鈴木内閣の改造時には竹下を蔵相として入閣させようと動いている。鈴木退陣に際して、金丸は、若手の気持ちを汲んで派内から候補を出すよう田中に訴える。小沢一郎は、二階堂擁立を田中に直訴した。二階堂は、田中の第一の子分であり、しかも田中よりも年上なので世代交代の怖れはないため、田中が受け入れる可能性があると踏んだのだろう。世代交代派は、二階堂を、いわば時代の歯車を回すための「つなぎ」に使おうと考えたのである。

田中は、小沢の訴えに対してはっきりと反対せず、了承するようなそぶりをみせながら、小沢たちが二階堂擁立のために集めた五〇人の推薦人名簿を持参すると、それを金庫にしまい込んでしまう。そして金丸、後藤田を呼びだして中曽根支持を宣言する（大下 2012：127）。中曽根嫌いで知られる金丸は、中曽根を「オンボロ神輿」と腐し、難色を示すが、後藤田が「オンボロ神輿なら修理しながら使えばいい。駄目なら捨てる」といってとりなし、金丸はしぶしぶ従ったといわれる。「オンボロ神輿」といったのは、実は後藤田であったという説もある。いずれにせよ、両者どちらも、この時点では中曽根を高く評価していなかったのである。

二階堂は、「趣味は田中角栄」というほど田中への忠誠心が高く、彼なら鈴木以上に自由に操れたであろうに、なぜ田中は小沢の二階堂擁立案を受け入れず、中曽根支持に回ったのであろうか。一九七二年総裁選での中曽根の支援に対して、田中が恩義を感じていたことは間違いない。中曽根は、「勝った田中君はとにかく喜んで『いずれ恩を返す』と言っていました。それは、十年後に私が自民党総裁になるときに実行されたのです」と語っている（中曽根 2004：100）。しかし田中は、恩義だけで中曽根を支持したわけではなく、中曽根を首相の器として評価していた（保阪 1993：273）。

他方、二階堂に対する田中の評価は、決して高くない。佐藤昭の日記によれば、田中が幹事長になったときに、田中のために「便所掃除も厭わない」二階堂を筆頭副幹事長にと進言するが、田中は「ウーン」と唸り、ためらった（佐藤 2001：75）。結局二階堂は筆頭副幹事となり、その後官房長官や幹事長を歴任することになったが、田中の二階堂評価は大きく変わっていない。田中は、二階堂を「会社でいえば副社長止まりの男」と考えていたのである（鈴木 1985b：54）。またたとえ二階堂であろうと、自派閥から首相を出せば、必然的に代替わりが進むであろうことを田中は怖れていた。田中は、派閥のオーナー社長としての実権を手放すつもりは毛頭なかった。

盟友鈴木が首相になったことで、二階堂は「俺も」と欲が出たのであろう。ところが田中は自分に何の相談もなく、推薦リストを握りつぶした。二階堂は、当然これに不満を抱いた。田中としても、自分の思い通りに動くと思っていた二階堂が、何の相談もなく鈴木と総裁・総理分離論を進めようとしたことに対して、不信感を覚えた。水も漏らさぬといわれた二人の仲は、表向きはともかく、これを機に変質していく。お互いに相手の存在を必要としながらも、信頼関係は徐々に、しかし確実に崩れていった。

この事件は、さらに深刻な叛乱の芽を生み出した。「中曽根で行く」と告げられた金丸は、その後若手に対して「オヤジが右といえば右、左といえば左。それが派閥だ。いやなら飛び出すしかない」と語ったといわれる（早野 2012：357）。田中への絶対服従を諭しているかのようであるが、金丸の真意が最後の部分にあったことは、後からみれば、明らかである。金丸は、このとき話し合いによる世代交代は難しく、機会をみて実力で押し切るしかないと腹を括ったと考えられる。そのお手本は、すでに佐藤派分裂のとき「田中のオヤジ」がみせてくれていた。

田中曽根内閣
――院政の終わり

中曽根第一次内閣は、後藤田官房長官を筆頭に田中派から六人が入閣し、法相には公然と検察批判を行い、田中に同情的な態度をとっていた秦野章（元警視総監）が就任する。マスコミは第一次中曽根内閣を「ロッキードつぶし」内閣、第三次田中内閣、田中曽根内閣などと書き立てたが、中曽根は、単なる操り人形ではなかった。中曽根は、鈴木の退陣の意向を知ると、それが公表される前に、ただちに後藤田に官邸入りを要請した。中曽根は、政権の目玉である行政改革を成功させるためには官界に睨みの利く後藤田の存在が不可欠であると考えたのである。後藤田人事は、田中に押し付けられたものではなく、中曽根が自ら求めたものであった（後藤田 1991：108；中曽根 2004：153）。閣僚二〇名中六名が田中派であったことについては、「『仕事師内閣』を目論んだところ、結果としてこうなったに過ぎなかったのです」と中曽根は語っているが、あながちウソではない（中曽根 2004：161）。

中曽根が竹下を蔵相に起用したのは、世代交代を警戒する田中の意向に反するものであった。また福田の後継者と目される安倍晋太郎を外相につけ、次期総裁候補の二人を競わせた。さらに注目されるのは、中曽根が、七月に衆参同時選挙を行うようにという田中の再三の要請を拒んだことである。田中は、ロッキード判決前の解散総選挙を望んでいた。判決が自民党に不利に働く危険性は十分予想されたにもかかわらず、中曽根が同時選挙を拒んだのは、後藤田によれば、支持率低下を気にしてのことであった。また判決で有罪になれば田中が議員辞職するのではないかとの期待もあったらしい

中曽根・田中会談を終えた中曽根康弘

（後藤田 1989：42）。

一九八三年一〇月一二日、田中角栄に懲役四年、追徴金五億円の実刑判決が下る。晴れて無罪を勝ち取るという田中の夢は、無残にも砕け散った。目白の自宅に戻った田中は、集まった軍団の面々を前に「でたらめな判決だ。あんなことをやれば、国会議員は全部有罪になる」と判決への怒りを爆発させ、無罪判決を勝ち取るまで戦い抜く決意を明らかにした。また、「諸君が選挙に勝つために、去りたい人は去ってもいい」と言い放ちながら、「諸君が当選するためにどんな犠牲でも払う」としっかりと引き留めている。他派閥に対しては、「自分が知っていることをすべて明かさないのは自民党を大事に思っているからだ」と牽制し、中曽根に対して「総理総裁というのは帽子にすぎない、思いあがるな」と一喝した（早野 2012：366）。

判決後発表された「田中所感」に反省の色はなく、むしろ宣戦布告ともいうべき内容になっていた。「内閣総理大臣にあった者として、その名誉と権威を守り抜くために不退転の決意で戦い抜く」と裁判所との対決姿勢を鮮明にし、「根拠のない憶測や無責任な評論によって事実の主張を阻もうとする風潮を憂うる」とマスコミを痛烈に批判した。これも秘書の早坂茂三の筆によるものといわれるが、田中の憤りを直截に反映している。一審判決後、野党だけではなく、福田と三木もまた田中の議員辞職を求めた。

岸元首相、中曽根首相と自民党の新旧トップが相次いで田中と面談するが、どちらも意気軒昂な田中に鈴をつけられずに終わった。中曽根との三時間に及ぶ会談の後には、さすがに現役首相を手ぶらで帰すわけにはいかないと思ったのか、田中は「所感」を軌道修正した「所懐」を発表する。そこでは殊勝な態度をみせたものの、田中に議員バッジを外すつもりは毛頭なかった。中曽根は、田中問題解決への糸口を見出せないまま、一一月二八日に衆議院解散に踏み切る。「田中判決解散」の投票日は、一二月一八日であった。

予想通り、自民党は大敗する。自民党は大平の遺産を全て失い、公認候補の当選者数は二五〇名にとどまった。田中派議員も苦戦を強いられたが、二議席減の六二議席に踏みとどまった。一人田中は気を吐き、新潟三区で空前絶後の二二万票超えを果たした。自民党敗北の結果を受け、福田、三木は中曽根に「けじめ」を要求する。これを受けて、中曽根は一二月二四日に「総裁声明」を発表し、「いわゆる田中氏の政治的影響を一切排除する」と言い切った。中曽根の原案では「党外の人の影響力を排除」と抽象的な表現に抑えられていたが、福田がこれにクレームをつけたため、二階堂幹事長が「田中氏の政治的影響力を一切排除する」と書き改めたといわれる。二階堂としては、そうするほかないと判断したのだろうが、ここでも田中には一切相談していない。このときのことを中曽根は、次のように回想している。

「おれの趣味は田中角栄だ」なんていっていたのが、三木さん、福田さんにやられると、進んで筆をとるんですからね。まじまじと二階堂さんの顔を見ましたよ。あれで、二階堂さんに対する田中さんの信任が薄れたんじゃないかな（中曽根 1996：484）。

実のところ、この一件で、田中の二階堂への不信は決定的になったというべきであろう。

総選挙での大敗を受けて二階堂は幹事長を辞任し、第二次中曽根内閣は新自由クラブとの連立政権となった。後藤田は官房長官から行政管理庁長官（七月一日から組織改編により総務庁長官）へと横滑りし、官房長官には中曽根の腹心である藤波孝生が就いた。竹下蔵相、安倍外相は、どちらも続投であった。ニュー・リーダーたちのなかで出遅れたのが、宮沢喜一である。宮沢には宏池会内に田中六助というライバルがいたものの、鈴木善幸会長は宮沢に後継者のお墨付きを与えていた。にもかかわらず、中曽根は政権発足にあたって、宮沢ではなく田中六助を政調会長に起用した。中曽根は、第二次政権では鈴木が宮沢の処遇を強く求めたにもかかわらず、田中六助を幹事長に横滑りさせ、またしても宮沢を締め出した。

宮沢は、文句なしのサラブレッドであり、キャリア的にはニュー・リーダーのなかで最も華やかであったが、この時点では次期総裁候補として、竹下、安倍に大きく水を開けられてしまったのである。中曽根の宮沢冷遇は、田中の宮沢嫌いが反映していた面がある。しかし、実は中曽根自身の宮沢評価も低かった。中曽根は、宮沢について、「学問的基礎はしっかりしているし、国際情勢の読みも卓抜したものを持っている。外国の政治家と話し合って相手を感心させられる数少ない日本の政治家ですね。しかし、官僚の操縦とか野党対策とか、政党の運営などには向かないし、そんなところに使ったらもったいない人材ですね」と持ち上げながらも貶し、「学者がケンカの場に引っ張りだされたような運命に遭遇したので、運がついていない」、「政治家はケンカにも強くないと党と国が衰弱します」とバッサリと切って捨てている（中曽根 1996：344）。

田中六助が横滑りした後の政調会長ポストには、金丸信が就く。二階堂が幹事長を辞任した後、党三役に田中派から誰を入れるかと考えると、順当な人事であった。二階堂に対して、中曽根は当初副総理格での入閣を打診するが断られ、副総裁ポストを用意する。これに対して、福田は「いわゆる田中氏の影響力排除」という声明に反すると強く反撥し（その文言を入れたのが、二階堂であったが）、岸信介、河本敏夫（三木の後継者であり、経済企画庁長官、副総理格）もこれに同調した。福田は、徹底抗戦の構えを見せ、岸もこれを後押ししたため、中曽根はこの人事を一時ストップしたが、田中から「早くしろ」とせっつかれ、二階堂自身からも四月の訪米までには肩書がほしいといわれ、中曽根は決断する。これに対して福田は、党最高顧問を辞任する意向を示したが、派内では福田に自重を求める声が大勢を占める。福田は、「近頃の若い連中は、筋を通すこともわからなくなった」と嘆いたが、派内での福田の求心力は衰えを見せ始めていた（鈴木 1985a：89）。福田の反対は、結局二階堂人事を三カ月遅らせただけであった。

この一連の人事は、中曽根にとって自信作であったろう。竹下、安倍というライバル二人を閣内で競わせる。「中曽根嫌い」の金丸を党三役に起用し、取り込む。こうして田中派内における世代交代派をバックアップし、田中派内に楔を打ち込む一方、田中の意向に従って、岸や福田の強い反対を押し切り二階堂を副総裁に起用した。福田がもはや派閥を反中曽根でまとめきることはできないと踏んだのであろう。また中曽根は、すでに田中と二階堂の仲がしっくりしていないことを見抜いており、二階堂副総裁が必ずしも田中の影響力拡大につながらないことも読んでいたと思われる。

しかし上手の手から水が漏れる。中曽根は、この人事で鈴木前首相をあまりにも蔑ろにした。自分の意向を無視し、幹事長に田中六助を起用したことで、鈴木の反中曽根感情は決定的となる。そもそも鈴木は、中曽根が事あるごとに自分が日本外交の危機を救ったと触れ回っていることを快く思っていなかった。中曽根発言が、日米同盟関係を強く打ち出すことに躊躇した鈴木のハト派外交路線に対する「外交オンチ」との批判に与するものと思われたであろう。鈴木としては、再選確実といわれながらも、争いを避け、中曽根に政権を譲ったという思いがあるだけに、中曽根の言動は恩を仇で返すものであった。

中曽根政権打倒を目論む鈴木が担ぎ出したのが、盟友二階堂進である。鈴木は、表向きは宮沢政権樹立を唱えたが、本音では、中曽根打倒のためには田中の同意が得られる（可能性が高い）二階堂政権が落としどころと考えていた。鈴木は、一九八四年五月に、「二階堂総裁・宮沢総理」という総裁総理分離を田中に持ちかけるが、田中は歯牙にもかけず、この情報をリークして潰した。同年九月一〇日、いよいよ総裁選に向け、政局が動きだすころに、田中派は一〇年ぶりとなる研修会を開く。そこで田中は大演説をぶつ。財政再建問題を語り、靖国参拝や憲法改正を支持する発言を行った後、政局の話に移り、総裁・総理分離論を改めて明確に否定した後、「田中派から総裁候補を出さんといっているわけではないが、強いて出す必要はない」と中曽根続投支持を示唆した（鈴木 1985a：237）。

中曽根康弘と鉢合わせた角栄
（古井喜実元法相の出版記念会にて）

しかし鈴木は、なおもあきらめず、福田の同意を取り付け、さらに河本や野党の一部にも声をかけ、二階堂政権樹立に動く。公明党竹入－矢野執行部は、この局面で田中を切り捨てる決断をしていた（後藤 1994：53-56）。それにしても、二階堂副総裁に強硬に反対した福田が、今度は二階堂総裁案に乗るというのは、永田町以外では理解されがたい話であるが、福田は「田中曽根」体制を打倒することに執念を燃やしていた。二階堂は、田中が中曽根続投支持を明らかにしていたにもかかわらず、この動きを止めようとしなかった。しかし鈴木や二階堂がキー・パーソンと考えていた金丸信がこの動きに乗らず、田中派内で二階堂擁立を支持したのは、外様組の江崎真澄など、ごく一部に限られた。

金丸や竹下は自派閥から総裁候補を出すことを求めて

いたし、小沢一郎は前回総裁選では中曽根に対抗して二階堂擁立を図ったにもかかわらず、今回は全く動かなかった。もちろん、田中の意向がすでに明らかになっていたからである。さらにいえば、世代交代論者たちからみて、二階堂はもはや魅力的な玉ではなくなっていた。中曽根は田中派内の世代交代派を重用しており、オンボロ神輿も担いでみると意外と悪くはなかったのである。こうなると、中曽根再選を支持し、自分たちの力を蓄えたほうが得策である。二階堂擁立は、単に時代の歯車を逆転させるにすぎない。

二階堂の説得に当たった後藤田によれば、「二階堂さん、野党と一緒になっての動きはどうかなと思う。やっぱり、おやめになった方がいいんではないかと思うが」と諭したところ、二階堂はあっさりと断念したという（後藤田 1994：53）。しかし実際のところは、それほど簡単な話ではなかった。告示直前の一〇月二七日に二階堂が田中邸を訪れ、自分は出馬を考えたことなどないのに、田中派内でこれをつぶしにかかっていると田中に苦言を呈した。翌日自民党本部で、岸信介元首相（最高顧問代表）、福田赳夫、鈴木善幸、河本敏夫、桜内義雄（中曽根派）、江崎真澄（田中派）という派閥代表と、二階堂進副総裁（田中派会長）、金丸信総務会長による実力者会談が開かれた。

当初の予定では、中曽根に候補者を一本化する会談のはずであったが、福田、鈴木、河本、江崎は個別会談を行い、二階堂擁立を決めてしまう。江崎は、金丸に二階堂擁立に回るようにと迫るが、金丸はこれを受け入れず、竹下、後藤田、小沢辰男を呼び出し、逆に二階堂に出馬断念の説得にあたった。なかなか断念すると言わない二階堂に対して、後藤田は業を煮やし、机を叩いて「いったい何を考えているんだ。いいかげんにしろ」と怒鳴りつけ、とうとう二階堂は降参したという（鈴木 1985a：288-293）。

二階堂は、その後田中邸を訪れ、怒りを爆発させた。「オレは派閥の外から擁立を受けた。それを自分が長年ともに苦労した仲間から足を引っ張られるとは思わなかった。あんたは二階堂擁立を、誰にも相談せず、独断で鈴木に断った。……今後こういうことが続くなら、あんたにはついていけない」。これに対して田中は、「今後はこういうことはしない」と二階堂をなだめ、手打ち式を終える（鈴木 1985a：296）。

しかし、もちろんこれですべてが元通りというわけにはいかない。田中は、二階堂の背信行為を許さず、木曜クラブ（田中派）会長と副総裁を辞任させようとしたらしい。これに対して後藤田が、二階堂を切れば、「とたんに竹下と金丸がぐっと出てきますぞ」と忠告し、田中を思いとどまらせたというのである（鈴木 1985b：61）。その後田中は、ポスト中曽根の候補として二階堂の名を挙げるようになるが、それはあくまでも二階堂を使って、竹下、金丸を抑え込むためであって、どこまで本気で二階堂総裁を考えていたかはあやしい。

田中が二階堂との仲をいかに取り繕ってみせても、田中派の求心力の衰えは隠せない。田中が中曽根続投の意向を明確に打ち出したにもかかわらず、二階堂はそれを無視し、鈴木の策動に乗った。これを田中は、山崎首班工作事件に匹敵するとまでいいながら、結局二階堂を処分しなかった（民自党幹事長山崎猛は議員辞職した）。いや、できなかった。この事件をきっかけに、金丸の存在感は大きく増す。クーデタを土俵際で抑えこんだのは、田中ではなく金丸であった。中曽根が、病気療養中の田中六助に替えて幹事長に指名したのは、田中角栄の推す小沢辰男（木曜会事務総長）ではなく、金丸信であった。

4 落日の太陽

暗転

金丸幹事長は、体力が弱っていた福永健司に代え、二階堂を衆議院議長に据えようとする。衆議院議長は、いわば「上がり」のポストであり、そこから首相に「戻る」ということは通常考えられない。体よく二階堂を棚上げしてしまおうというのである。しかし権力の匂いを嗅がされてしまった二階堂は、金丸の説得に首を縦にふらない。必死に抵抗する二階堂の姿は、まるで金丸幹事長に「ド突き回されて」いるようにみえたという（鈴木 1985b：72）。クーデタを食いとめた金丸と失敗した二階堂の関係は、完全に逆転した。二階堂の棚上げをあきらめると、金丸は、田中の推す原健三郎ではなく、中曽根、党三役の了承を得て、坂田道太を福永後任に決定してしまう。田中は、坂田が鈴木政権の法相として（自分に対して）何もしなかったと不満であった。

次期衆議院議長を決めた一九八五年一月二三日の夜、金丸、竹下を中心に田中派二二人の衆参両院議員が築地の料亭「桂」に集まった。政策グループ「創政会」の発足準備会である。橋本龍太郎、小渕恵三、羽田孜、小沢一郎、梶山静六といった田中派の次世代を担うホープたちが勢揃いした。この会は極秘で開催されたが、二七日には情報が漏れる。竹下は慌てて目白の田中邸を訪れ、勉強会を作りたいと田中に伝え、了承を得ている。田中のお墨付きをもらったと考えた創政会の切り込み隊長、梶山静六は、一月三〇日七日会（田中派の当選六回以下の議員の集まり）で竹下勉強会への参加を呼び掛ける。これに対して、梶山が前年一一月から一本釣りを行っていたことに対する不信や不満の声が挙がり、創政会への流れを一気に決めてしまおうとした梶山の動きは失敗する。

一月三一日、創政会への警戒を強めた田中は二階堂と話し合い、前言を撤回し、創政会への田中派議員の参加を抑制する方向に転じる。娘婿の田中直紀の入会を止め、小沢辰男事務総長に命じて派内議員の入会チェックを始めた。にもかかわらず、二月七日創政会の旗揚げには四〇人が集まった。前日田中派の臨時総会が開かれ、二階堂が「オヤジは今度のことについては（態度が）きびしい。こういうことが起きたのは私の不徳のいたすところだ。こういう騒ぎは二度とあってはならない」と田中の意向を伝え、引き締めを図っていたことを考えると、四〇という数は大きい。これで、簡単に田中に踏みつぶされる心配はなくなったのである。会長に竹下登、副会長に橋本龍太郎、梶木又三、事務局長に梶山静六という布陣が決まった。挨拶に立った竹下は、「これからの私の生きとし生ける身柄を（皆さんに）お預けした。（これまでかけた）ご迷惑をなくすためにも、燃焼しつくさねばならない、とつくづく思う」と政権獲得への不退転の決意を、竹下らしい表現で述べた（鈴木 1985b：89–90）。

創政会の発足は、皮肉なことに田中の動きによって加速されたといえる。田中は、クーデタを起こそうとした張本人の二階堂進、それを担いだ江崎真澄、田村元らを処分せず、それどころか二階堂を中曽根後継として持ち上げた。しかも田中は、一月二四日には二階堂政権樹立のために各派横断的な二階堂を囲む政策研究会を立ち上げ、世代交代をあくまでも阻止する構えを示した。このことが、世代交代派にもはや一刻の猶予も許されないという危機感を与えた。第一審のロッキード判決後、目白で激高する角栄をみて、金丸は竹下に「熟して落ちてくるまで待て」と囁いたといわれるが、今や機は熟したのである（早野 2012：368）。

竹下に騙されたと田中は周りに怒りをぶちまけていたが、二月一三日、竹下が、橋本、梶木の副会長を伴って田中邸事務所に挨拶にいくと、「いいんだ。同心円でいこう」と拍子抜けするほど愛想がよかったという（鈴木 1985b：91–96）。田中は、叛乱の芽を摘むために、相当数の脱藩者が出ることを覚悟して首謀者たちの処分を断行することをしなかった。裁判闘争のために数を維持しようとしたといわれるが、求心力を失い、分裂した状態で数を維持しても、張り子の虎にもならない。田中の生来の人の良さ（気の弱さ）と勝負勘の鈍りが出たように思う。田中の逡巡は、金丸にとっては好都合であった。少人数で脱藩するよりも、時間を稼ぎ、できるだけ多くの仲間を獲得することで、あわよくば母屋を奪うこともできる。

しかし、事態は急転する。二月二七日に田中が病に倒れたのである。当時の田中の様子を、秘書の佐藤昭は次のように記している。

このごろ田中の言動がおかしい。朝からウィスキーを飲み、事務所に来た時にはもう千鳥足で、目も真っ赤に血走っている。いくら私が止めても、ウィスキーのがぶ飲みをやめようとしない。口論の末、最後は自分でボトルから注ぎ、濃い水割りをつくる始末。それが毎日のようではなく、文字通り毎日続いている（佐藤 2001：219）。

倒れた日、田中は予定していた小金井カントリークラブでのゴルフを体調が悪いと取りやめ、自宅事務所で来客に対応していた。夕方から体調が悪くなり、夜八時半に東京逓信病院に入院した。連絡が入ったのは、二階堂、後藤田、小沢辰男などごく少数に限られ、創政会メンバーへの知らせはなかった。翌日医師団から、田中の病状について軽い脳卒中であり、三、四週間程度で回復するという見通しが発表されるが、実際には深刻な脳梗塞であった。その後田中の治療方針をめぐって医師団と田中家の間に対立が生まれ、結局田中家側は、ゴールデンウィーク中に田中を退院させ、自宅に連れ戻してしまう。それまで外部とのスポークスマンを務めていた早坂秘書は、病院側に同調したため、絶縁される。田中家は、退院についても誰にも知らせず、それ以降田中家と田中派の接触はしばらく途絶えることになる。

そして六月六日に木曜クラブ（田中派）の総会で、田中角栄の娘婿田中直紀が突然イトーピアの田中事務所閉鎖を明らかにする。イトーピアは、木曜クラブの入る砂防会館の隣にあり、秘書の佐藤昭、早坂茂三たちにただちに情報が伝えられる。そのとき彼らは、前日に解雇通告を受けた工藤節子秘書（田中の議員第一秘書であり、二一年間田中に仕えた）の救済対策を話し合っていた最中であったが、工藤だけではなく、イトーピア事務所の秘書たち全員が解雇されることになったのである。秘書たちにとって全くの寝耳に水であり、到底納得できるものではなかった。早坂や佐藤によるこの事件に関する生々しい報告があるが、ここでは高校生時代に田中事務所でアルバイトとして働いて以来、まさに「田中一筋」の人生を歩んだ朝賀昭の抑制された記述を引用しておこう。

……事務所閉鎖で全員同時解雇です。（田中眞紀子が——引用者註）オヤジの娘でなければあのままでは済まなかったでしょう。退職金にしても、佐藤昭子さんに書いた借用証書にしても、いつかのために我々にくれた株式にしても、戦う材料はいくらでもあった。しかし、オヤジを思う気持ちがそうさせなかった。

イトーピアの秘書全員が相談した結果、みんな、草の庵を結んで、親方が帰ってくるまでそれぞれが食いつないで頑張っていこうということになりました（朝賀 2015：223）。

秘書たちのいじらしいまでの「田中愛」が感じられる。

もちろん田中家には、田中家の言い分があっただろう。イトーピア事務所の実質的な主である佐藤昭との関係を絶って久しかったし、早坂茂三とも絶縁となれば、彼らが牛耳る事務所のために莫大な経費を負担する道理はない。しかしイトーピア事務所は、田中派議員を統率し、指令を出す前線基地であった。それを閉鎖するということは、田中の病状が相当に深刻であり、自らの意思を伝えることすら難しい状態にあることを物語っていた。田中本人が元気なら、閉鎖など許すはずはないからである。

跡目争い

田中が倒れたことで、攻める金丸、竹下が断然有利になったが、堅牢な田中城はそう簡単には落ちない。二階堂木曜会（田中派）会長は、田中の名代として派閥を統率しようと懸命の努力をする。六月二〇日の資金集めパーティには、創政会メンバーも協力した結果、八〇〇〇人が詰めかけ、八億五〇〇〇万円を集めた。二階堂は、なおも長老たちの支援を頼りに、次期総理総裁となる意欲を燃やし続けていた。

そこに訪れたのが、衆議院定数是正の六・六（六増六減）法案である。当時の衆議院定数が憲法違反にあたるとの最高裁判断が下ったため、中曽根内閣は、定数是正を迫られることになった。これを放置すれば、首相の解散権が縛られてしまう。しかし定数是正が実現した暁には、中曽根がただちに解散総選挙に打って出ることは必至と思われたため、二階堂や長老たちは、この法案を阻止し、中曽根に解散権を行使させないまま、総裁の任期満了に持っていこうとした。選挙に勝ち、あわよくば任期延長・再選を狙おうという中曽根の野望を打ち砕こうというのである。三木武夫、福田赳夫、鈴木善幸の首相経験者、さらには福田一、福永健司、安井謙、徳永正利という衆参議長経験者に二階堂副総裁を加えた最高顧問懇談会が一〇月三一日に開かれ、六・六法案阻止で意思統一を行う。

長老たちの支持とともに、いやそれ以上に二階堂が欲したのは、田中の名代としてのお墨付きであった。二階堂はいわば「雇われ会長」であり、創政会を抑えて田中派を統率するためには、田中の意を受けた正統な代表であることを再確認する必要があった。二階堂は一一月一六日の長岡越山会総会に出席したが、その前にわざわざ田中家に足を運び、田中の妻はなと会って角栄の写真を見てきたこと（つまり角栄には会えなかったということ）を総会の場で明かし、病気になる前に田中に「お前は俺の代わりだぞ」と激励されたと語った。そして七六歳という自分の歳を六七歳と何度も言い間違え、若さを強調した（鈴木 1986：79）。

野党のみならず、自民党内でも六・六法案反対が強いのをみて、金丸は改造人事を先行させようとする。法案が否決されれば、幹事長の責任が問われ、続投が危うくなる。中曽根は金丸の意図を見透かし、あくまでも六・六法案を優先させる意向を示すが、一二月一九日にはついに法案の今次国会成立を断念する。その三日後、二階堂は念願の田中との面談を果たす。二階堂が、内閣改造について「皆とよく話し合ってきめたいのでまかせて下さい」というと、田中は「そうか、そうか、ありがとう」と応えたというのである（鈴木 1986：111）。こうして二階堂は、喉から手が出るほどほしかった田中のお墨付きを得て、改造人事での形勢逆転を狙った。

ところが、思わぬところから弾が飛んでくる。面接に同席した田中直紀が、二階堂は自分の言いたいことだけいって、オヤジの考えを聞かなかったと公に不満を口にしてしまう。田中家側は、公然と叛旗を翻した創政会に対して当然強い憤りを抱いていたが、他方、総裁・総理分離構想、田中排除声明、クーデタ劇と三度にわたって田中の意向に逆らった二階堂に不信感を抱いていた。しかしイトーピア事務所を閉鎖し、二階堂を後ろから撃ってしまえば、田中の威光は発揮されようがない。田中直紀が、田中の意向は竹下を田中派枠として入閣させないことにあると言い張っても、誰も耳を貸さない。田中家の行動は、創政会にとっては思うつぼであった。

実は六・六法案では、金丸も苦しい立場に置かれていた。法案が国会を通らなかった場合の責任は、何と言っても幹事長にある。したがって金丸の幹事長辞任を求める声が強まる恐れがあった。二階堂にとっては、チャンスである。ところが鈴木派や福田派は、金丸を辞任に追い込んで竹下幹事長が実現してしまえば藪蛇と考え、金丸続投を認めた。こうして二階堂は、田中家から不信任を突き付けられ、鈴木や福田という長老たちが金丸続投を支持したため、金丸を追い込む絶好のチャンスを失った。

年が明け、与野党間で協議が進み、一九八六年五月八日深夜に坂田道太衆議院議長による「八増七減」という裁定が下ると、これ以後政局は、衆参同時選挙をめぐる駆け引きに入る。二階堂は当然中曽根の企む同時選挙を阻止しようとする。今回は、これに鈴木や福田も同調する。従来ひ弱で政局には絡もうとしない宮沢喜一が、断固反対を打ち出したことが目を引いた。しかしここでも、反対派は敗北する。金丸から「あなたが中心になって田中派を取り仕切ってください。しかし田中派会長として、派内の総意には従ってください。派内の総意は同日選です」と通告され、二階堂は黙ってしまう。二階堂は、またしても金丸に「ド突き回された」のである。他方福田もまた、安倍外相、藤尾政調会長との会談で、同日選容認で押し切られた。福田は、時代の流れを痛感したのだろう。選挙後、清和会（福田派）の会長を安倍晋太郎に譲ることを表明した。結局ニュー・リーダーのなかで、宮沢一人が浮いた格好になった（鈴木 1986：251-254）

七月六日に行われた同日選挙は、自民党の圧勝に終わる。衆議院では公認三〇〇、追加公認四、あわせて合計三〇四議席を獲得した。これは田中角栄幹事長が指揮した一九六九年一二月総選挙での三〇三議席を上回る歴史的大勝であった。参議院でも、九議席増やし、総数一四二議席となった。これによって中曽根の任期延長への道が切り拓かれる。中曽根は、一世一代の大勝負に勝ったのである。長老たちに対して「中曽根三選はない。任期延長もない」と断言していた金丸は、大勝利で状況が変わったことを認め、辞意を表明する。金丸の本心は、幹事長を竹下に譲り、世代交代の歯車を回すことにあった。中曽根は功労者金丸の意向を尊重し、竹下を幹事長に抜擢し、安倍晋太郎を総務会長に据える。同時選挙に最後まで反対した宮沢は、選挙後いち早く中曽根の任期延長支持に転じ、辛うじて大蔵大臣の座を射止めた。金丸は副総理となる。

二階堂は、木曜会会長として、幹事長に抜擢された竹下と官房長官に復帰した後藤田については重用されすぎなので、田中派とは別枠にするようにと求めるが、金丸に「竹下と後藤田にムラを出ろというのか」とすごまれ、またしても黙ってしまう。二階堂は、金丸の前ではもはや蛇に睨まれた蛙であった。創政会若手のホープ、羽田孜と小沢一郎は、それぞれ農水相と自治相に就き、入閣を果たした。これに対して、反創政会系からはベテランの江崎真澄が総務庁長官に起用されるにとどまった。再度衆議院議長を打診され、断った二階堂は、副総裁留任を希望するが、中曽根に今回副総裁ポストは設けないと体よくあしらわれてしまう。長老と謀って自分に刃向おうとした二階堂をいずれ切ることは、中曽根にとっては既定路線であったろう。田中が倒れ、派閥内での影響力も著しく減退した二階堂は、中曽根にとってもはや何の利用価値もなかった。

二階堂は、その後九月下旬に田中派会長に再任されるが、その条件として、「時期がくれば、田中派から総裁候補を擁立する。その場合は派内の大勢に従う」という合意を呑まされる。これは、創成会側としては、二階堂の立場を慮って玉虫色にはしたが、二階堂に竹下擁立を認めさせたつもりであった。しかし二階堂は、竹下の名前を直接出さないことで、なおも自分の出馬の含みを残したつもりでいた。いずれにしても、この二階堂再任は田中の指名によるものではなく、機関決定によるものであり、二階堂の立場はさらに弱まった。二階堂は、金丸のいうように、まさに機関決定に従うしかない存在になったのである。したがって二階堂は、以前にも増して田中のお墨付きを求めるようになる。

九月二七日、田中家は動く。田中角栄直近の議員たちを角栄に面会させたのである。しかし呼ばれたのは、山下元利、小坂徳三郎、世耕政隆の三人であり、二階堂は外された。「竹下を切れ」という角栄の（直紀によって伝えられた）意向を二階堂が実現しないことへの強い不満の表れと受け取られた。それでもこの出来事は、非・反創政会系の議員たちに田中復活の期待を抱かせた。焦らされた二階堂は、一〇月一日山下元利とともに訪ねてきた田中直紀に対して、自分は竹下擁立とは言っておらず、自らが総裁になる意欲を失っていないと弁明し、角栄との会見を強く求める。長老連も、二階堂を懸命に盛り立てようとする。九月末の田中派研修会の前、そして一二月中旬にも会合を開いて、長老たちは二階堂擁立の方針を確認している。

田中家側も、二階堂を追い詰めるのは得策ではないと気づいたのか、角栄の意向は二階堂後継にあると公言するようになる。一二月には、二階堂が木曜会会長として閣僚未経験者九八人にもち代二〇〇万円を手渡したが、別封として田中角栄名義で一〇〇万円ずつ追加された。国家老本間幸一が工面し、持参したものであったという（鈴木 1987：168）。そして一九八七年の正月には、田中角栄がついに記者団の前に姿を現し、二階堂進、江崎真澄、小沢辰男、山下元利、四幹部と会う。他方竹下は、門前払いを食らった。三月二〇日に鹿児島市の城山ホテルで開かれた有馬元治鹿児島県連会長就任祝賀会では、有馬は竹下を田中派候補として認めないと気焔を上げ、田中直紀は「おやじと関係が一番深いのは二階堂さん」と持ち上げた（鈴木 1987：261-262）。

二階堂は、田中家からようやくお墨付きを得たわけであるが、もはや秋の総裁選に向けた竹下出馬の動きを止めることはできなかった。そこで二階堂は、先手を打って、五月一四日の田中派総会で総裁選出馬宣言を行った。そして翌日田中邸を訪ね、直接田中から「それでよい」との了承を得た（鈴木 1988：25）。二階堂は、竹下が派を割ってまで出馬する覚悟はなく、角栄の御宣託が下れば反対派を抑え込めると楽観的に考えていたようだが、二階堂の行動は、むしろ竹下派結成に火をつけた。五月二一日「竹下登自民党幹事長激励の夕べ」が開かれ、推定一万人を超える大盛会となった。竹下は、二階堂に対して出席を見合わせるように申し入れ、絶縁を通告した。二階堂にそれまで同調していた、あるいは同情的と思われていた田中派内の中間派議員たちは雪崩を打ったようにこのパーティに出席する。結局田中派一四二人中一二〇人が竹下の会に参加した。

六月三日には竹下擁立集会が開かれ、そこにはかつては二階堂擁立に動いた田村元や新潟選出の高鳥修の姿もあった。集会には、本人出席一〇八人、代理出席一〇人、合計一一八人が名を連ね、竹下が田中派の大勢を制したことが明らかになった。七月に入ると経世会（竹下派）が一一三人で正式に発足した。経世会に参加しなかった者のなかでも、二階堂グループ入りを見合わせる者たちが出た。田中への義理を重んじ、竹下派に加わらなかった後藤田正晴はもちろん、二階堂と長い間行動をともにしてきた小沢辰男もまた中立系にとどまった。中立系の世耕政隆は、「二階堂派には戦略と展望が欠けている」、「二階堂さんは、なるほど股肱の臣ではあるが、後ろ盾としての角さんの力はすでになくなっている。田中という印籠を見せるだけで、大事な局面を作っていくのはもはや無理だ」と率直に語った（鈴木 1987：79）。結局二階堂グループに加わったのは、わずか一五名にすぎず、自民党総裁選出馬に必要な推薦人五〇名には程遠い数字であった。

経世会発足に際して、佐藤昭は以下のように記した。

「経世会」結成。百十三人で竹下派が旗揚げ。……田中が血と汗で築き上げたものがすべて失われた。これが政治の世界と理性ではわかっていても、たまらない気持ちになる。昨夜は通夜のような気持ちで過ごし、今日は一日中、ベッドで臥したまま（佐藤 2001：233）。

二階堂は、その後も長老たちの支援頼みで総裁選出馬に必要な五〇名の推薦人を集めようともがくが、最後には命綱とも頼む鈴木派からも見放され、万策尽きる。二階堂のメンツを守るために、長老たちは一〇月七日最高顧問懇談会を開き、挙党態勢実現のためという名目で二階堂に出馬断念を要請する。二階堂は、「やむを得ず」これを受け入れる。このように体裁を整えることで、二階堂へのせめてもの餞としたのである。変わりゆく現実のなかに変わらない夢を見続けた二階堂は、敗れ去った。

田中派の跡目争いは、金丸―竹下の全面勝利に終わった。もし田中が元気であれば、金丸や竹下は叩き潰されていただろうといわれる。田中をよく知る者ほど、そう思うようである。それだけ、田中の力は群を抜いてすごかったということであろう。田中は、衆参同時選挙では一度も選挙区に顔を出すことがなくとも、国家老本間幸一を中心とした選挙マシーンがフル稼働し、トップ当選を果たした。前回の二二万票には届かなかったものの、ほぼ一八万票を集め、得票率四〇%、二位に一〇万票以上の差をつける圧勝であった。この田中の底力をみれば、もし田中が順調に回復していれば、竹下派（経世会）の前途ははるかに険しいものになったであろうことは想像に難くない。

しかし、すでに見てきたように、田中の求心力は倒れる前から確実に低下していた。中曽根は、明らかに竹下、金丸たちに軸足を移していた。しかも一九八七年七月二九日、東京高等裁判所は一審判決を支持し、田中は敗訴する。経世会は、その三週間前にすでに結成されていたので、この判決の衝撃度を測ることはできないが、もし田中が健在であり、いまだ経世会ならずの状態であったとしたら、この控訴審判決が竹下派旗上げの決定的契機となった可能性が高い。もちろん田中派が一五名にまで減ることはなかっただろうし、跡目争いは長引き、ニュー・リーダーのなかで最初に首相になるのは竹下ではなかったかもしれない。しかし他方で、田中が以前のように闇将軍であり続けることもできなかったであろう。

現実には田中が倒れ、世代交代の流れは加速したが、それにしても竹下派旗揚げまで一年以上の時間を要した。この時間は、田中角栄という政治家の存在の大きさを物語っている。まだ田中の復帰がどうなるかわからないときはいうまでもなく、田中の完全復帰がもはや望めないことが明らかになっても、世代交代派はしばらく田中の磁場のなかで動いていた。田中は不在であったが、非在ではなく、政治を大きく規定し続けたのである。

田中の磁力は、田中派を越えて働いていた。三木、福田、鈴木といった長老たちは、首相退陣後も第一線にとどまっていたが、それは彼らが、かつての領袖たち、たとえば吉田茂、岸信介、佐藤栄作よりも大きな力を持っていたからであろうか。あるいは、若かったからであろうか。そのどちらでもない。彼らの影響力は、田中のおかげである。ニュー・リーダーたちでは到底田中に太刀打ちできないと考えられたからこそ、彼らが必要とされたのである。田中の存在によって、長老たちは生き長らえた。逆にいえば、田中という存在がなくなれば、彼らもまた消え去る運命にあった。しかし田中が倒れても、田中が作り上げた磁場はしばらく残存した。そもそも田中の不在は、ロッキード事件以来常態化していた。不在が非在であることを悟り、行動パターンを変えるまでには、それなりの時間を要したのである。

結局角栄は、同時選挙後、一度も国会に足を運ぶことができず、一九八九年一〇月一四日に田中直紀を通じて、政界引退を発表する。

今期限りをもって衆議院議員としての政治生活に終止符を打つ決意をしました。四二年の長きにわたって、越山会をはじめ、多くのみなさまから私に寄せられた強力にして絶大なご支援に対し、深甚なる謝意を表します。わが愛する郷土新潟県の発展と邦家安寧のために後進の諸君の一層の奮起を期待するものであり、かえりみて、わが政治生活にいささかの悔いもなし（早野 2012：388）。

田中の引退声明は、田中の選挙マシーンであった越後交通長岡本社で読み上げられた。そして田中の声明は、第一に越山会の会員に向けて発せられたのである。

田中の不在が非在であることが明らかになると、足元でも叛乱が起こる。一九八八年春越後交通社長の片岡甚松が越後交通株式公開の方針をもって田中邸を訪れる。越後交通が田中のオーナー会社である時代はもはや終わったとの判断を示したのである。角栄は、当然激怒した。田中家と片岡の対立は、一九九二年六月末の株主総会で片岡が社長の座を降りるまで続いた。

この問題が決着した直後、一九九二年八月に角栄は直紀・眞紀子夫妻に連れられて、中国を訪問する。この旅は、眞紀子の次期総選挙出馬に向けた壮大なデモンストレーションであったといわれたが、角栄にとって己の果たした歴史的役割を改めて嚙みしめる人生最後の旅であった。中国を離れる角栄の姿を愛娘眞紀子は、次のように記している。

北京でのすべての日程を終了し、八月三十一日の正午すぎ、私たちは帰国の途についた。あの日の父の後ろ姿は、まことに印象的であった。機上の人となった父は、窓外に雲のあい間から見え隠れする中国の大地を、食い入るように見つめ続けていた。眼下には赤茶けた砂塵舞う大地が続き、抜けるような晴天のもと、黄河が悠然とした姿を現した。あらゆる時と空間をのみ込んで、静止している龍のような黄河。雲海がすべてを覆い隠すまで、父は身じろぎひとつせず、まるで中国に永遠のお別れをするかのように窓辺に額をすりつけて、去りゆく窓外の風景を見つめ続けていた（田中 2017：190-191）。

翌一九九三年七月の総選挙では、眞紀子が新潟三区で、夫の直紀が福島三区で、それぞれトップ当選を果たした。眞紀子は、越山会方式の組織選挙を拒否したが（頼ろうとしても、もはや組織は存在していなかったが）、本間幸一の助言を受け入れ、長靴を履き、辻説法して歩いた。その姿は、まさに若き日の角栄であった。かつての田中信者たちは、田中角栄の面影を求め、田中眞紀子と投票用紙に記したことであろう。眞紀子は、当選後角栄とともにお国入りしている。これが田中にとって、最後の故郷訪問となった。

翌年に入ると、田中の体調は優れなくなり、ついに一二月一六日、七五年の生涯を閉じた。それは、故郷の地を雪が覆う頃であった。一九九三年一二月二五日田中家と自民党によって営まれた合同葬には、与野党を問わず、多くの政治家が弔問に訪れた。河野洋平自民党総裁はもとより、細川護煕首相、土井たか子衆議院議長、中曽根康弘や竹下登という首相経験者の他、田中と袂を分かったかつての弟子たちも駆けつけた。一般弔問客の列は、青山斎場の門を出て延々と数百メートルにも及び、五〇〇〇人を超える人々が角栄を見送った。一面識もないのに、わざわざ飛行機で弔問に訪れた者もあった。戦後日本を代表する政治家を送るにふさわしい盛大な葬儀であった。

病に倒れて以降の田中角栄の心中を察するに余りある。長年にわたって築き上げた城が崩れ去るのを、ただ黙って見ているしかなかった。人一倍、いや十倍、百倍も活力のあった角栄が、体だけでなく言葉の自由も奪われ、なすすべもなく、死の闇に呑み込まれていった。田中角栄逝去の報に、人々は過ぎ去った昭和に思いを馳せ、しばし感慨にふけった。ちょうど石原裕次郎を、そして美空ひばりを見送ったように。

裸の王様

これまで田中角栄の生い立ちから政治家としての栄光と挫折、そして復権から金丸・竹下によるクーデタ、病を得てから死にいたるまでを概観してきた。彼の生い立ちをみることで、田中の政治家としての個性が、実は政治家になるはるか前に形成され、周りへの強力な磁力になっていたことがわかる。田中は、そのような自らの力を、ある時期に気づき、意識的に使うようになったのではないか。彼は、どこに身を置いても、場の中心を察知すると、「偶然」の機会を創り出して、そこに飛び込み、自分の場所を確保した。

政治家になってから角栄が成し遂げた土建開発に関わる仕事の数々は、常に黒い噂が付きまとったが、他の追随を許さない圧倒的な業績であることは否定しようがない。田中角栄には哲学がないといわれる。なるほど彼は、高邁な理念とは無縁であった。しかし少なくとも明確な総合開発ヴィジョンを持ち、それを次々と実現していった。たとえ土建屋と嘲笑されようと、その嘲笑を圧倒する有権者の支持を得ていた。

ガリオア・エロア問題、保険医総辞職問題、山一経営破綻問題、日米繊維交渉などをみると、田中の手際の良さが光る。田中は、紛争や危機に対して問題を正確に把握し、それまでのやり方にとらわれない独自の方程式を見出し、解決してしまう。その的確な判断と素早い行動は、「田中ならでは」と唸らせるものがあり、人が彼を「天才」、あるいは「異能の人」と呼ぶのもうなずける。

しかし首相として日中国交回復を果たしたころをピークに、田中政治は下り坂に入る。田中一流の政治勘が鈍りだす。迅速性は拙速になり、独創性は独善性になり、決断は独断となってしまった。首相になって初の総選挙に敗れたことが、大きな転機となったように思われる。勝てるはずの選挙で、田中は勝てなかった。しかし田中は、かつてのように、その敗北から学ぶことができなかった。参議院選挙では、同じ手法を、しかもより大々的に繰り返し、「企業ぐるみ選挙」という批判の大合唱に晒され、再度敗れる。小選挙区制導入をゴリ押しする田中の姿は、まるで糸の切れた凧であった。いずれ墜ちるしかない。

しかしロッキード事件で逮捕されても、田中にはまだツキがあった。大平、福田が対立し、争うようになったことで、田中は復権を果たす。しかし田中の復権は、二律背反的であった。田中の復権は、田中個人の力ではなく、田中軍団という組織の力なのである。田中は、いみじくも田中派を専門医の揃っている総合病院に譬えた。その譬えでいうと、オーナーが総合病院を作ったかもしれないが、患者は、オーナーではなく、専門医を求めて来るのである。総合病院は、組織としてそれ自体の生命と目的を持つようになる。総合病院は、もはやオーナーの思い通りに動く道具ではなくなる。しかし田中は、そのような組織の自律性を認めず、派閥をあくまでも個人が所有する道具であると考えた。

別の言い方をすれば、村を完全にコントロールしていたボスの力は、村が大きくなり、近代化することによって形式的には増大するが、もはやボスは、かつてのように村を思い通りにコントロールできなくなる。組織のルールに従うことが求められる。いらだつボスは焦り、高圧的となり、空回りし、孤立していく。田中は、その凋落前にすでに裸の王様になりつつあった。

第七章　田中伝説

1　田中伝説の誕生

　ロッキード事件は、生前の田中角栄にとって何としても消し去りたい汚点であった。しかしロッキード事件があったからこそ、田中角栄という政治家は悲劇のヒーローとして伝説と化したのである。

二つの田中伝説

田中伝説は、正確に言えば二期に分けられる。第一期のそれは、田中が首相になったときに生まれた立身出世物語である。田中は、新潟の農村に生まれ、小学校卒業後すぐに働きに出て、青雲の志を立て上京し、苦難の末に実業家となり、戦後は政治家としてまっしぐらに首相への道を突き進んだ。田中が戦後歩んだ道は、戦後日本の復興と高度経済成長に重なるものであった。多くの人々が、田中の成功物語を、戦後日本の繁栄、すなわち自らの成功に重ねあわせた。田中は、今太閤、庶民宰相としてもてはやされた。田中は、『私の履歴書』で、日本人の好む、きさくで偉ぶらない、人情味溢れる人柄を印象づけることに成功した。この第一期の田中伝説は、立花隆や児玉隆也の告発によって大きなダメージを受ける。

第二期の田中伝説が生まれたのは、ロッキード事件をきっかけに田中という政治家に悲劇性が生まれてからである。闇将軍として復帰するも、謀叛にあい、ついには病に倒れたことによって田中は悲劇の政治家となった。伝説は、多くの者の思いが重なり、共鳴して生まれるものであり、田中伝説も例外ではない。しかしこの第二期の伝説に限れば、意図的にそれを創り出そうとした人物がいる。それは、田中の元秘書、早坂茂三である。

伝道師早坂茂三

早坂は、イトーピア事務所が突然閉鎖され、秘書廃業となってから、政治家田中角栄の業績、活動、考え、さらには人となりを、絶妙の筆致で描くようになる（早坂 1993a；b；c；2016）。早坂は、しばしば誇張や歪曲を交えながら、田中角栄という政治家を魅力溢れる人物として描くことに成功した。『オヤジとわたし』では人間田中角栄を、『田中角栄回想録』では田中の政治観を、そして『政治家　田中角栄』では、政治家田中角栄の政策的実績を中心に伝説を編んでいる。

なかでも『政治家　田中角栄』は、国会議事録を丹念に調べ上げた力作である。この書は、今日では、小沢一郎の側近といわれた平野貞夫が角栄自身の依頼によってまとめた「田中角栄　国会発言録」を底本とし、平野自身が代筆したものであることが知られている（平野 2006：9）。本書に解説を付した小室直樹は、「田中角栄研究の第一根本資料である。角栄について論ずる者は、まず本書に憑拠するほかあるまい」と讃えている（早坂 1993c：548）。

早坂は、『政治家　田中角栄』の「あとがき」で、キリストがパウロによって蘇ったように、自分の筆で「稀有の鬼才、異能の政治家」田中角栄を蘇らせたいと、その思いを率直に明かしている（早坂 1993c：543-544）。『オヤジとわたし』は、数ある早坂の角栄論のなかでも最も魅力的な角栄像を打ち立てた作品といえるが、「はじめに」のなかで早坂は「角栄は奇蹟の男である」と宣言し、「角栄ひとたび行けば、決して起るはずのないことが何回でも起る」と記す（早坂 1993a：3）。早坂は、明らかに田中角栄をイエス・キリストになぞらえている。

とはいっても、早坂は田中角栄を聖人君子として描いたわけではない。田中が様々なスキャンダルに彩られていることは否定しようもない。そこで早坂は、欠点もある人間味溢れる人物として田中を描く。そのなかで早坂が繰り返し語るのは、角栄にとって政治とは生活であったということである。田中は、終生庶民の視点を失わなかった。早坂によれば、庶民宰相といわれた政治家は過去にもいるが、田中ほどにその呼称にふさわしい政治家はいなかった。早坂は、角栄が欠陥の多い人間であり、「悪党」であったことを認め、何もできないお人よしの政治家と悪党ではあっても庶民の要求に応える政治家のどちらが好ましいかと読者に問う。早坂の答えは、もちろん「政治家は、悪党に限る」（早坂 1998）。

生前田中に対しては、とりわけ田中軍団を率いて闇将軍として君臨していた時代には、金権政治家という否定的なイメージが定着していた。早坂は、そのイメージに逆らうような無駄な努力はせず、むしろそのイメージを田中という人物の情と懐の深さを表すものとして再提示する。早坂の創り上げた田中伝説は、その他の秘書、かつての番記者たちなどによる角栄本によって補強され、世間に定着するようになる。とりわけ田中伝説の要は、金権政治とロッキード事件である。この二つの負のイメージを、払拭せずともいかに中和化するかが、伝説成否の鍵となる。

2 金権政治

金権体質

田中角栄が首相になったというのは、戦後民主主義という開かれた政治の一つの到達点であった。尋常小学校しか出ていない男が、粉骨砕身、ついには首相にまで上り詰めた。「ジャパニーズ・ドリーム」の実現である。この輝かしい物語の裏側を暴いてしまったのが、立花隆であった。立花の指摘した田中の金脈問題は、個別には国会でも取り上げられ、情報通の間では目新しいものではなかったが、立花ほど徹底した調査を行った者はそれまでいなかったし、その事実が日本の代表的総合雑誌に掲載されるということはまさに前代未聞であった。

田中を擁護する立場からは、田中の政治力は、金力ではなく、むしろその他の能力、たとえばこれまで指摘してきたような発想と実行力、他者への気配りなど、様々な能力や田中の人となりによるものだという反論がある。立花隆は、かつて言下にこれを否定した。

金力の全く欠如した田中氏を考えてみるがいい。あばら屋に住み、清貧に甘んじ（といって、突然その人格が高潔になったというわけではなく、相変わらずあの下品さだけは持ち合わせ）、人に渡す金は一銭もなく、ただその人物、見識を通じてのみ政治的影響力を行使しようとする田中氏を考えてみるがよい。そのときの売り物になるのはあの才気煥発さ、人付き合いのよさ、面倒見のよさ（これは金力が欠如するとかなり割引される）ぐらいのものである。以上の簡単な思考実験で、くだんのごとき田中擁護論は、あっさりその根拠を失ってしまう（立花 1982a：356-357）。

「才気煥発さ、人付き合いのよさ、面倒見のよさ」、これだけ備わっていればたいしたものではないかと混ぜ返したくなるが、立花がここでいいたいのは、田中はそもそも総理大臣になるべき人物ではなかったということである。立花は田中首相誕生の報を海外で聞いたが、俄には信じ難かったという。なぜなら、立花によれば、「角栄は総理大臣にだけはなれっこない」というのが常識だったからである（立花 2002：46）。角栄は、自分の手を汚して金を作って、親分に献上する。佐藤にも、池田にも金を配った。郵政大臣、大蔵大臣ポストも金で買う。そんな人物が首相になってはいけないと、立花は義憤に駆られたのである。

しかし立花は、金権政治が、角栄個人の体質というよりは、自民党そのものの体質であるとも指摘している。であるなら、田中から金を受け取った者たちも、同じ穴のムジナではないか。金を受け取るほうが首相になってもよく、それを提供するほうは、「汚れているから」首相になってはいけないのだろうか。自民党が金権体質を持っていて、そのなかで財界からの献金に頼れない政治家がのし上がるためには、自ら金を作るしかない。それがいけないとなれば、閨閥や学閥に属さない者は、実力者になる道が閉ざされる。つまり、結果として閉鎖的エリートの支配を認めることになってしまう。

保守合同の背景には、吉田茂と鳩山一郎の抗争がエスカレートし、あまりにカネがかかることに悲鳴を上げた財界が保守の一本化を要請したという事情もあったが、自民党が結成されても、結局金権体質は解消されなかった。派閥間の抗争が激化し、岸信介、石橋湛山、石井光次郎が激しく争った一九五六年総裁選では、岸派一億五〇〇〇万円、石橋派一億円、石井派八〇〇〇万円をつぎ込んだといわれ、大臣ポストの空手形が乱発された。池田と佐藤が激突した一九六四年総裁選は史上稀にみる金権政治といわれ、「ニッカ、サントリー、オールドパー」という隠語が登場している。ニッカは二派から金をもらうこと、サントリーは三派からもらうこと、オールドパーは、三派から受け取って白紙投票することである。

戦後収賄事件で逮捕された政治家も、田中角栄一人ではない。一九四八年に発覚した復興金融金庫融資絡みの昭和電工事件では、大野伴睦民自党顧問、西尾末広社会党書記長（前副総理）、栗栖赳夫経済安定本部総務長官らが次々と逮捕され、芦田内閣は瓦解し、芦田自身も逮捕された。この事件の背景にはGHQ内部の民生局（GS）と参謀第二部（G2）との権力闘争があったといわれ（民生局のチャールズ・ケーディス大佐が失脚し、以後G2の影響力が増す）、後に栗栖以外は全員無罪となるが、金権政治が常態化するなかで起きた事件であったことは間違いない。また一九五四年一月には商船建造計画をめぐって海運各社が運輸省高官、自由党実力者に贈賄を繰り返していたことが発覚し、佐藤栄作にも逮捕状が出るが、犬養健法相の指揮権発動によって佐藤は辛くも逮捕を免れた。

このような苦い経験のなかで、経済界から政界への献金ルートは制度化されていくことになる。しかしエスタブリッシュメントに属さない田中は、自分で金を作り、配った。立花は、一九六一年日本電建を取得してからの田中角栄は「虚業家」であったと指摘しているが、これはまさに田中が自民党のなかで実力者となっていく時期と重なる。当時田中が、最も多くの資金を投入したのは、いうまでもなく佐藤派である。佐藤派の台所は、まず佐藤が出し、足りない分は角栄が出すという形で賄われていたが、佐藤政権後半になると、田中が出す割合がどんどん増えていったという。しかしそれほど貢献度の高い田中角栄を佐藤栄作は、「彼は学歴がなく、初等教育しか受けていません。元気であることを除けば拠って立つ基盤もない」と切って捨てている（徳本 2004：24）。

これに対して小沢一郎の懐刀といわれた平野貞夫は、強い憤りを表している。田中は「その政治力と集金力を見込まれ、自民党を底辺から動かす原動力となっていった」にもかかわらず、「日本のいわゆるエスタブリッシュメントからは疎んじられていたことがよくわかる。……自民党は角栄を『集金マシーン』としてしか捉えていなかった」（平野 2006：262）。平野の見解に従えば、田中は都合よく利用され、捨てられた犠牲者であったといえるだろう。

金と情

確かに保守のなかには金権体質があったにせよ、角栄はそれを悪化させてしまった、あるいは角栄は配る金の桁を変えてしまったといわれる。大きな転換点になったのが、一九七

毎年正月，目白の田中邸には多くの人が集まった

二年の自民党総裁選である。金庫番の佐藤昭は、世間でいわれるほどの大金は使っていないと反論する。しかしたとえ彼女のいうことが本当であったとしても、彼女の管理していた金庫は田中が動かしていた金の流れの一部にすぎない。

しかしたとえ田中が相場の高騰を引き起こしたことが事実だとしても、なおその批判をかわす方法、あるいはマイナスのイメージを弱める方法はある。桁外れの金を配るのは、田中の情であり、寛大性を示すものであると強調すればよい。田中は、苦労して作った金を惜しげもなく与えてしまう。決して出し惜しみしないから、田中の支出は桁違いに大きくなる。しかも田中は、受け取る側のプライドを傷つけないように細心の注意と気配りを怠らなかった。

田中が金を広く配りだしたのは、一九五八年選挙でトップ当選を果たしたあたりからであった。ちょうど郵政大臣を経験し、次の目標を自民党幹事長に据えたころである。田中は、佐藤派だけではなく、他派閥の議員にまで指導料（もち代）という名目で金を配った。当時藤山愛一郎の派閥にいた福家俊一は三〇万円のもち代を届けられ、激怒して議員会館の田中の部屋に突き返しにいった。田中はテーブルに手をついて謝り、学閥も閨閥もない自分は各派閥のこれはと思う人物に敬意を表して指導料を配っているので、ぜひともご指導を願いたいという。これに対して福家は、田中を正直で憎めない男であり、先輩への礼儀もわきまえていると評価し、金を受け取ったという（大下 2013：72-74）。

早坂は、田中が亡くなった後には、自らも現金配達人を務めたことを生々しく語るようになる（早坂 2016）。しかしそれは、決して懺悔のためではない。むしろ読者に「なるほど田中が大金を渡すのは、金にものを言わせるためではなく、情に厚く、寛大だったからである」とわかってもらうためである。早坂の証言を、いくつか紹介しよう。一九六九年角栄が陣頭指揮にあたった師走選挙。早坂が幹事長室に入っていくと、丸いテーブルの上に山と積まれた分厚い白封筒があった。角栄は、これは公認候補者に届ける選挙資金だといって、早坂に大きな鞄を渡し、届け先を説明した後、リストを入れた封筒を差し出す。そして金を渡す極意を伝える。誰でも金を借りるときは辛いのだから、金を渡す際にこちらに「くれてやる」という気持ちがあれば、相手はすぐ悟ってしまう。そうすると、渡す金は一銭の値打もなくなる。だから土下座するつもりで渡せと早坂にいう。明らかに少年時代の借金から得た教訓である。

そして田中は、早坂に口上まで口移しで教えた。

選挙資金は潤沢だと思いますが……そんな奴はいないが、せめてもの礼儀だ。枕言葉だ。まず、そう切り出せ。そして、潤沢だと思いますが、まげてお納め願いたい。ほかは知らず、あなただけは、ナマ爪をはがしても当選していただきたい。党のため、国家のためである。不足の場合、電話一本いただければ、ただちに追加分を持って参上する。以上、田中角栄の口上である（早坂 2016：91）。

宮崎県一区で佐藤派から出馬していた相川勝六に早坂が現金を渡すと、相川は「この老骨、いずれの日にか、角サンに必ず恩返しをします。そう伝えてください」と涙ながらに感謝した（早坂 2016：99）。現金を渡すときは、人目につかない場所を選び、直接本人に渡す。夫婦仲がよければ細君に渡すことはありうるが秘書には渡すなというのが、角栄の教えである。この教えを守るため、青森から出馬していた森田重次郎に金を渡す際には、分刻みの森田のスケジュールに合わせ、八戸駅で三分の停車時間を利用して金を渡したという。またある代議士は、届けられる金は三〇〇万円が上限だと思っていたら、五〇〇万円あったので、「男泣きに泣いた。角サンの好意は、いつまでも忘れない」と電話をかけてきた（早坂 2016：100–103）。

選挙に限らず、田中は金を必要としている人があれば、派閥の別なく、金を配った。福田派の田中批判を繰り広げていた代議士が入院していた時、福田が二回見舞ったのに対して、角栄は五度見舞いにいき、毎回まとまった額の見舞金をベッドの足元にそっと置いてきたという。ある代議士は、年始のもち代をもらって、もう一度列に入ったので、気づいた秘書が角栄に耳打ちすると、角栄は苦笑して、もう一度渡したという。そうしなければ、すでに渡した金も死んでしまうからである。こうした逸話を読んでいると、寛大で鷹揚、かつ細やかな気配りをする田中のイメージが、ダーティな金権政治家というイメージを圧倒してくるではないか。鼠小僧次郎吉は、富者の金をくすね、貧しい人にばらまいて、義賊と呼ばれた。角栄は、自分で金を作って、配ったのである。何が悪いのか。まさに義の政治家に他ならないではないか。

したたかな計算

とはいえ、ここで角栄の金の配り方への配慮が、金銭の価値というものが心理的なものであることを知り尽くしたしたたかな計算に基づいていることを指摘しておこう。角栄の早坂への指示は、微に入り細を穿つが、要するに金を無駄にするなということである。受け取る側の気持ちをあれこれ考えるのは、あるいはできるだけ本人に直接渡すのは、金を無駄にしないためである。角栄にとって、金を受け取った側が恩義を感じてくれなければ、無駄なのである。相手のプライドを考え、負担にならないように渡すのは、相手が確実に恩義を感じるようにするためである。プライドを傷つけると、ありがたさよりも恨みが残る。だから相手に金を「受け取っていただく」。しかも貸した金を返せとはいわない。角栄にとって、金は経済的手段ではなく、自分の気持ち（情）を伝える手段なのである。だから見込んだ人物には、頼まれなくとも渡す。

借りた金を返さなくてもよいというのは、大変ありがたいが、こわい話でもある。借りた金は返すから、貸し手と借り手の関係は対等でありうる。借りた金は返す。返さなければ、罰せられる。だから必要がなければ、借りない。ところが角栄の金は情であるから、それを拒めば、角栄の情を拒むことになる。金はいくらあっても邪魔になるものではないから、ほとんどの者は受け取る。受け取れば、角栄の気持ちを受けとったことになる。金は返さなくともいいが、恩は返さなければいけない。一方的な金銭の贈与が繰り返されれば、恩返しは、忠誠となる。恒常的に金を受け取るものは角栄の家来になる。必要に応じて受け取る者は、角栄シンパとして広大な中間地帯を形成することになる。

このように田中は、皮肉にも貨幣を使って前近代的な人間関係を作り上げたのである。なぜ皮肉かといえば、もともと貨幣経済の浸透を通じて人々は前近代的な身分・地位関係から解放され、近代的な自由にして対等な市民になるといわれるのだが、田中は、貨幣が近代社会であらゆる価値と交換できるオールマイティになったことを利用して、前近代的な忠義関係を築き上げたからである。封建時代において領主は家臣に封土を与え、忠誠を得たが、田中角栄は金銭を与え、忠誠を獲得した。

3 ロッキード謀略説

恩返し論

自民党そのものが金権体質であったとか、田中の金の配り方は寛大であったといっても、それでロッキード事件が正当化できるわけではない。越山会のなかでは、「外国から金をもらっても誰も損するわけじゃない」という声も聞かれたが、これはさすがに世間に通用する議論ではないし、そもそも田中自身がそのような開き直りは一切行っていない。開き直るどころか、田中は、ロッキード社からの五億円授受をあくまでも認めなかったのである。

しかし五億円の受け取り場所が不自然であるとか、使途が不明であるといった問題点は指摘されるにせよ、授受そのものがなかったと信じていた人間が、角栄の周りでもどれだけいたのかはあやしい。正面から否定したのは、佐藤昭など、ごく親しい「身内の」者に限られる。田中を初期から支えた小千谷市の長老は、一審判決が下る前に、「田中は若い時から金にルーズだった。ロッキード逮捕があった時、田中ならまちがいなくやったと思った」と素直な感想を語っている（新潟日報社編 1983：301）。多分これは、ほとんどの支持者に共通する感想であったと思われる。しかし角栄に恩義を感じる彼らは、角栄を支持し続けた。恩人が苦境にあるときこそ、恩返しをしなければいけない。しかし恩返し論は、新潟三区の有権者、越山会内部では通用するとしても、全国的には受け入れられず、新潟の後進性を表すものとして批判されたのである。

謀略論　これに対して、五億円授受そのものには触れず、田中を擁護する議論がある。謀略論である。すなわちロッキード事件は、アメリカの仕掛けた罠であり、田中は嵌められたというのである。早坂茂三は次のように語る。

彼（田中――引用者註）が総理在任のあいだ、肝胆を砕いたものの一つに資源外交があった。……そのころ、日本の石油輸入は、九割が中近東に占められており、中近東オイルはメジャーのコントロールの下に置かれていた。メジャーに首根っこを抑えられていたのでは、真の国家的独立はあり得ない。資源ナショナリズムを胸中に燃やす田中は、北海原油への参入、カナダのオイルサンド、オーストラリアのウラニウム原鉱石、メキシコの石油、フランスのガス拡散ウラン濃縮方式導入のため各国に飛んだ。日本の国益を賭けたおやじの行動は、中途で挫折し、やがてロッキード事件にまき込まれる（早坂 1993b：229）。

元首相の中曽根康弘も、次のように語る。

田中君は、国産原油、日の丸原油を採るといってメジャーを刺激したんですね。そして、さらには、かれはヨーロッパに行ったとき、イギリスの北海油田からも日本に入れるとか、ソ連のムルマンスクの天然ガスをどうするとか、そういう石油取得外交をやった。それがアメリカの琴線《ママ》に触れたのではないかと思います。世界を支配している石油メジャーの力は絶大ですからね。のちにキッシンジャーは『ロッキード事件は間違いだった』と密かに私にいいました（中曽根 1996：275；2004：104）。

謀略論は今日まで繰り返し再生産されているが（石井 2016）、その源泉を探れば、実はどれも若き日の田原総一朗による「アメリカの虎の尾を踏んだ田中角栄」に辿り着く（田原 1976）。田原は、知り合いからロッキード事件の背景にはアメリカの陰謀があったのではと示唆されて、関係者にインタヴューを行い、田中資源外交について調べた結果、田中が虎の尾をふんでしまったらしいという感触を得る。しかし田原がそのような感触を得たのは、たとえば自民党衆議院議員の渡部恒三（原文では渡辺となっている）からの、そして小長啓一からの聞き取りの結果なのである。渡部は、田中派の中核メンバーであったし、小長は、すでに紹介したように、『日本列島改造論』を執筆した通産官僚であり、田中の懐刀である。したがって彼らの発言は、当然田中擁護の立場からなされたものであり、確たる証拠があるわけではない。彼らの情報は、穿った見方をすれば、田中側が意図的に流したものとも考えられるのである。もちろん田原は、彼らのいうことを鵜呑みにせず、ジャーナリストとして慎重な態度をとっているのだが、最後まで、確実な証拠に辿り着くことはできず、謀略があったらしいという感触のままで終わっている。

田原は、右も左も田中バッシングの最中に、反骨魂からあえてこのような問題提起を行ったのかもしれない。書かれた時期からして、十分な調査を行う時間的余裕はなかったことも理解できる。しかし問題は、確たる根拠のない謀略論が、その後あたかも事実であるかのように語られだしたことにある。たとえば石原慎太郎氏との共著で、田原は、次のように語っている。

……首相だった田中さんはヨーロッパ、さらに東南アジア歴訪の旅に出ましたが、タイでもインドネシアでもすさまじい反日暴動が起き、宿舎から一歩も外へ出られなかった。田中さんはインドネシアの首都、ジャカルタで密かにサウジアラビアの要人と会う予定だった。日本、サウジアラビア、インドネシアの三国で石油の共同開発をする、そのことを話し合うつもりだったのが、会えなかった。ジャカルタの反日暴動は、実はアメリカが仕掛けたのだ、といわれている。この後、中南米を訪れ、ブラジルを訪問している。これは原子力をどうするか、現地を視察し、高官と会談するのが目的だった。つまり、彼はエネルギーの自律を目指したのです。これがアメリカの逆鱗に触れた（石原・田原 2000：38-39)。

これに対して、石原慎太郎は、次のように受ける。

田中氏が資源問題でアメリカの『虎の尾』を踏んでしまったというのは、まさにおっしゃる通りです。彼はウラニウムの輸入ルートを日本独自で開発しようという目論見を持っていたが、アメリカが利権を握る国際石油資本（メジャー）には、日本の積極的な原子力発電政策は絶対に容認できるエネルギー政策ではなかった。日本がエネルギー源を原子力に切り替えることになれば、アメリカは原子力関係の技術でも日本に敵わなくなるし、原油販売の得意先である日本市場を失うことになる。……瀬戸際に立つとアメリカは露骨で強引な国です（石原・田原 2000：40)。

憶測が、周知の事実のように語られている。状況的に憶測が生まれるのは理解できるにせよ、この間、謀略を裏付ける確たる証拠は発見されていない。

中曽根は、キッシンジャーが「ロッキード事件は間違いだった」と語ったというが、それが何を意味しているのかはあいまいである。少なくとも、その発言だけからから「田中をロッキード事件で罠にかけたのは間違いだった」と解釈するのは強引すぎるだろう。むしろ三木親書に応えて調書を日本側に渡したのは間違いだったと理解するのが自然ではないだろうか。もしそうであれば、キッシンジャーの発言は五億円の授受を否定するものではないし、いわんやアメリカ政府が田中を罠に陥れたことを認めたものでもない。

謀略論への疑問

徳本栄一郎は、アメリカ側の資料を調べ、アメリカ側の関係者へのインタヴューを行って、謀略論の裏付けが全く取れなかったと報告している（徳本 2004）。またアメリカ国務省の秘密解除文書やアメリカでの裁判記録等に丹念に目を通した奥山俊宏も、やはり謀略を示唆する証拠を発見できなかった。アメリカが田中の資源外交に警戒心を抱いていたことすら、確証を得ることができなかった（奥山 2016）、キッシンジャーが田中を嫌っていたことは事実でも、CIA、議会、ロッキード社等と共謀して田中を陥れたという形跡はない。むしろキッシンジャー国務長官は、政府高官の名前を含む資料の公開についてエドワード・レビ司法長官に慎重な対応を要請していた（徳本 2004：128–129）。だとすれば、キッシンジャーの「ロッキード事件は間違いだった」という言葉は、やはり日本政府に資料を渡したのが間違いだったという意味ではないかと思われる。そもそもチャーチ委員会にとってロッキード事件は、多国籍企業の活動調査のなかから副産物として発見されたものであって、田中をピンポイントに狙ったわけではない。

元民社党委員長の塚本三郎は、謀略論をとった場合に生じる様々な疑問を指摘している。謀略で田中を追い落としたとすれば、アメリカはなぜ田中が闇将軍として君臨することを許したのか。田中はスキャンダルの多い男であり、ピンポイントで狙うこともできたのに、なぜあちこちに累が及ぶような事件を仕立てたのか。アメリカにとって、当時自民党以上に都合の良い政権はなかったはずである。またCIAのエージェントである児玉誉士夫を巻き込んだのはなぜか。下手をすれば、アメリカにとっても都合の悪い結果を招いたはずである（塚本 2010：150-151）。

保阪正康は、次のように角栄の心情を推測している。

ロッキード社から賄賂を受けとったというが、歴代の政治指導者はロッキードから金を受けとろうが、CIAから受けとろうが、とにかく軍事兵器や航空機の購入にあたっては、これまでも多くのカネが動いてきたではないか。それなのになぜ自分が狙われるのか。それも兵器産業の本筋の流れではなく、航空機ていどで狙われるのはなぜか。自分が首相時代に日本が独自のルートで石油を入手しようとしたためか。……嘱託尋問などという汚い手を使ってまで私を裁こうとするのは、なんとしても私を政界から追い払おうとしているためであろう。ならば自分は徹底して戦ってやろう（保阪 2010：363-364）。

田中が本当のところ、何を思っていたのかは、もちろん誰にもわからない。しかしこのように推測すると、なぜ田中が五億円授受を認めようとしなかったのかが理解できる。五億円授受を認めれば、首相の職務権限が争われることになり、そしてそのほうが田中にとって裁判を有利に展開することができたであろう。かつて田中は、そのような戦術で見事無罪判決を勝ち取ったことがある。しかしそれでは、田中の恨みを晴らすことはできない。謀略に立ち向かい、粉砕するためには、五億円授受はあくまでも否定されねばならない。田中は謀略論に拘りすぎたため、法廷戦術において柔軟性を欠くことになってしまったのではないだろうか。

秘書団のユダ？

しかし謀略があったかどうかはともかくとして、秘書の榎本敏夫は、逮捕されると検察側が驚くほどあっさりと五億円の授受を認めてしまった。公判では否定するものの、彼の妻が証人として法廷に立ち、榎本が五億円授受を彼女に語っていたことを明らかにした。しかも榎本は、後に改めて五億円授受を認めている（田原 2002）。榎本の言動は、五億円授受そのものを否認する田中の法廷闘争に致命的な打撃を与えた。田中秘書団は、田中への高い忠誠心で知られるが、榎本は例外であったようだ。

田中がまだ駆け出しのころ、榎本はすでに民主自由党本部の幹部職員であった。榎本は学生時代に広川弘禅の選挙運動を手伝い、学生の身分のまま日本民主党本部で働きだし、卒業後は広川の秘書になる。広川が民主自由党幹事長になると、榎本は党幹事長秘書に就任した。榎本は一九五五年四月東京の区議会議員選挙に出馬する。区議選ながら、榎本は党本部の幹部職員であったため、広川はもとより、根本竜太郎、田中角栄、福田赳夫、中曽根康弘など、錚々たるメンバーが応援に駆けつけた。区議になった榎本は、同時に秘書バッジもつけることになる。田中が強引に口説き落としたのである。

田中が一九六二年池田内閣の蔵相になると、榎本は蔵相秘書官事務取扱となったが、このポストは兼業が禁止されていたため、榎本は区議を辞し、秘書業に専念することになった。しかし榎本は、政治家への道をあきらめたわけではなかった。一九六四年六月公職選挙法改正によって、東京五区が新五区と九区に分かれたとき、榎本は九区からの出馬に意欲を持った。結局、自民党内から別の候補を立てることになったため、党幹事長であった田中が榎本を説得し、断念させた。一説では、田中は「自分が総理大臣になるまで待て」と榎本に指示したといわれる。榎本は、田中が首相になると首相秘書官になるが、田中政権が無事幕を降ろしたなら、いよいよ参議院選挙に打って出る腹積もりであった（塩田 1989：175-176）。

榎本にとって、田中の秘書というポジションは、やがて自分の城を構えるための布石にすぎない。榎本は区議となり、さらに上を目指していたにもかかわらず、田中に抑えつけられた。そして、逮捕である。榎本が、田中に対して屈折した思いを抱いたとしても不思議ではない。だから榎本は逮捕されるとすぐ自白したといいたいわけではない。しかし、もし田中が仮に秘書の誰かに極秘任務を遂行させるのであれば、榎本以外の誰かであったとはいえる。秘書は誰もが皆同じように忠誠心があると思っていたとすれば、それは田中の一族郎党意識が生みだした幻想である。

今世紀に入って一〇年以上が経過して、田中が他にも外国から裏金を受け取っていたという新証言が飛び出した。新潟県刈羽郡刈羽村長、新潟県議会議員、刈羽郡越山会会長などを歴任した木村博保が、外国政府（韓国）から四億円が田中邸に運ばれ、田中がこれを受け取るところに立ち会ったというのである。一九七三年八月八日、朴正熙の政敵であった金大中が白昼堂々、東京九段下に近いホテルグランドパレスから姿を消し、五日後にソウルの自宅近くで発見された。ホテルから駐日韓国大使館一等書記官金東雲《キムドンウン》（本名金炳賛《キムビョンチャン》）の指紋が採取されたため、日本政府は、拉致は彼が指揮するKCIAによるものであると断定し、韓国に主権侵害を強く抗議する。しかし韓国側はこれを認めず、日韓関係は悪化した。

そうした最中、木村は新潟県日韓親善協会を通じて以前から面識のあった李秉禧《イビョンヒ》から連絡を受け、田中との面会を取り持ってほしいとの依頼を受ける。一〇月一九日に木村は、李を目白邸に連れて行った。その際、李は朴大統領の親書と四億円の「お土産」を田中に渡した。田中は、朴に会うことを一瞬ためらったが、「お土産」を目にするや、あっさりと受け取り、面会したという（森 2013：192-238）。木村の証言には、本人しか知りえない具体的な情報が数多く含まれており、信憑性が高い。田中がこの世を去ってひさしく、当時すでに高齢になっていた木村が、あえてウソをつく理由は見当たらない。田中が韓国から四億円受け取っていたとすれば、たとえロッキード事件が謀略であったとしても、田中は、彼自身が言うところの「総理としてあってはならないこと」をしていたことになる。

第八章　田中政治とは何だったのか

1　様々な田中評価

自由党内の評価

田中角栄という政治家は、敵味方の隔てなく、一目置かれる存在であった。「趣味は田中角栄」が口癖であった二階堂進の田中評は、当然高いが、ありきたりである。「九歳も年下だが、政治家として必要な判断力、決断力、実行力、指導力、人心掌握術どの面においても傑出している男だ」（大下 2013：99）。これに対して、金丸信の評価は、任侠道である。「……オヤジは、血も涙もある男だ。血も涙もある男が、本当の政治ができるんだ。これは理屈じゃないよ」、「俺は、田中のオヤジに、惚れとるんだ。義理人情だ。おれは、オヤジに右向けといわれりゃ、右向く、死ねと言われれば死ぬよ」（大下 2013：109-110）。金丸は、最後には田中に弓を引くので、その言葉を文字通り信用できないにせよ、田中派が義理人情の世界であったこと、少なくともそのような言葉で理解できるような関係を築いていたことがわかる。通常、金丸とは対照的な理知派の代表とみなされる後藤田正晴も、情や恩の重要性を強調している。後藤田は、田中への恩義から田中派分裂後は創政会にも二階堂系にも与しなかったといい、「理と情が対立する場面では、よほどのことがない限り、理を捨てて情をとる。これが政治家としての私の生き方である。また、政治家と役人の違いでもある」と語っている（後藤田 1994：55）。

次に角栄の最大のライバルであった福田赳夫の発言である。

田中氏は新潟県出身だけど、私の地元群馬県とも縁がないわけではない。高崎に本拠を置く建設会社に井上工業がある。田中氏は青年時代に東京へ出てこの井上工業の東京支社に入社したことから、高崎にも知っている人がいて「角どん」と呼んでいた。田中氏が政界で頭角を現してきたころ「角どんも偉くなったものだ」といわれていた。

私がその「角どん」と懇意になったのは佐藤政権を支える二本柱になってからで、時々彼にご馳走になったり、彼のノド笛などもしばしば承った。田中氏はさっぱりした気性で、大変優れた人だった。私は彼が末は大物になると考え、「昭和の藤吉郎」と呼んでいた。ただ、とにかく派手で、私などそのまねのできない場面をいろいろ散見した（福田 1995：203）。

「さっぱりした気性で、大変優れた人」と持ち上げてはいるが、田中を派手な昭和の藤吉郎として見下している。福田の田中評は、この点で、すでに紹介した池田や佐藤のそれと相通じるものがあり、国家エリートたちの田中評価がどのあたりにあったのかがわかる。

ただし官僚としてのキャリアが短く、田中の力を借りて首相ポストに辿り着いた中曽根の田中評には、見下すようなところはない。「衆議院議員同期生でしたし、お互いに競争相手として意識していました。……他の同期生や代議士に比べて、田中君には敬意を表していました」（中曽根 2004：93-94）。しかし彼なりの国家観を持っていた中曽根は、田中の「政治＝生活」論には与せず、日本列島改造論は単なる田中式開発の発想であると手厳しい。吉田以来の保守本流がとった経済主義路線を継承し、経済成長から政治や国家を捉える田中の視点は、中曽根にとって甚だ不十分なものでしかなかった。

自民党関係者のなかで田中への最も熱い思いを告白しているのは、平野貞夫である。平野は、前述のように、田中が自民党の「集金マシーン」として利用され、捨て去られたことに対して強い憤りを表したが、その後に次のような文章が続く。「なぜか涙が出た。溢れるように涙が零れた。そうか……。私は田中角栄が好きだったのだ。たまらなく、あの男に惚れていたのだ」（平野 2006：258）。平野は、まさに「男が男に惚れた」思いを吐露している。

野党の評価

野党に目を移してみよう。竹入義勝元公明党委員長は、盟友田中を文字通り絶賛している。「田中角栄元首相に対しては野党の立場から厳しく追及したが、政治的にも、人間的にも素晴らしい人だった。政治家としての考え方、政策、実行力が尊敬できた。今の政治家、政策マンで彼に匹敵する人はいない」。自民党とは常に対立し、角栄の金権政治を厳しく批判してきた日本社会党の石橋正嗣元委員長は、「角さんと一緒に仕事をして裏切られたことだけはなかった」と語る。もっとも自社が一緒に仕事をしたといえば、「国対政治」での裏取引のことかしらと、つい勘ぐりたくなるが。社会党のような自民党とのなれ合いを一切排した日本共産党の不破哲三元委員長も、「質問していて一番面白かったのは、田中角栄氏です。官僚を通さず、自分で仕切る実力を感じさせました」と角栄の力を認めている（朝賀 2015：122-124）。

目を引くのが、塚本三郎民社党元委員長である。塚本は、民社党三代目委員長春日一幸の愛弟子であり、春日が画策した保守との連立、社公民路線の継承者として、田中角栄を始めとする保守政治家ときわめて親しい間柄にあった。その塚本が、角栄について単著をものしている。塚本は、田中の七割の功は認められても、三割の負を軽視しては危険であるとし、むしろ三割のほうを強調している。塚本は日本列島改造論を素晴らしい着想であると評価するが、他方では「土建屋による、土建屋の政治」を完成させてしまったと批判する。田中の手法は、「日本人の倫理観を完全に麻痺させ、その後遺症がいまも日本を深く蝕んでいる」というのである（塚本 2010：162-163）。

代表的批判者たち

政治家以外に目を転ずると、一方の極には田中伝説の普及に尽くした早坂茂三がおり、他の極には最大の批判者として立花隆がいる。両者の田中評についてあらためて紹介することはしないが、立花の田中評価が、歳月とともに大きく変わった点だけは指摘しておきたい。立花の『「田中眞紀子」研究』は、半ば以上田中角栄研究といってもよい内容であるが、立花は「この本を書いていて、角栄に対し、なんともいえないなつかしさというか、人間的な親しみをおぼえてしまったということを、ここに正直に書いておこう」と告白している。「やっぱりあの男はなんともいえずすごい男だったと思わせるものを持っている。いい意味でも悪い意味でも、とにかくスケールが大きな男だった」（立花 2002：17-18）。

その一〇年後、立花は、田中と佐藤昭の愛娘、佐藤あつ子と対談し、「田中角栄はどうしたらよかったのでしょう」と尋ねられ、次のように答えている。

　いや、あれはあれでよかったんですよ。やっぱり田中角栄個人の資質だけではなく、時代の流れや、いろんなことが関係していますからね。あの人には、あの人生しかなかったんだろうし、それはそれで歴史に立派に名を残したと思います。僕は三十四歳の時に『田中角栄研究』を書き、その後、裁判も含めてずっと取材を続けてきたわけですが、だんだん歳をとり、日本の戦後の歴史が一目で見渡せるような年齢になってきて改めて考えると、あの人はやっぱりなかなかの人だったなあ、という気がしますね（佐藤 2012：250）。

自分を尊敬し、慕ってくれる田中の愛娘に対する配慮もあったであろうが、それを割り引いても、立花の田中評価はずいぶん積極的なものに変わっている。

立花以外に、立花以上に厳しい田中批判を行った人物として、政治評論家の伊藤昌哉がいる。伊藤は、かつて池田勇人の懐刀といわれた人物であり、政局の鋭い読みには定評があった。大平は、権力の座を狙う位置につけると、伊藤を指南役として迎えた。伊藤が大平に進言したのが、大福一体化である。伊藤の画策は、結局福田が大平への政権禅譲の密約を破ったため失敗に終わるが、田中角栄の復権を阻むためには最も効果的かつ現実的な選択肢であった。田中は、さぞや肝を冷やしたことであろう。

大平と盟友関係にある田中を伊藤が封じ込めようとしたのは、彼の田中政治への強い警戒心がある。伊藤はいう。

田中にはどうしようもないものがある。これが田中をかきたてて走らせるのだ。これは彼を育てた佐藤栄作をも、邪魔になれば殺してもやむを得ない、と思わせるものだ。自分を支持して同志となるべき人々を、おれを頼らねば生きていけないと思わせるものであり、彼らを追いつめて、おれを頼るほかに行きどころをなくしてしまうように思わせるものだ。……田中政治の根底は『恐怖』だな（伊藤 1982：61）。

まことに鋭い太刀であるが、はたしてこれで本当に田中政治が切れているだろうか。確かに田中は、小佐野と組んだ錬金術、派閥抗争、国会対策、等々をめぐって、きれいごとではすまない裏の顔を持っていた。金を使うだけではなく、権力をちらつかせて恫喝したという話も、一つや二つではない。

しかしそのような裏の顔を考慮しても、田中政治の本質が敵を抹殺することをも厭わない恐怖政治にあったという指摘には同意しがたい。

情の人角さん

一九七二（昭和四七）年七月六日、つまり自民党総裁になった翌日、朝日新聞に「『角さん』大いに語る」というインタヴュー記事が掲載された。そのなかで田中は、自分は「情に流される」し、気が弱い、冷酷になれない性格であると認め、「冷酷とか酷薄とかいうことは、もう、うーん、そういう字を見るのもイヤだね。政治にはそういうものがあるイミでは必要なんだろうが……ほど遠いですな」と語っている。もちろん本人がいったことを単純に信じ込むわけではないが、これまでみてきたように、たとえば総裁選における大平への配慮、ロッキード事件での三木の攻撃や金丸・竹下のクーデタの動きに対する読みの甘さなどは、こうした田中の言葉を裏付けているように思える。

また田中を近くで見知っている者たちは、田中の脇の甘さ、よくいえば「人のよさ」をしばしば指摘している。古くからの支持者、南魚沼郡湯沢越山会の会長を務めた高橋敬一郎はいう。「あの人（角栄）の欠点は、イヤな話を聞くのが苦手なことだ。忍耐が足りない。もうひとつ、忍がないのは、（信長のような）残忍性がないことだ。それで人気があるんだが」（津本 2002a：21）。塚本三郎は、「……党内では敵・味方を区別することなく、自民党議員のすべてを同志とする眼をもっていた。……田中には、派閥の意識と区別が少なかったと見る」と語っている（塚本 2010：173）。

田中の愛弟子、小沢一郎は、「田中のおやじは、まじめで人がよく、権力主義的な割り切りができなかった。権力のすごみをおやじが知っていたら、すごい独裁者になっただろう。権力の本質、その使いかたを知らなかった。また知っていたとしても、それを冷酷に行使することはできなかっただろう。オヤジの欠点は、人のよさ、気の弱さだった」と指摘している（津本 2002b：279）。「すごい独裁者」になれなかった田中を残念がっているようであるが、それはさておき、政治家田中の本質を鋭く突いた評に思える。

誰もが認める田中の人の良さや気の弱さは、政治家田中角栄にとって弱点となり、最後に命取りになった。しかし、だからこそ田中は、敵味方を区別せず、派閥以外の、そして自民党以外の議員にも金を配り、広大な中間地帯を作ることができた。田中政治の本質は、友敵関係を徹底する排除の政治ではなく、全てを包み込もうとする包摂の政治にあったように思う。

2 同心円の政治

円としての権力

田中政治が包摂の政治であったといっても、田中に権力欲がなかったということではない。田中に強い権力への意志があったことは言を俟たない。しかし田中の考える権力とは、敵を抹殺する力ではない。竹下登が、創政会立ち上げの際に田中邸に挨拶に訪れたところ、田中は「同心円でいこう」と語りかけたといわれるが、同心円こそが田中の考える政治のイメージであり、そして権力とは円の中心から放射され、円を形作るものであった。

田中派議員研修会（1984年９月）

こうした権力のイメージは、境界線を設定する近代的な権力観とは異なる。近代国家は主権を持つことによって生まれるが、主権とはまず境界線を設定し、外部の侵入を撥《の》ね退ける力である。そしてその内部で唯一無二の力である。しかし円としての権力は、このような境界を設定する主権ではない。むしろ、どこまでも包み込もうとする力である。権力の限界は、光源の力がそれ以上及ばないというだけのことであって、そこに排除の意図は込められていない。光源が強くなれば、それに伴い外縁も広がり、より多くを包摂する。

円としての権力の第二の特徴は、それが水平的に作用するということである。これもまた通常いわれる近代国家の権力とは対照的である。近代国家における権力は、ルールと役割に基づいた非人格的な上下関係に基づいたピラミッド型の官僚制を通じて実現されると考えられる。しかし円としての権力は、このような垂直的な権力作用を否定する。本間幸一は、越山会でさえ、水平的な円であるという。「越山会はピラミッド型の上意下達型の組織ではない。円のような組織で、田中角栄も円のなかに入っている一人にすぎない。会員なのだ。要するに、田中という神輿を担ぐ後援会とはちがう」（津本 2002a：12）。

もちろん本間の言葉を、文字通り受け取ることはできない。実際には本間は越山会を各レベルで競わせる階層型の組織として作り上げたのである。しかし越山会もまた、イメージとしては円なのである。本間は、ピラミッドではなく、円のイメージこそが、仲間意識を喚起し、そしてより強固な帰属意識と忠誠心を生むことを熟知していた。田中が単なる一会員ではなく、円の中心であり、それなくして円は成立しないことは、いうまでもないが。

ところで田中の円のイメージに対して、大平正芳は楕円のイメージを持っていた。若き横浜税務署長であったとき、大平は新年拝賀式で「行政には、楕円形のように二つの中心があって、その二つの中心が均衡を保ちつつ緊張した関係にある場合に、その行政は立派な行政といえる」と語っている（福永 2008：34）。これは行政に限らず、大平が持っていた世界観であり、政治に対しても同じイメージを持っていたと考えてよいのではないか。大平の楕円の哲学は、大平が田中の円の政治に呑み込まれることなく、自ら一つの中心を作りながら、田中と共存することを可能にした。田中と大平の二人は、政治観からしても波長が合ったといえそうである。

円としての権力イメージは、角栄の場合、明らかに前近代的な家意識から生まれた。

角栄の「若き血の叫び」は三国峠を切り崩すという部分が繰り返し引用されるが、実は他にも見逃せない部分がある。「新生日本民主々義政治に必要な『代議士』とは……親父さんのやうな人でなければならぬ。いくら一家の人たちが確（しっか）りして居ても、この親父さんが『正しいこと』を真すぐに、然も敏速に政府に要求するだけの勇気と努力と誠実な力強い実行力がなければ一家は崩壊する危険性がある」（ＮＨＫ取材班 1996：217–218）。「親父さん」を中心とした家族が、田中政治の原点に存在していた。

家父長主義

角栄のいう「親父さん中心の家族」は、戦後核家族のことではなく、家長が率いる伝統的な家である。角栄自身によれば、「年は上でも、姉も私はみんな呼び捨てです。新潟はそうなんです。家が中心主義なんですから。そのかわり、姉でもなんでも扶養しなきゃならん。……姉でも私のことを〝アニ〟と呼ぶんです。〝アニ〟というのは、長男、家長という意味なんです」（上之郷 1986：42）。幼いころ身に付けたアニ＝家長としての意識を角栄は、生涯失うことがなかった。そのような家長意識は、「おれがほかの人間とちがうところは、どんな逆境に立っても、女房に共稼ぎはさせせん。たとえ荷車を引っ張っても、モッコをかついでも、自分より弱い女房、娘を働かせせん」という発言を生む（上之郷 1986：119）。田中は、実に古風なのである。角栄の妹の風祭幸子が、「兄に近代性をあまり感じない」というのは実感であろう（津本 2002b：221）。

家父長主義を原型とした同心円の政治において、二項対立が完全に否定されるかといえば、そうではない。そのような完全調和を夢見るには、田中はあまりに現実主義者であった。田中は、戦うときには全力を尽くして相手を打ち負かそうとする。しかしそのような対立関係は、一回り大きな円のなかに包み込まれる。つまり二項対立は円の拡大によって次々と解消されていくのであって、絶対的な友敵関係ではない。晩年の田中政治は、露骨に派閥を膨張させ、驕りとの批判を受けたが、それはむしろ田中政治の衰えを表わしていた。田中には、もはや中間地帯を維持する余裕がなくなっていた。自民党や政府の制度的権力から切り離され、田中は円の政治を個人の力で維持しようとした。しかし個人が権力の光源として輝き続けることは、いかに角栄といえどもできない。角栄は、やがて自らが生み出した磁場の力に呑み込まれていくことになった。

3　戦後民主主義と田中政治

田中角栄の同心円の政治が前近代的な考えや価値観に依拠していたとするなら、田中政治は、はたして民主主義的たりうるのだろうか。言い換えれば、田中角栄の前近代的政治観は戦後民主主義とどのように切り結ばれるのであろうか。

選挙民主主義

田中は、議員になってわずか三カ月後に衆議院本会議で、「おのれのみを正しいとして、他を容れざるは、民主政治家にあらず、それをもし一歩誤れば、戦時下におけるあの抑圧議会の再現を見るのであります」と、堂々たる民主主義擁護論をぶっている（早坂 1993c：20–21）。しかしその田中が、自民党幹事長になると、強行採決を繰り返すことになる。一九六〇年代国会ではイデオロギー対立が激化し、学園では新左翼系の学生運動が吹き荒れていたという当時の異常な時代背景を考慮しても、当時の角栄の剛腕ぶりから異見に耳を傾けようとする謙虚な姿勢を見出すことは難しい。

むしろ幹事長当時の田中の言葉から窺えるのは、多数決で押し切り、あとは選挙で有権者に信を問うという「数は力」の思考である。それは民意を全て選挙に集約する、いわば「選挙民主主義」とでも呼ぶべき考えである。選挙こそが民主主義であるという考えは、この国では広く浸透しており、何も田中の考えが特別なわけではない。しかしそもそも論をいえば、選挙民主主義は、古代ギリシアの民主主義（デモクラティア）とは無縁である。デモクラティアでは、統治に関わる役割は当番制やくじで選ばれた。なぜなら民主主義とは「統治者＝被治者」の政体を意味し、全ての被治者は統治能力を持つと考えられたからである。誰もが統治できるなら、ランダムに選べばよい。いや、そうすべきである。なぜなら選挙は、市民のなかに特に統治能力において優れた者がいることを認めることになるし、彼らが継続的に選ばれれば、統治者と被治者の間に明らかな分裂が生じてしまうからである。

とはいっても、古代ギリシアのように政治参加がそもそも特権層である市民に限られていた社会とは異なり、国民全てが政治的権利を持つ近代民主主義では、統治者＝被治者という考えを実現することは、およそ不可能である。したがって国民は、統治する代表を自ら選ぶことで、統治者としての最低限の権利を行使し、また義務を果たすことになる。言い換えれば、国民は選挙することで、統治者（主権者）とみなされるのである。いわば選挙は、統治者＝被治者を擬制として成立させるための便法なのである。

しかし経済学者のシュムペーターは、このような便法を民主主義そのものと定義してしまった。民主主義とは有権者が代表を選ぶ手続き（選挙）であり、政治的決定を行うのは代表であると民主主義と政治的決定を明確に区別したのである。こうすれば、有権者と政治的決定の間に直接的関係はないことになる。したがってシュムペーターの手続き民主主義論からすれば、有権者は政治的に能動的な市民である必要はない。有権者は、選挙の後は、代表に全ての決定を委ねればよい。選挙民主主義とは、このようなシュムペーター流の手続き民主主義論の亜流なのである。

しかもわが国の選挙民主主義を担う有権者は、そもそも市民ではなく、田中が、そして保守政治家の多くが好んで用いる表現でいえば、庶民である。庶民は、自分たちの生活の向上を求め、そのために政治を利用しようとする存在であり、公民ではない。田中は、戦後噴出した庶民の私的欲望を最もうまく動員した政治的事業家であった。

パターナル・デモクラシー

選挙民主主義の考えが支配的になったのは、何も日本に限られたことではない。西欧においても民主主義の中心は選挙である。しかしそれを支えるのは、庶民ではなく、市民である。近代市民＝国民は、古代ギリシアの市民とは異なり、選挙以外にはほとんど政治に参加しない存在ではあるが、少なくとも原理的には自由にして平等な個人（の集まり）であり、権利主体である。つまり民主主義を支える市民とは、自由主義によって支えられている。だから近代の民主主義は、自由民主主義といわれる。

自由民主主義では、選挙で選ばれた代表が政治的決定を行うが、市民は決定する権利を放棄したわけではない。もし自らのプロパティ（生命・財産・権利）が代表たちの政治的決定によって侵害されたならば、市民はそれに抵抗する権利を持つ。つまり自由民主主義においては、市民は通常政治的決定を代表に委ねるが、いざとなれば抵抗し、決定権を自らに奪還する権利を留保している。したがって市民と代表の間には潜在的な緊張関係が存在する。このような緊張関係から生まれる制約こそが、代表による決定を民意を考慮した民主的なものにする。選挙だけではなく、政治の決定においても、有権者は影響力を行使することができる。

これに対して、田中の考える庶民は、自由な個人というよりは家父長によって庇護される存在である。田中の選挙民主主義は、自由主義というよりは家父長主義（パターナリズム）に基盤を置く。パターナリズムとは、一言でいえば、「干渉される人のために干渉すること」である（木矢 2012）。J・S・ミルは、このような家父長主義を自由原理に反するものと考え、斥けた。このような干渉が例外的に認められるのは、他者に対して危害を加える恐れのあるとき、あるいは成熟した市民ではない場合のみである（ミル 2011）。このようなJ・S・ミルの基準に従えば、田中政治の家父長的性格は反自由主義的であるということになる。

しかし今日自由主義的といわれる国々の政治をみれば、パターナリズムの存在しない国はない。たとえば自由原理に基づけば、失業・疾病・老後への備えは、本来個人の選択に委ねられるべきであるが、今日、強制的な社会保険を持たない自由主義国はない。個々人がそれらのリスクに備えることは、ごく一部の資産家を除けば、不可能であり、政治が介入しないと深刻な社会問題が発生する怖れがあるからである。結果として、西欧では大きな福祉国家が生まれたが、それは不可避的にパターナリズムの拡大を招くものであった。

福祉国家は、無制限のパターナリズムに対抗する考えとして、社会権を発見した。すなわち市民は、最低限の生活を営む権利があり、国家はそれを保障する義務があると考えることによって、国家による福祉提供が、市民を束縛し、自由を侵害することに歯止めをかけようとしたのである。しかし、それによってパターナリズムが無化されるわけではない。

それでは福祉国家や「大きな政府」を嫌うアメリカのような自由主義国家では、パターナリズムが存在しないのかというとそうではなく、むしろ強まっている。一九九〇年代半ばにアメリカに登場したワークフェアという考えは、貧困者への福祉提供に対して就労義務を課すものであり、反福祉国家的な考えであるが、実はそれはパターナリスティックな論理によって正当化された。貧困者が福祉に依存し、貧困から脱却できなくなってしまうことを「福祉の罠」と呼び、そこから貧困者が脱出できるように、ワークフェアは導入されたのである。つまり、政府は貧困者が自立した（市場で競争できる）個人になるように介入し、導くのである。こうした考えは、ニュー・パターナリズムと呼ばれる。

このように今日あらゆる自由主義社会でパターナリズムがみられるとすれば、パターナリズムがただちに反自由主義的ということはできない。そうすれば、自由主義の国は存在しなくなってしまう。結局のところ、各国の政治は、自由主義とパターナリズムという二つの極を結ぶ直線内のどこかに位置づけられる。つまり現実には、よりリベラルな政治とより家父長主義的な政治があるにすぎない。このような直線上のどこに田中政治が位置づけられるのかと問い直せば、田中政治はやはり自由主義的ではなく、家父長主義的であるという答えになる。

田中を自由主義から遠ざける最たるものは、彼の言論や出版の自由に対する無理解である。田中は、創価学会に批判的な図書の出版妨害に加担したり、自分を批判する報道に対しては、様々な圧力をかけたりした。番記者たちには、「オレは各社ぜんぶの内容を知っている。その気になればこれ（クビをはねる手つき）だってできるし、弾圧だってできる」とまで放言した（塩田 2002：152）。また島桂次ＮＨＫ元会長の自伝には、田中が首相時代にＮＨＫの会長人事に直接介入しようとした経緯が描かれている（島 1995）。このような事例からみて、田中が自由主義にとって最も重要な価値である表現・報道の自由への配慮が足りなかったといわざるをえない。田中政治は、リベラル・デモクラシー（自由民主主義）というよりは、パターナル・デモクラシー（家父長的民主主義）と呼ぶのがふさわしい。

終　ポスト田中政治の行方

最後に、田中の弟子たちがはたして田中政治を乗り越えられたのかどうかについて考えてみよう。竹下内閣は、リクルート事件で躓き、消費税導入を置き土産に、わずか一年余りで退陣を余儀なくされる。竹下は中曽根派の宇野宗佑を担いで院政を敷こうとするが失敗する。竹下に見切りをつけた金丸は、小沢一郎と組んで海部俊樹、宮沢喜一という二つの内閣を誕生させ、キング・メーカーとなるが、やはり金権問題で失脚する。彼らの軌跡は、まるで田中の盛衰をなぞっているようにみえる。

竹下の気配りの政治は、田中の情の政治を一歩も出るものではない。政策能力においても、多くの議員立法をまとめあげ、最後には『日本列島改造論』として自らの政策アイディアを体系化した田中に比するほどのものを竹下は提示していない。竹下内閣における消費税導入は確かに大きな功績であったが、それは大蔵省のアイディアに竹下が乗ったものであり、田中の官僚に号令をかける姿からは程遠い。金丸は、世代交代において圧倒的な存在感を示したが、徹頭徹尾政局の人であり、それ以外の面で田中に比肩しうる実績は見当たらない。このように、竹下、金丸は、田中政治の小型版ともいうべきものであって、田中政治を越える展望を示したとはいい難い。

これに対して、小沢一郎は明確なポスト田中政治の発想を持っていた。小沢は、戦後キャッチアップの時代には、日本が自国の経済発展のみを考えて行動しても許されたが、経済大国となって、しかも世界経済が大きく転換しているときに、なおも同じ行動をとれば、非難されることになると田中政治の限界を指摘する。それでは小沢は、どのようにして田中政治を乗り越えようとしたのだろうか。手がかりとして、小沢の『日本改造計画』を見てみよう。小沢は、角栄の『日本列島改造論』は既存のレールに乗ったものにすぎないが、自らの計画は新たな時代に対応した全く異なる構想であると自負していた（大下 2012：19）。

『日本改造計画』は、まず「戦後日本の政治は、対外政策の大枠をアメリカにまかせ、国内の配分の問題に専念してきた。そのためには、強い権力は不要であり、皆がもたれ合ってなんとなく決めるほうが便利だった。いわば『総談合政治』が成立してしまったわけである」と診断する（小沢 1993：18-19）。制度的にみると、全ての権力は総理総裁に集中しているが、実際には政府は官庁の縦割り、自民党には派閥の駆け引きがあり、権力は分割されてしまっている。しかしもはや未来へのレールが敷かれていない状態では、権力を行使するリーダーシップが必要である。小沢によれば、現在の政治の閉塞状況は、権力を行使しないことによって生まれている。

小沢は、民主的な競争によって権力を握った者が、それを最大限効果的に行使できる体制を作り上げるべきであると主張する。選挙民主主義を極端にした「民主集中制」の提唱である。そしてそのための具体案として、小選挙区制の導入、首相官邸の機能強化、政治資金規正強化などの制度改革を提案する。外交では、従来の消極的な平和主義（安全保障ただ乗り）路線から日米を中心とした平和戦略の構築を目指す必要があるという。小沢の「民主集中制」は、確かに田中の選挙民主主義の改訂版といえる。田中もまた、小選挙区制を導入しようとしたが、それはあくまで自民党の議席を増やすためであり、小沢のように、派閥をなくし、「民主集中制」を実現しようという意図はなかったと思われる。また田中は、「自前憲法」を望んでいたが、改憲は時期尚早であると慎重な態度をとっており、吉田以来の軽軍備経済重視の路線を逸脱することはなかった。このようにみると、小沢の構想がそれなりに田中政治を乗り越えようとしたものであることは間違いない。

しかし、今日からみると、小沢の構想はなにやら古めかしい。提言が非現実的であり、誰にも相手にされなかったわけではない。そうではなく、小選挙区制の導入はいうまでもなく、派閥の弱体化、官邸機能の強化、日米安保同盟の強化、これら全てが、今日では完全とはいわないまでも、ほとんど実現されてしまったからである。しかもほとんどの改革を実現したのは、小沢ではなく、小沢が飛び出した自民党であった。小泉構造改革が田中のエピゴーネンたちに止めを刺し、小泉の基礎工事の上に安倍政権は官邸機能の強化と日米安保同盟の強化を推進している。

小泉純一郎が「自民党政治をぶっ壊す」と叫んだのは、直截には田中政治を解体するという意味であったが、より広い文脈でみれば、小泉が新自由主義によって壊そうとしたのは田中角栄に代表される古いパターナリズムであったといえる。市場は、それを破壊するうえで最も効果的な空間である。小泉構造改革は、パターナリズムに守られた庶民を市場で競争できる個人に鍛え上げようとした。つまり市場から庶民を守るのではなく、庶民を市場で競争する存在に変えようとした。小泉は、日本におけるニュー・パターナリズムの提唱者であったといえる。

しかし小泉構造改革には、市場で競争する個人は市民＝公民として社会的連帯を実現する存在でもあるという視点が希薄であり、格差問題を放置した。この問題に対応すべく、小沢一郎が新たに唱えたのが、「国民の生活が第一」路線である。小泉構造改革は、日本の庶民をより自由主義的な個人に鍛え直そうというものであったが、それに伴う格差やリスクの増大に国民は耐えきれず、構造改革への反動が生まれた。小沢は、こうした状況を的確に読み取り、二〇〇九年総選挙では「コンクリートから人へ」の政策転換を訴え、政権交替を実現した。しかし民主党の『マニフェスト』に提示された一連の政策をみれば、高速道路の無料化から農家への戸別補償にいたるまで、総花的といわざるをえず、古いタイプのパターナリズムの色彩が強い。結局小沢政治は、「政治は生活」という田中政治に回帰していったのである。

しかし小沢政治には、なお田中政治と大きく異なる点がある。小沢は、情の政治を峻拒する。小沢は、「オヤジは、理念型の政治家ではないけれど、人を扱う操縦術、あるいは付き合い、そういうのは抜群だね」、「田中のオヤジから学ぶのは、人の心を読むこと」と一応評価しつつも、気遣いや人間関係で政治をやっていればよかった時代は終わったと否定する（大下 2012：17-18）。しかし気遣いや人間関係の重視なくして、はたして人を動かし、アイディアを実現することが可能なのであろうか。もちろん角栄の時代のように、情を金で表す政治はもはや通用しない。しかし手段は違っても、情を重んじる田中政治が、この国ではなお多くの人々の共感を得、愛されている。世にいう田中角栄ブームは、田中の情の政治に対する人々の郷愁に深く根ざしているとはいえまいか。

だが個人の自由を軽視して安心と安全ばかりを求めれば、そこに生まれるのは完全な監視・管理社会であり、民主主義そのものが破壊されてしまう。それが田中の望んだ社会であるとは到底思えない。過度なパターナリズムを抑制し、民主主義を擁護するためには、庶民を権利主体である市民へと彫琢し、彼らの活動＝生活を充実させる視点、言い換えれば、個人の自由と自立の可能性を花開かせるような方向へと同心円の政治を発展させる必要がある。これこそがポスト田中政治には望まれるのであり、田中政治の遺産を過去から現在、そして未来へと引き継ぐ一筋の道であろう。

参照文献

朝賀昭（2015）『田中角栄――最後の秘書が語る情と智恵の政治家』第一法規。

蜷川真夫（1976）『緊急出版　田中角栄は死なず』山手書房。

石井一（2016）『冤罪――田中角栄とロッキード事件の真相』産経新聞出版。

石原慎太郎（1999）『国家なる幻影――わが政治への反回想』文藝春秋。

石原慎太郎（2016）『天才』幻冬舎。

石原慎太郎・田原総一朗（2000）『勝つ日本』文藝春秋。

伊藤昌哉（1982）『実録　自民党戦国史――権力の研究』朝日ソノラマ。

宇治敏彦（1983）『鈴木政権・８６３日』行政問題研究所。

ＮＨＫ取材班（1996）『戦後50年　そのとき日本は　第四巻沖縄返還・日米の密約　列島改造・田中角栄の挑戦と挫折』ＮＨＫ出版。

大河内正敏（1935）『農村の工業』岩波書店。

大河内正敏（1938）『農村の機械工業』科学主義工業社。

大下英治（2011）『田中角栄に今の日本を任せたい』角川マガジンズ。

大下英治（2012）『小沢一郎と田中角栄』角川マガジンズ。

大下英治（2013）『田中角栄秘録』イースト・プレス。

奥島貞雄（2005）『自民党幹事長室の30年』中央公論新社。

奥山俊宏（2016）『秘密解除ロッキード事件――田中角栄はなぜアメリカに嫌われたのか』岩波書店。

小沢一郎（1993）『日本改造計画』講談社。

上之郷利昭（1986）『父と娘――田中角栄と真紀子の闘い』講談社。

川内一誠（1982）『大平政権・五五四日』行政問題研究所。

木矢幸孝（2012）「パターナリズムと批判をめぐるアポリア――内／外の思考の可能性と限界」官台真司監修・現代位相研究所編『統治・自律・民主主義――パターナリズムの政治社会学』ＮＴＴ出版。

草野厚（1998）『山一證券破綻と危機管理――１９６５年と１９９７年』朝日新聞社。

楠田實編著（1983）『佐藤政権・二七九七日〈下〉』行政問題研究所。

児玉隆也（2001）『淋しき越山会の女王――他六篇』岩波書店。

後藤謙次監修（2011）『田中角栄に訊け！――決断と実行の名言録』プレジデント社。

後藤寿一（1994）『池田大作vs小沢一郎』銀河出版。

後藤田正晴（1989）『内閣官房長官』講談社。

後藤田正晴（1991）『支える動かす――私の履歴書』日本経済新聞社。

後藤田正晴（1994）『政と官』講談社。

小林吉弥（1982）『実録越山会』徳間書店。

小林吉弥（2012）『田中角栄流「生き抜くための智恵」全伝授』ロングセラーズ。

齋藤憲（2009）「評伝　日本の経済思想」『大河内正敏――科学・技術に生涯をかけた男』日本経済評論社。

佐木隆三（2011）『越山　田中角栄』七つ森書館。

佐高信（2014）『未完の敗者　田中角栄』光文社。

佐高信・早野透（2015）『丸山眞男と田中角栄――「戦後民主主義」の逆襲』集英社。

佐藤昭子（2001）『決定版　私の田中角栄日記』新潮社。

佐藤あつ子（2012）『昭　田中角栄と生きた女』講談社。

塩田潮（1989）『大いなる影法師――代議士秘書の野望と挫折』文藝春秋。

塩田潮（2002）『田中角栄失脚』文藝春秋。

島桂次（1995）『シマゲジ風雲録――放送と権力・40年』文藝春秋。

下河辺淳（1994）『戦後国土計画への証言』日本経済評論社。

下村太一（2011）『田中角栄と自民党政治――列島改造への道』有志舎。

新川敏光（1995a）「新潟県における開発型政治の形成――初代民選知事岡田正平とその時代」新潟大学法学部紀要『法政理論』第二七巻三・四号、一四五〜一八五頁。

新川敏光（1995b）「三木武夫――理念と世論による政治」渡邉昭夫編著『戦後日本の宰相たち』中央公論社。

新川敏光（2005）『日本型福祉レジームの発展と変容』ミネルヴァ書房。

新川敏光（2007）『幻視のなかの社会民主主義――『戦後日本政治と社会民主主義』増補改題』法律文化社。

鈴木棟一（1985a）『永田町の暗闘』毎日新聞社。

鈴木棟一（1985b）『永田町の暗闘 2』毎日新聞社。

鈴木棟一（1986）『永田町の暗闘 3』毎日新聞社。

鈴木棟一（1987）『永田町の暗闘 4』毎日新聞社。

鈴木棟一（1988）『永田町の暗闘 5』毎日新聞社。

武見太郎（1983）『実録日本医師会――日本医師会長25年の記録』朝日出版社。

立花隆（1982a）『田中角栄研究　全記録（上）』講談社。

立花隆（1982b）『田中角栄研究　全記録（下）』講談社。

立花隆（1993）『巨悪VS言論――田中ロッキードから自民党分裂まで』文藝春秋。

立花隆（2002）『「田中真紀子」研究』文藝春秋。

田中角栄（1972a）『日本列島改造論』日刊工業新聞社。

田中角栄（1972b）『大臣日記』新潟日報事業社。

田中角栄（2007）『私の履歴書　保守政権の担い手』日本経済新聞社、三三一〜四五九頁。

田中京（2004）『絆――父・田中角栄の熱い手』扶桑社。

田中清玄（1993）『田中清玄自伝』文藝春秋。

田中眞紀子（1989）『時の過ぎゆくままに』主婦と生活社。

田中眞紀子（2017）『父と私』日本工業新聞社。

田原総一朗（1976）「アメリカの虎の尾を踏んだ田中角栄」『中央公論』七月号、一六〇〜一八〇頁。

田原総一朗（2002）『日本の政治――田中角栄・角栄以後』講談社。

田原総一朗（2009）『日本政治の正体』朝日新聞出版。

塚本三郎（2010）『田中角栄に聞け――民主政治と「七分の理」』ＰＨＰ研究所。

辻和子（2004）『熱情――田中角栄をとりこにした芸者』講談社。

津本陽（2002a）『異形の将軍――田中角栄の生涯（上）』幻冬舎。

津本陽（2002b）『異形の将軍――田中角栄の生涯（下）』幻冬舎。

寺岡寛（2013）『田中角栄の政策思想――中小企業と構造改善政策』信山社。

戸川猪佐武（1980）『小説吉田学校――第一部保守本流』角川書店。

徳本栄一郎（2004）『角栄失脚　歪められた真実』光文社。

仲俊二郎（2011）『この国は俺が守る——田中角栄アメリカに屈せず』栄光出版社。

中澤雄大（2013）『角栄のお庭番朝賀昭』講談社。

中曽根康弘（1996）『天地有情——五十年の戦後政治を語る』文藝春秋。

中曽根康弘（2004）『自省録——歴史法廷の被告として』新潮社。

中野士朗（1982）『田中政権・八八六日』行政問題研究所。

中野士朗（1983）「絶頂のかげり」楠田實編著『佐藤政権・二七九七日〈下〉』行政問題研究所。

中村慶一郎（1981）『三木政権・七四七日——戦後保守政治の曲がり角』行政問題研究所。

新潟日報社編（1977）『民選知事五代——県政支配の構図　上巻』新潟日報事業社。

新潟日報社編（1983）『ザ・越山会』新潟日報事業社。

新潟日報社編（1984）『角栄の風土』新潟日報事業社。

服部龍二（2011）『日中国交正常化——田中角栄、大平正芳、官僚たちの挑戦』中央公論新社。

服部龍二（2015）『中曽根康弘——「大統領的首相」の軌跡』中央公論新社。

服部龍二（2016）『田中角栄——昭和の光と闇』講談社。

早坂茂三（1993a）『オヤジとわたし』集英社。

早坂茂三（1993b）『田中角栄回想録』集英社。

早坂茂三（1993c）『政治家　田中角栄』集英社。
＊本書は、平野貞夫が田中角栄自身の依頼によってまとめた「田中角栄　国会発言録」を底本にしており、田中の政治家としての業績を知るうえで必読書といえる。
早坂茂三（1998）『政治家は「悪党」に限る』集英社。

早坂茂三（2016）『田中角栄とその時代——駕籠に乗る人担ぐ人』ＰＨＰ研究所。

早野透（1995）『田中角栄と「戦後」の精神』朝日新聞社。

早野透（2012）『田中角栄――戦後日本の悲しき自画像』中央公論新社。
＊本書は、東京で政治部記者として田中角栄に接しただけではなく、新潟に赴任し、新潟三区を回って田中政治を肌で理解する著者による渾身の田中角栄論である。
平野貞夫（2006）『ロッキード事件「葬られた真実」』講談社。

福田赳夫（1995）『回顧九十年』岩波書店。

福永文夫（2008）『大平正芳――「戦後保守」とは何か』中央公論新社。

別冊宝島編集部（2014）『田中角栄という生き方』宝島社。

別冊宝島編集部（2015）『田中角栄100の言葉――日本人に贈る人生と仕事の心得』宝島社。

保阪正康（1993）『後藤田正晴――異色官僚政治家の軌跡』文藝春秋。

保阪正康（2010）『田中角栄の昭和』朝日新聞出版。
＊本書は、対象への過剰な思い入れや反撥によって距離感を見失うことなく、バランスのとれた田中角栄像を提示している。
本間義人（1996）『土木国家の思想――都市論の系譜』日本経済評論社。

毎日新聞社政治部編（1979）『転換期の「安保」』毎日新聞社。

馬弓良彦（2011）『戦場の田中角栄』毎日ワンズ。

ミル、ジョン・スチュアート（2011）『自由論』（山岡洋一訳）日経BP社。

宮田親平（1983）「大河内正敏――産学協同・理研の創始者」『日本のリーダー⑧　財界革新の指導者』TBSブリタニカ。

森省歩（2013）『田中角栄に消えた闇ガネ――「角円人士」が明かした最後の迷宮』講談社。

薬師寺克行（2016）『公明党——創価学会と50年の軌跡』中央公論新社。

山岡淳一郎（2013）『田中角栄の資源戦争——石油、ウラン、そしてアメリカとの闘い』草思社。

山本七平（2016）『田中角栄の時代』祥伝社。

あとがき

歴史家でもなければ、伝記作家でもない私が田中角栄の評伝を書くことになったのは、全くの偶然である。私は二〇一四年にミネルヴァ書房から『福祉国家変革の理路』を上梓したが、この本は私の長年にわたる福祉国家研究の一応の区切りということもあって、編集部の堀川健太郎氏に祝杯をあげていただいた。そのうちミネルヴァ書房の看板企画である評伝シリーズが話題となり、酔いも手伝って「田中角栄なら書きたい」といってしまった。ただちに堀川氏に言質を取られてしまい、それから四年以上過ぎて、どうにかこうにか約束を果たすことができた。

実はそのときは、丸山眞男の戦後民主主義論を補助線とすれば、私なりの田中角栄論が書けるかもしれないと思ったのだが、いざ書こうとすると、丸山の民主主義論を一つにまとめて提示するなどということは私の手に余る仕事であり、またたとえそれができたとしても、評伝という性格にはなじまないと考えるにいたり、その補助線は消した。しかしその補助線を意識したことによって、本書を書き出すことができた。

田中角栄というと、私がすぐ思い出すのは、仕立てのいいスーツに身を包み、下駄履きで自宅の庭に佇む姿である。初めてその姿を写真で見たとき、思春期の多感な少年だった私は、何かちぐはぐで、恥ずかしいような気がした。その後、折に触れ、その時感じた恥ずかしさを思い出すことがあった。その写真は、後から考えると、戦後日本を象徴するものであった。戦後日本人は、和魂洋才どころか、和魂を捨ててがむしゃらに西欧的近代化のやり直しを図った。それが曲がりなりにも成功し、日本は経済大国になった。仕立てのいいスーツを着るまでになったのである。しかしいかに西欧と肩を並べたと喜んでも、出自は隠せない。日本人とは何者なのか、足元を見るとわかる。下駄履きなのである。少年の私は、それを隠したかった。しかし角栄は、隠さなかった。だから私は、恥ずかしかった。そしてそのことに思い当たった時、恥ずかしいと思った自分が恥ずかしくなった。

一九八八年、私は縁あって新潟大学に就職する。そして一九九一年の総選挙では、新潟日報社のご厚意で、新潟三区の自民党候補者たちの選挙事務所を何カ所か訪ねた。この選挙の前に田中は引退を表明しており、後継者も出なかった。私は「もはや角栄王国は崩壊した。各陣営からどんな辛辣な角栄評が飛び出すか」と期待していたのだが、どこにいっても角栄批判はほとんど聞かれなかった。私が耳にしたのは、角栄がいかに地元に貢献したかを称讃する声ばかりであった。各陣営とも、自分たちの候補こそが「田中先生の衣鉢を継ぐ」者であると主張した。私は、教科書的な民主主義論で新潟三区を批判しても、全く通じないと痛切に感じた。

その思いを一層強くしたのは、やはり新潟にいたときに、村松岐夫先生（京都大学名誉教授）のプロジェクトに入れていただき、新潟県初代民選知事岡田正平について調べていたときである。日農関係者を探し出してインタヴューをしようと思ったが、すでにほとんどの方は鬼籍に入られるか、高齢のためお会いすることができず、ようやく当時の様子を知る何人かの方々からお話を聞くことができたが、そこで私は、岡田から田中へと受け継がれた開発政治の流れは、いかにそれが多くの問題を孕んでいたにせよ、間違いなく戦後民主主義の息吹であり、それを簡単に否定することはできないと確信したのである。本書でも指摘したが、日本社会党は開発政治に代わる現実的な選択肢を何ら提示できなかったのである。

岡田政治の調査と同時並行的に、偶然三木武夫に関する小論を書くことになったが、三木の「理念と世論による政治」を考えながら、三木が対決を挑んだ田中政治とは一体何であったのかという関心が湧いてくるのを禁じ得なかった。そして、田中政治こそ戦後民主主義そのものではないのかという漠然とした思いが心のなかに広がっていったのである。だからといって、いつか田中角栄を通じて戦後日本民主主義を論じてみようなどと思ったわけではない。岡田、そして三木について小論を書いたのは余技にすぎず、その後一切人物論は書いたことはないし、書くつもりもなかった。したがって本書は、堀川氏の勧めがなければ生まれることはなかった。堀川氏には感謝の言葉もない。

私は、生前の田中角栄氏にお会いしたことはない。歴史家のように新たな資料を掘り起こして書いたわけでもない。したがって本書は既刊書が伝える田中角栄像に大きく依存している。特に新聞記者や田中秘書であった方々のお仕事からは、多大なインスピレーションをいただいた。ここでいちいちお名前を挙げることは控えるが、記して深謝したい。また本書の写真は毎日新聞社の他、カメラマン山本皓一氏の私蔵写真も使わせていただくことができた。山本氏に厚く御礼申し上げる。
母は、私の本は難しくてわからないといつもこぼしていた。本書は、その母を念頭に、できるだけ平明に書こうと心がけた。出版されたなら、真っ先に届けて感想を聞こうと思っていたが、二〇一八年八月五日深夜母は、急に父と兄のもとへと旅立った。六二年にわたる慈しみと愛に限りない感謝を込めて、本書を母ヲシヨの霊に捧げたい。

二〇一八年八月

新川敏光

田中角栄略年譜

和暦	西暦	齢	関係事項	一般事項
大正七	一九一八		5・4新潟県刈羽郡二田村（現・柏崎市）で誕生。	米騒動。第一次世界大戦終わる。
一四	一九二五	7	4月二田尋常高等小学校入学。	
昭和四	一九二九			世界恐慌。
六	一九三一			9・18柳条湖事件。満州事変始まる。
七	一九三二			5・15五・一五事件。
八	一九三三	15	3月高等科卒業。柏崎土木派遣所で働く。	3・27日本、国際連盟脱退。
九	一九三四	16	3・27上京。大河内正敏邸を訪問。井上工業東京支店に住み込む。中央工学校土木科入学。高砂商会に就職。	
一一	一九三六	18	中央工学校卒業。中村勇吉建築事務所に勤務。大河内正敏と出会う。	2・26二・二六事件。
一二	一九三七	19	共栄建築事務所設立。	7・7盧溝橋事件。日中戦争始まる。

一三	一九三八	20	春徴兵検査、甲種合格。	
一四	一九三九	21	3月盛岡騎兵第三旅団第二四連隊第一中隊入隊、満洲富錦へ。	5・11ノモンハン事件。9・1第二次世界大戦始まる。
一五	一九四〇	22	11月末野戦病院入院（クルップス肺炎）。	9・27日独伊三国同盟締結。大政翼賛会発足。
一六	一九四一	23	2月内地送還。10・5仙台陸軍病院を退院、除隊。いったん帰郷後、すぐに上京し事務所設立。	10・18東条英機内閣成立。12・8真珠湾攻撃。太平洋戦争始まる。
一七	一九四二	24	3・3坂本ハナと結婚。長男正法誕生（四七年九月死去）。	6・5ミッドウェー海戦。
一八	一九四三	25	田中土建工業株式会社を設立。	
一九	一九四四	26	1・14長女眞紀子誕生。	10・23レイテ沖海戦開始。
二〇	一九四五	27	8・15朝鮮で理研工場建設中に敗戦。20日ころ朝鮮から引き揚げ、青森港に入港。上京（二五日）。	3・10東京大空襲。8・6広島に原爆投下。8・9長崎に原爆投下。8・15玉音放送（終戦の詔勅）。
二一	一九四六	28	4・10第二二回総選挙で落選（進歩党）。	5・3極東国際軍事裁判（東京裁判）開廷。
二二	一九四七	29	4・25第二三回総選挙で初当選（民主党）。	5・3日本国憲法施行。
二三	一九四八	30	10・19第二次吉田内閣で法務政務次官に就任。12・	4・27昭和電工疑獄事件が衆議

			13炭管（炭鉱国管）汚職で逮捕。	院で問題化。11・12東京裁判で被告二五人に有罪判決。（一二月二三日に七人の死刑執行）。
二四	一九四九	31	1・23第二四回総選挙。拘置所から立候補し再選（民主自由党）。	2月ドッジ・ライン。10・1毛沢東が中華人民共和国の成立を宣言。
二五	一九五〇	32	4・11炭管汚職事件、一審有罪判決。11月長岡鉄道社長に就任。	6・25朝鮮戦争勃発。
二六	一九五一	33	6・22炭管汚職事件、無罪確定。	9・8サンフランシスコ講和条約調印。日米安保条約締結。
二九	一九五四			3・1第五福竜丸ビキニで被曝。4・21造船疑獄で犬養法相が指揮権発動。
三〇	一九五五	37	11・15自由民主党結党に参加。	10・13左右社会党統一。
三一	一九五六			10・19日ソ共同宣言調印、国交回復。12・18日本が国際連合に加盟。
三二	一九五七	39	7・10郵政大臣に就任（第一次岸信介改造内閣）。	
三四	一九五九	41	9・10自民党副幹事長に就任。	
三五	一九六〇			5・19新日米安全保障条約強行

				採決。三池争議。
三六	一九六一	43	7・18自民党政務調査会長に就任。	
三七	一九六二	44	7・18大蔵大臣に就任（第二次池田勇人改造内閣）。10月越後交通発足。	10月キューバ危機。
三八	一九六三	45		11・22ケネディ大統領暗殺。
三九	一九六四	46	11・9佐藤内閣で蔵相に留任。	4・1日本IMF八条国に移行。OECD加盟。10・1東海道新幹線開業。10・10東京オリンピック開幕。
四〇	一九六五	47	5・29山一證券に日銀特別融資。6・3自民党幹事長に就任。	6・22日韓基本条約調印。
四一	一九六六	48	12・1自民党幹事長辞任。	8月文化大革命始まる。
四二	一九六七	49	3・16自民党都市政策調査会長に就任。「都市政策大綱」をまとめる。	
四三	一九六八	50	11・30幹事長に復帰。	5・10パリ五月革命。8・20「プラハの春」鎮圧。
四四	一九六九		8・3大学運営法案成立。	1・18東大安田講堂事件。
四五	一九七〇			3・14大阪万博（日本万国博覧会）開会。11・25三島由紀夫割腹。

四六	一九七一	53	7・5通商産業大臣に就任（第三次佐藤栄作改造内閣）。	8・15ニクソン米大統領新経済政策発表。
四七	一九七二	54	5・9佐藤派から田中派が分離独立。6・20『日本列島改造論』刊行。7・5自由民主党総裁に当選。7日第一次田中内閣発足。9・25中華人民共和国訪問。29日日中共同声明発表。	2・21ニクソン米大統領中国訪問。2月連合赤軍浅間山荘事件。5・15沖縄返還。
四八	一九七三		8・8金大中事件発生。	10・6第四次中東戦争勃発。第一次石油危機。
四九	一九七四	56	1・7ASEAN諸国歴訪に出発。7・7参議院選挙で自民党敗北。10・10「田中角栄研究」、「淋しき越山会の女王」が掲載された月刊誌『文藝春秋』発売。10・22外国人記者クラブ昼食会で金脈問題追及。12・9田中内閣総辞職。三木武夫内閣発足。	8・9ニクソン米大統領辞任。
五〇	一九七五			4・30サイゴン陥落。南北ベトナム統一。
五一	一九七六	58	2・4米議会でロッキード事件発覚。7・27逮捕。五億円の受託収賄罪と外国為替・外国貿易管理法違反の容疑。自民党離党。八月一七日に保釈。12・5第三四回総選挙。自民党敗北。12・24三木内閣総辞職、福田赳夫内閣発足。	1・8周恩来死去。9・9毛沢東死去。文化大革命終結。

五二	一九七七	59	1・27ロッキード裁判丸紅ルート初公判。	9・28ダッカ日航機ハイジャック事件。
五三	一九七八	60	4・18母フメ死去。12・7大平正芳内閣発足。	8・12日中平和友好条約締結。
五四	一九七九	61	10・7第三五回総選挙。自民党敗北。「四〇日抗争」勃発。	6・28東京サミット開催。10・26朴正熙韓国大統領暗殺。
五五	一九八〇	62	6・22衆参同時選挙で自民党大勝。7・17鈴木善幸内閣発足。	9・22イラン・イラク戦争勃発。
五七	一九八二	64	11・27中曽根康弘内閣発足。	4・2フォークランドで武力衝突。5月韓国・光州事件。11・15大宮—新潟間で上越新幹線開業。
五八	一九八三	65	10・12ロッキード事件一審判決。懲役四年、追徴金五億円。田中側控訴。12・18第三七回総選挙。自民党敗北。	
五九	一九八四	66	10・27「二階堂擁立工作」失敗。	
六〇	一九八五	67	2・7創政会発足。2・27脳梗塞で倒れ入院。	9・22プラザ合意。
六一	一九八六			4・26チェルノブイリ原発事故。
六二	一九八七	69	7・4経世会（竹下派）発足。7・29ロッキード事件控訴審判決（一審支持・控訴棄却、田中側上告）。11・6竹下登内閣発足。	4・1国鉄民営化。

六三	一九八八	70		6・18リクルート事件発覚。
平成元	一九八九	71	10・14次回総選挙不出馬を発表。	1・7昭和天皇逝去。6・3中国・天安門事件。
二	一九九〇	72	1・24衆議院解散、政界引退。勤続四三年、当選一六回。	日本のバブル経済崩壊。
三	一九九一	73		1・17湾岸戦争勃発。
四	一九九二	74	8・27中国訪問（日中国交回復二〇周年）。12・18経世会分裂（羽田・小沢派結成）。	6・15国連平和維持活動（PKO）協力法案成立。
五	一九九三	75	3・6金丸信・元自民党副総裁、脱税容疑で逮捕。7・18第四〇回総選挙。自民党下野。8・9細川護熙内閣発足。12・16死去。戒名は政覚院殿越山徳栄大居士。墓所は新潟県柏崎市（旧二田村）田中邸内。ロッキード裁判は控訴棄却（審理打ち切り）。	1・13米・英・仏軍がイラクを空爆。
七	一九九五		2・22榎本敏夫に対するロッキード裁判上告審の有罪判決理由の中で、最高裁が田中の五億円収賄を認定。	

保阪正康（2010）及び早野透（2012）に掲載された年譜に依拠した。

人名索引

あ行

か行

さ行

た　行

な　行

は　行

ま　行

や　行

わ　行

事項索引

な　行

は　行

《著者紹介》

新川敏光（しんかわ・としみつ）

1956年　生まれ。

1990年　トロント大学大学院政治学研究科博士課程修了（Ph. D. in Political Science）。

現　在　法政大学法学部教授・京都大学名誉教授。

主　著　『日本型福祉レジームの発展と変容』ミネルヴァ書房，2005年。

『幻視のなかの社会民主主義』法律文化社，2007年。

『多文化主義社会の福祉国家』（編著）ミネルヴァ書房，2008年。

『福祉国家変革の理路』ミネルヴァ書房，2014年。

『政治学』（共著）有斐閣，2017年。

ミネルヴァ日本評伝選

田《た》中《なか》角《かく》栄《えい》

――同心円でいこう――

2018年9月10日　初版第1刷発行　〈検印省略〉

定価はカバーに
表示しています

著　者　新　川　敏　光

発行者　杉　田　啓　三

印刷者　江　戸　孝　典

発行所　株式会社　ミネルヴァ書房

607-8494　京都市山科区日ノ岡堤谷町1

電話代表（075）581-5191

振替口座　01020-0-8076

共同印刷工業・新生製本

ISBN978-4-623-08425-8

Printed in Japan

刊行のことば

歴史を動かすものは人間であり、興趣に富んだ人間の動きを通じて、世の移り変わりを考えるのは、歴史に接する醍醐味である。

しかし過去の歴史学を顧みるとき、人間不在という批判さえ見られたように、歴史における人間のすがたが、必ずしも十分に描かれてきたとはいえない。二十一世紀を迎えた今、歴史の中の人物像を蘇生させようとの要請はいよいよ強く、またそのための条件もしだいに熟してきている。

この「ミネルヴァ日本評伝選」は、正確な史実に基づいて書かれるのはいうまでもないが、単に経歴の羅列にとどまらず、歴史を動かしてきたすぐれた個性をいきいきとよみがえらせたいと考える。そのためには、対象とした人物とじっくりと対話し、ときにはきびしく対決していくことも必要になるだろう。

今日の歴史学が直面している困難の一つに、研究の過度の細分化、瑣末化が挙げられる。それは緻密さを求めるが故に陥った弊害といえるが、その結果として、歴史の大きな見通しが失われ、歴史学を通しての社会への働きかけの途が閉ざされ、人々の歴史への関心を弱める危険性がある。今こそ歴史が何のためにあるのかという、基本的な課題に応える必要があろう。評伝という興味ある方法を通じて、解決の手がかりを見出せないだろうかというのも、この企画の一つのねらいである。

狭義の歴史学の研究者だけでなく、多くの分野ですぐれた業績をあげている著者たちを迎えて、従来見られなかった規模の大きな人物史の叢書として、「ミネルヴァ日本評伝選」の刊行を開始したい。

平成十五年（二〇〇三）九月

ミネルヴァ書房

ミネルヴァ日本評伝選

企画推薦
梅原 猛
ドナルド・キーン
佐伯彰一
角田文衞

監修委員
上横手雅敬
芳賀 徹

編集委員
石川九楊
伊藤之雄
猪木武徳
今谷 明
今橋映子
熊倉功夫
佐伯順子
坂本多加雄
武田佐知子
竹西寛子
西口順子
兵藤裕己
御厨 貴

上代

＊卑弥呼 古田武彦
日本武尊 西宮秀紀
＊仁徳天皇 若井敏明
雄略天皇 吉村武彦
継体天皇 若井敏明
＊蘇我氏四代 遠山美都男
推古天皇 義江明子
聖徳太子 仁藤敦史
斉明天皇 武田佐知子
＊小野妹子・毛人・毛野 大橋信弥
＊額田王 梶川信行
弘文天皇 遠山美都男
天武天皇 新川登亀男
持統天皇 丸山裕美子
阿倍比羅夫 熊田亮介
＊藤原四子 木本好信
＊柿本人麿 古橋信孝
＊元明天皇・元正天皇 渡部育子
聖武天皇 本郷真紹
光明皇后 寺崎保広

平安

＊孝謙・称徳天皇 勝浦令子
藤原不比等 荒木敏夫
橘諸兄・奈良麻呂 遠山美都男
吉備真備 今津勝紀
＊藤原仲麻呂 木本好信
道鏡 吉川真司
＊藤原種継 木本好信
＊行基 吉田靖雄
＊桓武天皇 井上満郎
嵯峨天皇 西別府元日
宇多天皇 古藤真平
醍醐天皇 石上英一
村上天皇 京樂真帆子
花山天皇 上島 享
＊三条天皇 倉本一宏
藤原薬子 中野渡俊治
＊藤原良房・基経 瀧浪貞子
＊紀貫之 神田龍身
源高明 所 功
＊安倍晴明 斎藤英喜

藤原実資 橋本義則
＊藤原道長 朧谷 寿
＊藤原伊周・隆家 倉本一宏
藤原定子 山本淳子
＊藤原彰子 朧谷 寿
清少納言 三田村雅子
紫式部 竹西寛子
和泉式部 ツベタナ・クリステワ
大江匡房 小峯和明
＊阿弖流為 樋口知志
坂上田村麻呂 熊谷公男
＊源満仲・頼光 元木泰雄
平将門 西山良平
藤原純友 寺内 浩
最澄 吉田一彦
円珍 岡野浩二
＊空也 石井義長
奝然 上川通夫
＊源信 小原 仁
慶滋保胤 吉原浩人
＊後白河天皇 美川 圭

＊式子内親王 奥野陽子
建礼門院 生形貴重
＊藤原秀衡 入間田宣夫
平時子・時忠 元木泰雄
平維盛 根井 浄
守覚法親王 阿部泰郎
藤原隆信・信実 山本陽子

鎌倉

源頼朝 川合 康
＊源義経 近藤好和
源実朝 神田龍身
＊九条兼実 加納重文
九条道家 上横手雅敬
北条時政 野口 実
熊谷直実 佐伯真一
＊北条政子 関 幸彦
北条義時 岡田清一
曾我十郎・五郎 杉橋隆夫
北条時頼 山本隆志
北条時宗 近藤成一
安達泰盛 山陰加春夫

平頼綱 細川重男
竹崎季長 堀本一繁
西行 光田和伸
鴨長明 浅見和彦
藤原定家 赤瀬信吾
＊京極為兼 今谷 明
＊兼好 島内裕子
重源 横内裕人
＊運慶 根立研介
快慶 井上一稔
法然 今堀太逸
栄西 中尾良信
明恵 西山 厚
＊親鸞 末木文美士
恵信尼・覚信尼 西口順子
覚如 今井雅晴
＊道元 船岡 誠
叡尊 細川涼一
＊忍性 松尾剛次
＊日蓮 佐藤弘夫
一遍 蒲池勢至
夢窓疎石 原田正俊
＊宗峰妙超 竹貫元勝

南北朝・室町

後醍醐天皇　上横手雅敬
*護良親王　新井孝重
*懐良親王　森　茂暁
*赤松氏五代　渡邊大門
*北畠親房　岡野友彦
楠正成　兵藤裕己
楠木正行・正儀　生駒孝臣
*新田義貞　山本隆志
*光厳天皇　深津睦夫
足利尊氏　市沢　哲
*足利直義　亀田俊和
佐々木道誉　下坂　守
細川頼之　亀田俊和
円観・文観　田中貴子
足利義詮　早島大祐
足利義満　川嶋將生
*足利義持　吉田賢司
足利義教　横井　清
足利義政　木下昌規
*大内義弘　平瀬直樹
伏見宮貞成親王　松薗　斉
*山名宗全　山本隆志
細川勝元・政元　古野　貢
畠山義就　呉座勇一
足利成氏　阿部能久
世阿弥　西野春雄
雪舟等楊　河合正朝
宗祇　鶴崎裕雄
*満済　森　茂暁
一休宗純　原田正俊
蓮如　岡村喜史

戦国・織豊

北条早雲　家永遵嗣
*北条氏政　黒田基樹
大内義隆　藤井　崇
斎藤氏三代　木下　聡
*毛利元就　岸田裕之
*毛利輝元　光成準治
小早川隆景・秀秋　光成準治
六角定頼　村井祐樹
*今川義元　小和田哲男
*武田信玄　笹本正治
*武田勝頼　笹本正治
*真田氏三代　笹本正治
*三好長慶　天野忠幸
松永久秀　天野忠幸
*宇喜多直家・秀家　渡邊大門
*上杉謙信　矢田俊文
大友宗麟　鹿毛敏夫
島津義久・義弘　福島金治
*長宗我部元親・盛親　平井上総
浅井長政　長谷川裕子
吉田兼倶　西山　克
山科言継　松薗　斉
*雪村周継　赤澤英二
正親町天皇・後陽成天皇　神田裕理
足利義輝・義昭　山田康弘
織田信長　三鬼清一郎
織田長益　八尾嘉男
豊臣秀吉　藤井讓治
豊臣秀次　矢部健太郎
*北政所おね　田端泰子
*淀殿　福田千鶴
蜂須賀正勝・家政　三宅正浩
前田利家　東四柳史明
山内一豊・忠義　長屋隆幸
*黒田如水　小和田哲男
*蒲生氏郷　藤田達生
石田三成　堀越祐一
*細川ガラシャ　田端泰子
伊達政宗　伊藤喜良
*支倉常長　田中英道
千利休　熊倉功夫
*長谷川等伯　宮島新一
顕如　神田千里
教如　安藤　弥

江戸

*徳川家康　笠谷和比古
本多忠勝　柴　裕之
*徳川家光　野村　玄
徳川吉宗　横田冬彦
*後水尾天皇　久保貴子
後桜町天皇　所　京子
*光格天皇　藤田　覚
崇伝　杣田善雄
*春日局　福田千鶴
宮本武蔵　渡邊大門
*池田光政　倉地克直
保科正之　八木清治
シャクシャイン　岩崎奈緒子
*田沼意次　藤田　覚
細川重賢　安高啓明
*二宮尊徳　小林惟司
末次平蔵　岡美穂子
*高田屋嘉兵衛　生田美智子
*林羅山　鈴木健一
吉野太夫　渡辺憲司
中江藤樹　辻本雅史
熊沢蕃山　川口　浩
*山崎闇斎　澤井啓一
山鹿素行　前田　勉
*北村季吟　島内景二
伊藤仁斎　澤井啓一
貝原益軒　辻本雅史
*ケンペル　B・M・ボダルト＝ベイリー
新井白石　大川　真
荻生徂徠　柴田　純
*雨森芳洲　上田正昭
石田梅岩　高野秀晴
白隠慧鶴　芳澤勝弘
前野良沢　松田　清
平賀源内　石上　敏
本居宣長　田尻祐一郎
杉田玄白　吉田　忠
木村蒹葭堂　有坂道子
*大田南畝　沓掛良彦
菅江真澄　赤坂憲雄
*鶴屋南北　諏訪春雄
良寛　阿部龍一
*山東京伝　佐藤至子
*滝沢馬琴　高田　衛
平田篤胤　山下久夫
国友一貫斎　太田浩司
シーボルト　宮坂正英
本阿弥光悦　岡　佳子
小堀遠州　中村利則
狩野探幽・山雪　山下善也
尾形光琳・乾山　河野元昭
*二代目市川團十郎　田口章子
伊藤若冲　狩野博幸
浦上玉堂　高橋博巳
*佐竹曙山　成瀬不二雄
葛飾北斎　岸　文和
酒井抱一　玉蟲敏子
孝明天皇　青山忠正
*和宮　辻ミチ子
徳川慶喜　大庭邦彦
島津斉彬　原口　泉
横井小楠　沖田行司
*古賀謹一郎　小野寺龍太
*永井尚志　高村直助

＊岩瀬忠震　小野寺龍太
＊栗本鋤雲　小野寺龍太
大村益次郎　竹本知行
河井継之助　小川和也
＊西郷隆盛　家近良樹
由利公正　角鹿尚計
＊塚本明毅　塚本学
＊月性　海原徹
＊吉田松陰　海原徹
＊高杉晋作　海原徹
久坂玄瑞　一坂太郎
＊ペリー　遠藤泰生
ハリス　福岡万里子
オールコック　佐野真由子
アーネスト・サトウ　奈良岡聰智
緒方洪庵　米田該典

近代

＊明治天皇　伊藤之雄
＊大正天皇　F・R・ディキンソン
＊昭憲皇太后・貞明皇后　小田部雄次
大久保利通　三谷太一郎
山県有朋　鳥海靖
木戸孝允　落合弘樹
井上馨　伊藤之雄
＊松方正義　室山義正
北垣国道　小林丈広
板垣退助　小川原正道

長与専斎　笠原英彦
大隈重信　五百旗頭薫
伊藤博文　坂本一登
井上毅　大石眞
＊井上勝　老川慶喜
＊桂太郎　小林道彦
＊渡邉洪基　瀧井一博
＊乃木希典　佐々木英昭
星亨　小林道彦
林董　奈良岡聰智
＊児玉源太郎　小林道彦
＊高宗・閔妃　木村幹
山本権兵衛　室山義正
＊金子堅太郎　松村正義
高橋是清　鈴木俊夫
小村寿太郎　簑原俊洋
＊犬養毅　小林惟司
原敬　季武嘉也
＊加藤高明　櫻井良樹
牧野伸顕　小宮一夫
田中義一　黒沢文貴
内田康哉　高橋勝浩
石井菊次郎　廣部泉
平沼騏一郎　堀田慎一郎
＊鈴木貫太郎　小堀桂一郎
宇垣一成　北岡伸一
＊宮崎滔天　榎本泰子
＊浜口雄幸　川田稔
幣原喜重郎　西田敏宏
関一　玉井金五
水野広徳　片山慶隆

広田弘毅　井上寿一
安重根　上垣外憲一
＊グルー　廣部泉
＊永田鉄山　森靖夫
東條英機　牛村圭
今村均　前田雅之
蔣介石　劉岸偉
石原莞爾　山室信一
近衛文麿　庄司潤一郎
＊岩崎弥太郎　武田晴人
伊藤忠兵衛　末永國紀
五代友厚　田付茉莉子
大倉喜八郎　村上勝彦
＊安田善次郎　由井常彦
渋沢栄一　武田晴人
中野武営　佐賀香織
益田孝　鈴木邦夫
山辺丈夫　宮本又郎
武藤山治　阿部武司・桑原哲也
池田成彬　松浦正孝
西原亀三　森川正則
小林一三　橋爪紳也
大倉恒吉　石川健次郎
大原孫三郎　猪木武徳
＊河竹黙阿弥　今尾哲也
イザベラ・バード　加納孝代
＊林忠正　木々康子
＊森鷗外　小堀桂一郎
＊二葉亭四迷　ヨコタ村上孝之
＊夏目漱石　佐々木英昭

徳冨蘆花　半藤英明
巌谷小波　千葉信胤
樋口一葉　佐伯順子
＊島崎藤村　十川信介
泉鏡花　東郷克美
上田敏　小林茂
＊有島武郎　亀井俊介
永井荷風　川本三郎
北原白秋　平石典子
菊池寛　山本芳明
芥川龍之介　高橋龍夫
＊宮沢賢治　千葉一幹
高浜虚子　坪内稔典
与謝野晶子　佐伯順子
＊種田山頭火　村上護
＊斎藤茂吉　品田悦一
＊高村光太郎　湯原かの子
石川啄木　先崎彰容
萩原朔太郎　エリス俊子
＊原阿佐緒　秋山佐和子
＊狩野芳崖・高橋由一　古田亮
川村清雄　落合則子
＊小堀鞆音　小堀桂一郎
竹内栖鳳　北澤憲昭
黒田清輝　高階秀爾
中村不折　石川九楊
横山大観　高階秀爾
＊橋本関雪　西原大輔
小出楢重　芳賀徹
土田麦僊　天野一夫

岸田劉生　北澤憲昭
濱田庄司　濱田琢司
＊山田耕筰　後藤暢子
松旭斎天勝　川添裕
中山みき　鎌田東二
佐田介石　谷川穣
＊ニコライ　中村健之介
＊出口なお・王仁三郎　川村邦光
島地黙雷　阪本是丸
＊新島襄　太田雄三
新島八重　佐伯順子
木下広次　冨岡勝
海老名弾正　西田毅
嘉納治五郎
クリストファー・スピルマン
柏木義円　片野真佐子
津田梅子　田中智子
＊澤柳政太郎　新田義之
河口慧海　高山龍三
山室軍平　室田保夫
大谷光瑞　白須淨眞
＊久米邦武　髙田誠二
フェノロサ　伊藤豊
井上哲次郎　井ノ口哲也
三宅雪嶺　長妻三佐雄
＊岡倉天心　木下長宏
志賀重昂　中野目徹
徳富蘇峰　杉原志啓
＊竹越与三郎　西田毅
内藤湖南・桑原隲蔵　礪波護

*廣池千九郎　橋本富太郎
岩村　透　今橋映子
*西田幾多郎　大橋良介
*金沢庄三郎　石川遼子
柳田国男　鶴見太郎
厨川白村　張　競
村岡典嗣　水野雄司
大川周明　山内昌之
西田直二郎　林　淳
折口信夫　斎藤英喜
シュタイン　瀧井一博
*西　周　清水多吉
*福澤諭吉　平山　洋
成島柳北　山田俊治
福地桜痴　山田俊治
*村山龍平　早房長治
島田三郎　武藤秀太郎
田口卯吉　鈴木栄樹
*陸　羯南　松田宏一郎
黒岩涙香　奥　武則
長谷川如是閑　織田健志
*吉野作造　田澤晴子
山川　均　米原　謙
*岩波茂雄　十重田裕一
*北　一輝　岡本幸治
*穂積重遠　大村敦志
中野正剛　吉田則昭
*満川亀太郎　福家崇洋
*エドモンド・モレル　林田治男
*北里柴三郎　福田眞人

高峰譲吉　木村昌人
田辺朔郎　秋元せき
*南方熊楠　飯倉照平
石原　純　金子　務
*辰野金吾　河上眞理・清水重敦
*七代目小川治兵衛　尼崎博正
本多静六　岡本貴久子
ブルーノ・タウト　北村昌史

現代

昭和天皇　御厨　貴
高松宮宣仁親王　後藤致人
*李　方子　小田部雄次
吉田　茂　中西　寛
マッカーサー　柴山　太
鳩山一郎　楠　綾子
*石橋湛山　増田　弘
重光　葵　武田知己
市川房枝　村井良太
*池田勇人　藤井信幸
高野　実　篠田　徹
和田博雄　庄司俊作
朴正熙　木村　幹
*田中角栄　新川敏光
宮沢喜一　村上友章
竹下　登　真渕　勝
*松永安左エ門　橘川武郎

鮎川義介　井口治夫
*出光佐三　橘川武郎
*松下幸之助　米倉誠一郎
渋沢敬三　井上　潤
*本田宗一郎　伊丹敬之
井深　大　武田　徹
*佐治敬三　小玉　武
幸田家の人々　金井景子
*正宗白鳥　大嶋　仁
*大佛次郎　福島行一
*川端康成　大久保喬樹
*薩摩治郎八　小林　茂
坂口安吾　千葉一幹
太宰　治　安藤　宏
松本清張　杉原志啓
安部公房　鳥羽耕史
*三島由紀夫　島内景二
井上ひさし　成田龍一
R・H・ブライス　菅原克也
柳　宗悦　熊倉功夫
バーナード・リーチ　鈴木禎宏
イサム・ノグチ　酒井忠康
熊谷守一　古川秀昭
川端龍子　岡部昌幸
藤田嗣治　林　洋子
*井上有一　海上雅臣
*手塚治虫　竹内オサム
古賀政男　藍川由美

*吉田　正　金子　勇
*武満　徹　船山　隆
八代目坂東三津五郎　田口章子
*力道山　岡村正史
*西田天香　宮田昌明
安倍能成　中根隆行
サンソム夫妻　平川祐弘・牧野陽子
*天野貞祐　貝塚茂樹
和辻哲郎　小坂国継
矢代幸雄　稲賀繁美
石田幹之助　岡本さえ
*平泉　澄　若井敏明
*早川孝太郎　須藤　功
安岡正篤　片山杜秀
青山二郎　田野　勲
島田謹二　小林信行
田中美知太郎　川久保剛
前嶋信次　杉田英明
*唐木順三　澤村修治
亀井勝一郎　山本直人
知里真志保　北原治郎太
*保田與重郎　谷崎昭男
石母田正　磯前順一
*福田恆存　川久保剛
井筒俊彦　安藤礼二
佐々木惣一　伊藤孝夫
小泉信三　都倉武之
*瀧川幸辰　伊藤孝夫
式場隆三郎　服部　正

大宅壮一　有馬　学
清水幾太郎　庄司武史
*フランク・ロイド・ライト　大久保美春
*中谷宇吉郎　杉山滋郎
今西錦司　山極寿一

*は既刊
二〇一八年九月現在